本书受到云南省哲学社会科学
学术著作出版专项经费资助

掌土治民

清代云南行政区划及行政管理体制演进研究

彭洪俊 著

中国社会科学出版社

图书在版编目（CIP）数据

掌土治民：清代云南行政区划及行政管理体制演进研究／彭洪俊著．
—北京：中国社会科学出版社，2017.5
ISBN 978 - 7 - 5203 - 0002 - 5

Ⅰ.①掌… Ⅱ.①彭… Ⅲ.①行政区划—体制改革—研究—
云南—清代②地方政府—行政管理—体制改革—研究—云南—
清代 Ⅳ.①K928.2②D625.74

中国版本图书馆 CIP 数据核字（2017）第 047421 号

出 版 人　赵剑英
选题策划　刘　艳
责任编辑　刘　艳
责任校对　陈　晨
责任印制　戴　宽

出　　版　中国社会科学出版社
社　　址　北京鼓楼西大街甲 158 号
邮　　编　100720
网　　址　http://www.csspw.cn
发 行 部　010 - 84083685
门 市 部　010 - 84029450
经　　销　新华书店及其他书店

印　　刷　北京明恒达印务有限公司
装　　订　廊坊市广阳区广增装订厂
版　　次　2017 年 5 月第 1 版
印　　次　2017 年 5 月第 1 次印刷

开　　本　710×1000　1/16
印　　张　17.25
插　　页　2
字　　数　279 千字
定　　价　79.00 元

目　　录

图目录

表目录

导　论

　　行政区划的本质是中央对地方实行有效的分层级行政管理，而其行政管理的主要对象是辖区内的土地与人口，故从行政区划的行政管理功能言之，建置行政区划的目的是中央对地方土地和人口的直接管理，亦即"掌土治民"。所谓"掌土"，是在行政区划内实施统一的土地管理，在边疆特别表现为疆域领土的管控，其内部表现为国家对土地资源的占有形式、土地开发制度和土地的收益管理。所谓"治民"，是对行政区域内人口管理的方式。在清代户籍分类管理制度下，汉族地区的"民"几乎都是国家户籍制度管理下的人口，而国家户籍制度管理的基础就是各级正式行政区划；但是在边疆少数民族地区，清代文献中的"民"大部分情况是指编入国家户籍的汉民，各地少数民族并不列入中央王朝编户齐民的范畴，而是由中央王朝任命地方民族首领代理国家依照各民族内部的社会结构和组织形式进行管理。在清代云南文献中，"民"与"夷"的分野尤其明显，国家对不同户籍的土地人口管理表现出巨大的差异性。清朝国家对于不能实际掌土治民的云南边疆民族地区，既没有进行土地清丈，也没有将人口纳入国家户籍管理，虽然在这些地区建立了行政区域，具备了行政区划地理诸要素，是国家疆域的重要组成部分，但是国家必须采取与内地不一致的行政管理模式进行管理。所以，清代云南行政区划史的研究除了考虑地理诸要素外，更应该注意土地人口管理体制的变迁及中央对地方掌土治民的实现。①

　　掌土治民是构成行政区划的核心要素，同时也是推动行政区划及行

---

　　① 　行政区划的核心内涵是"掌土治民"，这一概念由陆韧教授提出，详见陆韧、凌永忠：《元明清西南边疆特殊政区研究》，人民出版社 2013 年版，第 3 页。

政管理体制演进的内在驱动力，这在清代云南的历史进程中尤其显得突出。由于云南社会发展的特殊性、民族构成的复杂性以及国家制度的差异性，明代云南形成沐氏勋庄、都司卫所、土司制度及布政司行政系统四种土地和人口管理模式，中央政府能够直接管控的只有卫所及布政司行政系统管辖下的军籍与民籍土地人口，沐庄及土司制度下的土地人口则不属于国家直接掌控的范畴。与明代中央政府在云南掌土治民的差异性相应，云南的正式行政区划建置主要集中于腹里地区。清朝统一云南后，采取一系列措施，废除沐庄，将其中隐含的土地人口收归省级政府下属各正式政区府州县行政系统管辖；撤卫并县，将军籍土地人口归于府州县统一管理；改土归流，取缔土司对少数民族地区的土地和人口管理权，而由中央政府直接控制。尽管清代云南改土归流没有最终完成，但云南土地人口管理向着正式政区府州县行政系统管理体制的一元化发展趋势是极为明显的。清代云南正式政区府州县行政系统土地人口管理模式的一元化发展，实质是清朝中央对云南掌土治民的强化。而随着清朝对云南"掌土治民"的深入，云南正式行政区划的建置不断向边疆民族地区拓展，同时实现了行政区划和行政管理体制的一体化，缩小了云南边疆与内地的差异，是清代国家行政区划一体化演进的重要组成部分。

一 选题缘由

云南是中国多民族统一国家的有机组成部分，其融入中国历史发展的整体性之中，密切不可分割。自西汉武帝时在云南普遍设立郡县以来，迄于清代，云南以郡县为表征的行政区划制度经历了漫长的发展历程。云南行政区划制度是中国行政区划制度体系的一部分，其历史发展过程与整个中国行政区划制度史发展过程是一致的。然而由于云南的地理环境、民族构成、社会发展程度等因素与内地存在极大差异，历史时期云南行政区划制度的发展又表现出与国家正式行政区划制度体系不同的特征。

清代是中国古代中央集权制国家发展的最后阶段，也是中华帝制行政区划制度获得高度规范化发展的历史时期。清代云南行政区划制度的发展不能脱离全国行政区划体制发展的大背景，虽然云南行政区划制度最终融入全国行政区划体制的一体化发展进程之中，但受各种特殊因素的影响，其发展模式与内地广大汉人地区的模式有所不同。云南行政区划制度发展的特殊历程，在整个清代行政区划制度发展史上同样具有典型范式的意义。目前学术界对清代行政区划制度史的考察多立足于内地汉人社会，具有普遍性的特征，至于云南边疆民族地区行政区划体制演进的历程则尚少系统涉及。本书即欲从清代云南掌土治民的深化切入，对云南边疆少数民族地区行政区划建设的根本要素及行政管理体制演进的趋势作系统考察。

本书选题的设定，基本上来源于对下列问题的疑惑及思考：

（一）清代云南行政区划体系中的"不成郡"现象

乾隆三十五年（1770），清朝对云南地方行政区划作了一次体制上的规范化调整，《清高宗实录》卷852载：

> 吏部议覆："经略大学士公傅恒奏称：'云南外连夷疆，地方辽阔，从前欲藉大员弹压，设郡至二十三府之多。今诸夷向化，缅酋归诚，原设冗繁。'应如所请。云南府为省会，大理府为提督驻扎地，曲靖、临安、楚雄、昭通、澄江属邑俱多，东川为矿厂最胜之区，开化界接南皮，丽江通连西藏，永昌、顺宁、普洱临缅边地，且郡境广阔，均照旧存留。武定府辖二县一州；元江、镇沅二府无首邑，辖一厅一县；广西府无首邑，辖一厅二州，不成郡，均改直隶州。武定既改州，所属和曲州裁；禄劝州改县，同原辖之元谋县俱归武定直隶州辖。元江府属他郎通判、镇元府属威远同知，不便归州统率，改附近普洱府辖。广西府属五嵀通判，改附近曲靖府辖。元江府原辖新平县归元江直隶州辖。镇沅府原辖之恩乐县归镇沅直隶州辖。广西府原辖之师宗、弥勒二州俱改县，归广西直隶州辖。姚安府仅辖一州一县，不成郡，应裁。姚安原辖之姚州、大姚县归附近楚雄府辖。鹤庆府本有原管地方，距丽江仅八十里，改州，与所属之剑川州归丽江府辖。广南府止有同城之宝宁县，不成郡，改直隶厅同知。宝宁县同城，应裁，改设照磨一员，以资佐理。又永北、蒙化、景东三府无属邑，不成郡，但地方辽阔，距府窎远，归并他郡，一切征输审解未便。将永北、蒙化、景东三府，

均改直隶厅同知。丽江、顺宁二府无首县，与体制不合，应将专管地方改首县管理。临安府首邑系建水州，改县，以符体制。"从之。①

这里傅恒所说之"郡"，即指作为统县政区的府。然而当时云南所设的二十三个府级政区中，竟然有十个府"不成郡"，亦即不符合清朝府级政区的正规建置体制。清朝对十个不合体制的府作了调整，武定、元江、镇沅、广西四府"均改直隶州"；姚安府"应裁"；鹤庆府"改州"；广南、永北、蒙化、景东四府"均改直隶厅同知"。从后来的情况看，除广南府旋即恢复建置外，其余九个"不成郡"的府级政区均作了规范化的调适。这是乾隆三十五年（1770）云南行政区划发生的重大变革。

从空间分析的角度，乾隆三十五年（1770）云南行政区划发生重大调整的地区，基本上属于云南的腹里，并未涉及边疆区域，并且作出调整的十个区域，总体面积亦不算十分巨大。然而，考虑到这些区域内所居住的民族构成及其社会发展程度，还是表露出了种种问题。第一，元明清以来云南与中央王朝一体化发展的趋势加强加快，何以到乾隆三十五年（1770）云南地方行政区划仍然存在"不成郡"的现象？第二，清代中期云南不合体制的府基本上处于腹里地区，这与本区域内的民族构成及社会发展程度有无关系？第三，在这一次云南行政区划大调整中，十个不合体制的府级政区除姚安府"应裁"、鹤庆府"改州"之外，其余四府改置为直隶州，四府改置为直隶厅，同样是"不成郡"的行政区划，何以调整竟有如此大的差异？不同行政区划的建置，其内在的决定性因素是什么？

仅从乾隆三十五年（1770）云南行政区划调整一事所提出的疑问不过是诸多问题的一个引子，清代云南行政区划经历了复杂的演进历程，具有与内地模式不同的特殊性，其中的关键及所隐藏的内涵，尚需通过科学的方法进行分析。

---

① 《清高宗实录》卷852，乾隆三十五年二月庚戌，中华书局1986年版（影印本），第11册，第407—408页。

　　（二）清代云南行政区划建设的根本要素

　　行政区划制度属于国家制度建设的范畴。制度建设的主体是具有能动性的人，而其归宿也指向具有能动性的人，行政区划制度亦莫能外。同时，行政区划的地理表现为一定的区域范围，行政区划制度与土地、人口的关系，无法截然区分开来。土地与人口既有其自然属性，又有社会属性，是国家政治、经济、社会系统组成的基本要素。一定的土地和人口是国家统治的基础，从国家职能的角度看，人口与土地是国家行政管理的根本对象。恩格斯指出，"国家是社会在一定发展阶段上的产物"，其特点之一是"按地区来划分它的国民"。[①] 行政区划便是国家"按地区来划分它的国民"的产物。或者说，行政区划的本质是中央对地方实行有效的分层级行政管理，是国家行政管理职能的充分体现，其产生是建立在一定的土地与人口基础上的。

　　关于行政区划的内涵，周振鹤先生指出："行政区划的出现体现了中央集权制国家中央政府与地方政府之间存在的行政管理关系，这是中央与地方关系中最重要的一个方面。因此行政区划是中央与地方出现行政关系的产物。如果中央与地方之间不存在行政关系，则无行政区划可言。"[②] 中央与地方行政关系的存在，当中一个关键是地方区域及其人口；中央与地方存在行政关系，毋宁说是中央与某一特定区域内的土地人口之间存在行政管理的关系。只有中央与特定区域内的土地人口发生行政关系，行政区划才有存在的可能。故而周振鹤先生进一步指出："形成行政区划的充分必要条件：必要条件是一个行政区划必须有一定的地域范围，有一定数量人口，存在一个行政机构；充分条件是这个行政区划一般处于一定的层级之中，有相对明确的边界，有一个行政中心，有时有等第之别，也有司法机构。"[③] 但是古代行政区划的情况并不一律，因而"正式的行政区划一般应该符合上述充分必要条件。但在特殊情况下，只符合必要条件者也是行政区划"。[④]

　　周振鹤先生的论述为行政区划史研究奠定了学理上的基础，然其考

---

① 恩格斯：《家庭、私有制和国家的起源》，人民出版社1972年版，第167—168页。
② 周振鹤：《中国行政区划史·总论》，复旦大学出版社2009年版，第8页。
③ 同上书，第9页。
④ 同上。

察视角无疑是立足于内地汉人社会的，对于云南边疆少数民族地区的情况则未必全部适合。周先生也关注到少数民族地区的特殊行政制度，提出："从实质上来说，土司统治是一种半割据状态，与中央集权制是水火不容的。因此在条件具备的情况下，就必然要采取各种策略与办法，将土司制度逐渐改造成正式的郡县制，这就是改土归流。"① 但是问题也由此产生：土司统治的区域属于清代国家疆域的范围，已经符合形成行政区划"有一定的地域范围，有一定数量人口，存在一个行政机构"的必要条件，改土归流以后，土司统治区域建立起符合清朝体制的正式行政区划，然则在特殊政区与正式政区之间，怎样的条件才是使二者判然分别的鸿沟？究竟在边疆民族地区，形成正式行政区划的根本要素是什么？很显然，在清代云南边疆民族地区，由于特殊的地理环境因素及民族构成状况，不能按照内地汉人社会的模式来理解形成正式行政区划的核心要素。正式行政区划的形成除了地理上的条件以外，尚有进一步探讨的余地。

有鉴于此，本书从行政区划的行政管理本质出发，通过与清代云南土地人口管理体制变迁密切相关的取缔沐庄、撤卫并县、改土归流等重大历史事件的剖析，考察清代云南"掌土治民"的深入与行政区划体制演进的轨迹，进而观察清代云南行政区划及行政管理体制与内地一体化发展的历史进程。

二 学术史回顾

近现代以来，云南史地研究取得了举世瞩目的成绩，但关于清代云南土地、人口管理体制及行政区划史的专题研究却不多见。尽管如此，本选题研究领域内已有丰富的成果可供借鉴，大致集中在以下几个方面。

（一）云南地方史的研究

在过去的二十世纪，云南史地研究大师辈出，发表了一批具有里程碑意义的著作，尤以方国瑜先生为扛鼎。方先生是贯通式的史家，其著作富于通识，对于云南史地研究具有"导夫先路"的意义，其《中国

---

① 周振鹤：《中国行政区划通史·总论》，复旦大学出版社 2009 年版，第 134—135 页。

西南历史地理考释》详细考述了云南历史上政区设置、民族分布及诸多重大历史事件的过程，并在微观考证的基础上贯通多方，深入剖析，提出精辟的论断，此书树立了一种考论结合、微观考察与宏观阐释并重的学术研究范式。① 另一部著作《云南史料目录概说》则对清时期与云南有关的文献作了详尽介绍，分别考述文献的源流、内容、学术价值，更有言简意赅的评论，为清代云南史地研究奠定了坚实的文献学基础。②

云南在清代属于内地十八省之一，但在地理方位上具有西南边疆的特征。尤中《中国西南边疆变迁史》③、方铁与方慧合著《中国西南边疆开发史》④、成崇德主编《清代西部开发》⑤ 及方铁主编《西南通史》⑥ 等著作通过对西南边疆历史的综合叙述，为研究清代云南社会历史提供了一种思考维度。西方学术界清代云南边疆史地研究则采取了精细化的视角，陆韧教授主编的《西方学术视野中的中国西南边疆史》一书收录的文章，正是这种趋向的体现。其中《"混杂的人群"：中国西南近代早期边疆的社会变迁（1700—1880）》一文采用"中间地带"理论，分析了清代云南边疆新月地带的人口变迁及土地买卖规则；⑦《帝国势力深入西南：清初对土司制度的改革》一文从国家的边疆控制视角，对清初国家与云南土司的关系作了深入解析，指出清初并没有既定的改土归流方针，雍正年间推行强硬的改土归流乃是国家面临边疆失控危险所采取的应对措施。⑧

关于清代云南社会发展状况，具体而微的考察常散见于单篇论文之中。早期主要有方国瑜和缪鸾和的《清代云南各族劳动人民对山区

---

① 方国瑜：《中国西南历史地理考释》，中华书局 1987 年版。

② 方国瑜：《云南史料目录概说》，中华书局 1984 年版。

③ 尤中：《中国西南边疆变迁史》，云南教育出版社 1990 年版。

④ 方铁、方慧：《中国西南边疆开发史》，云南人民出版社 1997 年版。

⑤ 成崇德主编：《清代西部开发》，山西古籍出版社 2002 年版。

⑥ 方铁主编：《西南通史》，中州古籍出版社 2003 年版。

⑦ C. Pat Giersch：《"混杂的人群"：中国西南近代早期边疆的社会变迁（1700—1880)》，沈海梅译，陆韧主编：《西方学术视野中的中国西南边疆史》，云南大学出版社 2007 年版。

⑧ John E. Herman：《帝国势力深入西南：清初对土司制度的改革》，于晓燕译，陆韧主编：《西方学术视野中的中国西南边疆史》，云南大学出版社 2007 年版。

的开发》①，指出清代云南山区的开发是各族劳动人民共同努力的成果，汛塘制度及山地高产作物的引进对山区的开发有重大影响，促成内地汉族贫民到云南的边远山区垦荒，促进了耕地面积的扩大。文章更指出清代云南"纳税田亩的增加，一方面是随着地主经济的发展，清政府厉行改土归流，在一些土司领主长期统治的地区，进行土地丈量的结果，一方面则是由于包括汉族在内的各族劳动人民大规模开发山区，开出来的固定山田和山地，成为纳税田亩"。这一论断对清代云南经济史的研究具有指导性的意义。曹相《清初云南经济的变革》②一文认为，清初统治者为巩固和稳定云南民族地区的统治，对云南的经济制度进行了一些变革，主要体现在废除庄田和军屯制度上；将庄田和军屯田地归并入各府州县民田之中，增加了国家赋税收入，并且"使云南与内地区经济制度趋于划一，有利于政治上由流官对各族人民统一治理"，并且"在一定程度上摧垮了土官政权统治的基础，为土官区的改流作了准备"。木芹先生则以十八世纪为中心，对云南经济发展状况及其原因作了系统的论述。③ 二十世纪九十年代以来，清代云南经济史研究涌现出了大批成果，如韩杰《明清时期云南的农业垦殖》④ 一文指出："明清时期云南人口急剧增加而形成的压力转化为农业垦殖扩大的强大促动力，掀起了一次持续的农业垦殖浪潮。"尤其清代云南人口增加迅速，加快了农业垦殖和山区开发的步伐；清代云南垦殖的程度更加深化，其直接后果是耕地面积的大幅度增加。章青琴与曹端波《清代云南农业的发展》⑤ 一文认为，清政府十分重视西南边疆的农田开垦工作，实施一系列宽松的垦荒政策，不仅使耕地面积增加，也一定程度上改变了土地集中的情况，促进了农业经济的

---

① 方国瑜、缪鸾和：《清代云南各族劳动人民对山区的开发》，《思想战线》1976 年第 1 期。

② 曹相：《清初云南经济的变革》，《云南师范大学学报》1989 年第 4 期。

③ 木芹：《十八世纪云南经济述评》，《思想战线》1989 年西南民族研究专辑；《略论 18 世纪云南经济重大发展的原因》，云南大学历史系编：《史学论丛》（第六辑），云南大学出版社 1997 年版。

④ 韩杰：《明清时期云南的农业垦殖》，《纪念李埏教授从事学术活动五十周年史学论文集》，云南大学出版社 1992 年版。

⑤ 章青琴、曹端波：《清代云南农业的发展》，《河池学院学报》2006 年第 1 期。

繁荣。章青琴《清代云南经济的发展》① 从农业生产结构的调整、农副产品加工业的发展和城乡市场网络体系三个方面考察清代云南经济的发展和特点，指出从整体上看，云南经济的发展是一个商品经济不断发展与市场体系不断完善的过程，是一个经济结构变化重组的过程。秦树才《清代前期云南农业发展原因初探》② 认为清初云南农业发展是国家政策及地方各种因素共同作用的结果，云南耕地面积的不断增加，基本与政府推行的政策相吻合。论文注意到人口压力与开荒垦殖之间的关系，但未作展开。土地所有制方面，木芹《云南土地所有制两千年述略》③ 指出："土地的利用开发，直接同土地所有制联系在一起。云南地理复杂，民族众多，又是边疆，所以民族间、地区间发展不平衡，形成多种土地所有制并行的特点，当然，在每一历史时期的多种土地所有制中，总有一种土地所有制占主要地位。"清代云南存在封建国家土地所有制、封建领主土地所有制、自耕农土地所有制、奴隶主土地所有制以及原始土地公有制，其中以地主土地所有制为主要。历史上云南边疆民族地区土地制度的差异性值得重点关注。

随着学术研究的推进，清代云南研究的领域不断拓展，周琼《清代云南瘴气与生态变迁研究》④ 一书从生态环境史、社会史的角度对清代云南瘴气区域分布状况及其变迁作了系统的考察，并讨论了清代云南人口增长、土地垦殖与瘴气区域变迁的关系。该书解析了清代云南边疆社会生态环境的空间结构，但由于主题的限制，未能注意到环境变迁对国家权力深入及行政管理体制的影响。这方面，《去汉人不能久待的地方：瘴疠与清代云南边疆地区的民族空间管理结构》⑤ 一文作了极有意

① 章青琴：《清代云南经济的发展》，《云南财贸学院学报》（社会科学版）2007 年第5 期。

② 秦树才：《清代前期云南农业发展原因初探》，云南大学历史系编：《史学论丛》（第七辑），云南大学出版社 1999 年版。

③ 木芹：《云南土地所有制两千年述略》，云南大学历史系编：《史学论丛》（第七辑），云南大学出版社 1999 年版。

④ 周琼：《清代云南瘴气与生态变迁研究》，中国社会科学出版社 2007 年版。

⑤ David A. Bello：《去汉人不能久待的地方：瘴疠与清代云南边疆地区的民族空间管理结构》，杨煜达译，陆韧主编：《西方学术视野中的中国西南边疆史》，云南大学出版社 2007 年版。

义的尝试，该文指出瘴疬这种疾病的存在和空间分布对清王朝的边疆控制有着决定性的影响，它阻碍了清王朝对西南边疆的很多地区进行直接和持续的控制，而不得不长期依靠土司，造成了云南的民族行政管理结构。张轲风则结合文字学与历史地理学解析了"瘴气"说生成的地理空间基础，认为"瘴"字原作"障"，本身即具有空间阻隔及边疆意象，"'障'字具有因'隔别'而生成的'界限'之意。'障'的表达一向与中央王朝视野下的边疆地区（障塞、边障等）紧密联系，其本身即蕴涵着一种浓郁的边疆色彩与'绝域'意象。"故而"'障气'说的生成体现出中原汉文化强烈的地域政治意识，它凝结着汉文化向边疆地区渗透的特殊地理体验。"① 瘴气生态对中央王朝直接掌控云南边疆民族地区的土地人口造成了环境及政治意识上的障碍，这与清王朝正式行政区划向云南边疆瘴区的推进密切相关。

（二）关于明代沐氏勋庄的研究

明代沐英家族镇守云南近三百年，与明朝廷共同创造了独具特色的云南边疆管理模式，在云南历史上具有重要的意义。有关沐氏的研究，目前当以李建军《明代云南沐氏家族研究》为最全面、最有系统，书中对庞大的沐氏家业（主要是勋庄田地）有详尽的论述。②

明代沐庄所属土地人口称为"镇籍"，不在国家相关统计登册的范畴。王毓铨《明黔国公沐氏庄田考》系统研究了沐氏庄田土地的来源、数量及分布状况，并论及沐庄对人口的隐占问题。③ 陆韧《变迁与交融——明代云南汉族移民研究》对沐庄土地人口管理体制作了开拓性的探讨，首次考察了沐庄隐含汉族人口的情况，指出明末沐庄占有将近90万亩的土地，约占全省土地的20.77%，并隐含了70余万的人口。④ 沐庄私有数额巨大的土地和人口，形成一套特殊的土地人口管理体制，是云南土地人口管理体制差异化的重要方面。

---

① 张轲风：《"瘴气"表述的起源、形成与空间表达》，《思想战线》2009 年第 3 期；《从"障"到"瘴"："瘴气"说生成的地理空间基础》，《中国历史地理论丛》2009 年第 2 辑。

② 李建军：《明代云南沐氏家族研究》，辽宁人民出版社 2002 年版。

③ 王毓铨：《莱芜集·明黔国公沐氏庄田考》，中华书局 1983 年版。

④ 陆韧：《变迁与交融——明代云南汉族移民研究》，云南教育出版社 2001 年版。

（三）关于卫所制度的研究

卫所是明代创立的一种军制，自京师达于郡县，处处有之。随着卫所普遍设立及其特殊制度体系的演变，卫所对明代的人口与土地管理产生了深远影响。这一事实首先为顾诚先生指出。

20世纪80年代中后期，顾诚先生发表《明前期耕地数新探》① 及《明帝国的疆土管理体制》② 两篇重要文章，对明代的人口、土地管理体制作了系统解析。顾诚先生指出，明代的疆土分别归属行政系统和军事系统管辖。行政系统的基层组织州县和军事系统的都司卫所形成不同的地理单位，行政系统和军事系统则分别管辖相应地理单位上的土地与人口。两个系统性质不同，管理体制存在较大差异，导致明代的人口统计和土地登载缺乏准确的数据。同时，州县和卫所两种地理单位具有相互的可转换性。总体而言，明初大抵是把元朝一部分行政系统的地理单位改设卫所，归入军事系统；明中期以后总的趋势是将部分都司卫所的辖地设立州县，转入行政系统。明代将全国疆土分属行政系统和军事系统的做法，乃是通过制度人为地将全国划分成两种不同性质的地理管辖单位，在此基础上实行不同的土地、人口管理措施，从而形成明代特殊的户籍、赋役体制。而在《卫所制度在清代的变革》③ 一文中，顾诚先生指出清朝在接管各地时，对于明代已经逐渐失去军事职能的卫所采取了暂时维持现状的办法。因此，卫所作为同州县类似的地方管辖单位在清代存在了八十多年，在此期间，都司卫所经历了一个轨迹鲜明的变化过程，其特点是：（一）都司卫所官员由世袭制改为任命制；（二）卫所内部的"民化"、辖地的"行政化"过程加速；（三）最后以并入或改为州县使卫所制度化作历史陈迹，从而完成了全国地方体制的基本划一。卫所被逐渐改设为州县或归并入州县后，对清代行政系统布政司和府州县的管理范围和田地、人丁和赋役数字产生了巨大影响。

卫所制度在清代仍有延续。李巨澜考察了清代卫所制度及其职能，认为清代卫所制度是对明代卫所制度的改造和调整，其官员由世袭改为

① 顾诚：《明前期耕地数新探》，《中国社会科学》1986年第4期。
② 顾诚：《明帝国的疆土管理体制》，《历史研究》1989年第3期。
③ 顾诚：《卫所制度在清代的变革》，《北京师范大学学报》1988年第2期。

任命，职能由原先的军事、经济相结合转变为纯粹的经济职能。其中屯田作为清代卫所的主要经济职能之一，对清初农业生产的恢复发展起到一定的促进作用，这种促进作用在边疆卫所表现得尤其显著。同时，边疆卫所有效地促进了西南边疆地区的开发。①

关于明代云南卫所制度，方国瑜先生《中国西南历史地理考释》详细论述了明代云南卫所的设置及屯田制度，并指出明代云南人口分类管理的三种情形："见于纪录之民户，为设置府、州、县地区纳税应役之编户，志书于各府、州、县，详纪里甲及户口之数。其在御夷府州及土司所属（所谓羁縻区域），则由土司差发贡纳，称其民为土户（或夷户），志书未记其户口数。又卫所屯驻之军户，大都分布在府、州、县境内，与民户错杂而居，其统治机构，军民分治，土流分设。故编籍有军户、民户、土户之别；军户隶卫所，民户隶府、州，土户隶土司，户籍不同，然非各成区域。惟军户之称谓，有'卫、所'及分居境内之'堡、哨'，民户、土户有分境'巡检司'及村寨，可以名称大致区别人户之族属。凡府、卫并设地区之汉族与土著各族共居，惟不能详尽耳。"② 陆韧《变迁与交融——明代云南汉族移民研究》是云南卫所制度研究的集大成之作，在多方面作出了创造性的贡献，不仅详细考证了明代云南卫所设置情况及军户的人口数目，并且分析了卫所制度下汉族移民定居区的分布与拓展，同时对明代云南土地人口分类管理体制进行了考察。③

对于明代卫所土地管理在清代的变化，陈曦《清朝对明代云南卫所屯田的处置》认为，清代初期对原明卫所屯田的处置是一个复杂的过程，其一，"清代对明代卫所的裁撤主要包括对屯赋征收额的处理以及对卫所军户军籍的处理两个方面。"屯田归并州县以后，其赋额征收经历了复杂的发展变化，最终逐渐与附近州县民田赋则相统一。康熙三十四年（1695）按照河阳县民赋上则征收后，屯田及屯赋的"整体变

---

① 李巨澜：《清代卫所制度述略》，《史学月刊》2002 年第 3 期；《清代卫所职能略论》，《淮阴师范学院学报》（哲学社会科学版）2001 年第 6 期。

② 方国瑜：《中国西南历史地理考释》，中华书局 1987 年版，第 1135 页。

③ 陆韧：《变迁与交融——明代云南汉族移民研究》，云南教育出版社 2001 年版；陆韧：《明代云南汉族移民定居区的分布与拓展》，《中国历史地理论丛》2006 年第 3 辑。

化情况大致为：屯田、屯地中按照河阳县田赋科则征收的田亩数越来越少，而按照就近州县科则征收的田亩数越来越多。"其二，"卫所屯田归并州县后，虽然在性质上已由屯田转化为民田，但是，清政府还是很难放弃屯田所带来的高额赋税，导致归并州县后各个地区的屯田、屯地仍然不能与归并地区的民田征收完全相等的赋税，而延续了部分田地成为完全意义上的民田的过程，由此使云南的田赋、丁银征收及屯丁户籍安排等问题复杂化。所以，即使在清代官方的经济档册上，屯田这一土地类型名称相同而内涵相异，有的指归并州县后赋税征收额与一般民田不同的卫所屯田，有的则指清代在云南新开展的屯田。"屯赋征收的变化，促成了屯田地的民田化。①

（四）土司制度与改土归流研究

云南土司制度的存在，严重阻碍了中央王朝对少数民族地区"掌土治民"的深入，正式行政区划无由建置，土司统治实际上成为一种半割据的状态。

民国时期，佘贻泽通过土司起源、制度、沿革、现状、改流等问题的叙述，认为土司是一种封建制度，其产生与西南地区的地理环境、民族构成及习俗语言等因素相关，清代推行大规模改土归流是消灭土司的有效方法。②1980年以后，土司制度研究取得极大进展。龚荫首先对云南土司制度进行考察，《明清云南土司通纂》汇集了大量土司制度资料，并识别各土司的族属，厘清其传袭世次，考订其地理区域。③ 其后《中国土司制度史》不仅系统阐述了土司制度的起源、形成、发展及衰落的历史过程，而且对元明清先后设置的土司进行了初步研究，是一部资料性与学术性兼具的著作。④ 吴永章《中国土司制度渊源与发展史》在论述清代土司制度的同时还考察了清王朝对民族地区的土地政策。⑤李世愉《清代土司制度论考》将清代土司制度置于当时国内大形势之

① 陈曦：《清朝对明代云南卫所屯田的处置》，《云南民族大学学报》（哲学社会科学版）2006年第4期。
② 佘贻泽：《中国土司制度》，上海中正书局1944年版。
③ 龚荫：《明清云南土司通纂》，云南民族出版社1985年版。
④ 龚荫：《中国土司制度史》，四川人民出版社2012年版。
⑤ 吴永章：《中国土司制度渊源与发展史》，四川民族出版社1988年版。

中，考察清政府对巩固边疆所采取的步骤，以及土司制度在清代的发展变化。① 论文方面则有张捷夫《清代土司制度》② 及史继忠《略论土司制度的演变》③ 等。

　　土司的存在对中央对边疆地区统治力量的深入造成了障碍，于是明代及清初便对土司实施了控制措施，到雍正时期大规模推行改土归流。王钟翰《雍正西南改土归流始末》主要从区域与中央的关系出发，对雍正年间西南地区改土归流的历程作了详尽的论述与评价。作者尤其提出："土司之改流，其真正目的在进一步加强清廷对西南三省在政治上、军事上、经济上之直接统治，而所采取之手段则在对西南三省边境交通线之打通，水道陆路，最关紧要，即今之所谓点与线，交通生命线是也。"交通路线之打通，加强了清廷对西南三省在经济上与文化上的直接联系。④ 张捷夫《论改土归流的进步作用》对改土归流给予了积极的评价⑤，而《关于雍正西南改土归流的几个问题》一文则指出，历代封建王朝对西南各民族、各地区的统治办法不尽相同。"就明清两代来说，西南少数民族地区，在政治上至少有三种不同情况同时存在。一是流官统治的地方，各项制度与内地基本相同；二是土司统治的地方（包括流土并治的地方），由封建王朝任命当地各族酋长为各级官吏，准予世袭，并实行与内地不同的各种制度。三是既没设置流官，也无土司的'生番部落'。这三种不同的地方，不仅经济发展水平和风俗习惯方面有很大的不同，政治上也存在极大的差异。"在此认识基础上，作者梳理了雍正年间西南民族地区改土归流和设官建置的基本情况，认为雍正年间的改土归流绝大多数是通过政治手段解决的，只有极少数通过战争方式来完成。"雍正年间清王朝在西南进行改土归流的过程中，所进行的几次较大规模的用兵，时间不是在改土归流之前，而是在改土归流之后。起因是土司势力不肯退出历史舞台，而进行拼死的抵抗。因

①　李世愉：《清代土司制度论考》，中国社会科学出版社 1998 年版。
②　张捷夫：《清代土司制度》，《清史论丛》第三辑，中华书局 1982 年版。
③　史继忠：《略论土司制度的演变》，《贵州文史丛刊》1986 年第 4 期。
④　王钟翰：《雍正西南改土归流始末》，中华书局编辑部《文史》第 10 辑，中华书局 1980 年版。
⑤　张捷夫：《论改土归流的进步作用》，《清史论丛》第二辑，中华书局 1980 年版。

此，既不能认为土司的这种行动是正义的，甚至被说成是农民起义，也不能得出清王朝对土司的这种战争是反动的结论。"① 另外，李世愉《试论清雍正朝改土归流的原因和目的》指出，清统治者改土归流的目的，就是要使西南少数民族地区同内地一样无条件地置于自己的统治之下，实现大一统，改土归流的结果加强了清政权对西南地区的直接统治。②

1990 年以来，有关改土归流研究的成果更加丰富。③ 关汉华《论明清两代的改土归流》分析了改土归流的意义，指出这一边远民族地区政治制度的重大变革使人数众多的土民成为封建国家的编户齐民。④ 周琼《从土官到缙绅：高其倬在云南的和平改土归流》论述了云南汉化土司改土归流的必然性，指出土官身份转变为中央王朝统一任命的封建官僚后，在思想意识上产生了对统一国家的认同感，从而使封建中央集权国家的凝聚力、向心力得到了进一步加强。⑤ 段红云与闵红云的《清代丽江木氏改土归流及行政管理变革》认为："改土归流后，清政府从政治、经济、军事、文化等方面进行了改革，将丽江纳西地区纳入中央王朝的管理体制之下"；"改流后，木氏苦心经营的统治秩序被内地政治、经济、文化制度所取代，纳西社会经济全面发展，多元化社会趋势进一步加强。"⑥ 吴丽华、魏薇的《雍正"改土归流"辩》认为改土归

① 张捷夫：《关于雍正西南改土归流的几个问题》，《清史论丛》第五辑，中华书局1984 年版。

② 李世愉：《试论清雍正朝改土归流的原因和目的》，《北京大学学报》（哲学社会科学版）1984 年第 3 期。

③ 主要成果有王文成：《近代云南边疆民族地区改土归流述论》，《思想战线》1992 年第 6 期；王缨：《鄂尔泰与西南地区的改土归流》，《清史研究》1995 年第 2 期；曹相：《清朝雍正年间滇西南地区的改土归流》，《云南师范大学学报》1997 年第 1 期；刘本军：《鄂尔泰改土归流的善后措施》，《云南社会科学》1999 年第 6 期；陈怡：《评雍正时期西南地区"改土归流"的历史作用》，《黑龙江农垦师专学报》2001 年第 2 期；张鑫昌、李兴福：《鄂尔泰奏折与云南改土归流》，《档案学通讯》2008 年第 1 期；张鑫昌、李兴福：《鄂尔泰奏折与云南改土归流（续）》，《档案学通讯》2008 年第 2 期。

④ 关汉华：《论明清两代的改土归流》，《华南师范大学学报》1990 年第 5 期。

⑤ 周琼：《从土官到缙绅：高其倬在云南的和平改土归流》，《中国边疆史地研究》2004 年第 3 期。

⑥ 段红云、闵红云：《清代丽江木氏改土归流及行政管理变革》，《思想战线》2005 年第 2 期。

流是雍正以大一统理论为依据、顺应历史发展趋势而对西南地方行政管理体制进行的变革，通过改土归流，西南地区真正进入版图，成为中国牢不可破的一部分。①

尤中先生从民族史的视角指出，清代的改土归流是云南一部分少数民族中经济和政治制度方面的一种变革，其目的是要对少数民族人民进行直接的经济剥削和政治上的统治。通过改土归流，云南少数民族地区与全国范围内的其他地区在政治上实际统一的形势又向前发展了一大步，云南靠内地区与内地各省在政治上完全趋于更加牢固的统一。②

学术界的上述研究成果表明，改土归流是清代加强国家对边疆少数民族地区掌土治民的重要举措，这一制度的实施，推动了云南边疆与内地一体化发展的进程。

（五）行政区划史的研究

关于行政区划及地方行政制度史的研究论著数量甚多，目前能够代表最新成就的，是周振鹤先生主编的多卷本《中国行政区划通史》，其中周先生所撰《总论》构建了行政区划史学科体系。③ 周振鹤先生关注到少数民族地区的特殊行政制度，但他对于整个行政区划史学科体系的构建，是基于内地汉人区域的普遍模式的，这一模式未必适合清代云南边疆民族地区。譬如在内地汉人区域，只要符合"有一定的地域范围，有一定数量人口，存在一个行政机构"的必要条件即可形成行政区划，那是因为国家对于内地的统治较为深入，"有一定的地域范围，有一定数量人口"，即是直接掌控了土地和人民。在云南少数民族地区则不然，"有一定的地域范围，有一定数量人口"只能在理论上提供形成政区的必要条件，实际上中央未必直接控制了这些土地和人口，中央的行政治理未必能够得到真切的实施。换言之，在云南边疆民族地区，"有一定的地域范围，有一定数量人口"难以成为行政区划建设的必要条件；国家要在云南边疆民族地区设置正式政区，首先必须实现对于该区域土地和人民的直接管控。这正是云南边疆民族地区的特殊性。

---

① 吴丽华、魏薇：《雍正"改土归流"辩》，《云南师范大学学报》（哲学社会科学版）2011年第1期。

② 尤中：《云南民族史》，《尤中文集》第一卷，云南大学出版社2009年版。

③ 周振鹤：《中国行政区划通史·总论》，复旦大学出版社2009年版。

云南行政区划史研究起步甚早，方国瑜先生《中国西南历史地理考释》考证了云南历史上每一个政区的历史沿革，最重要的贡献是考证清楚政区的地理区位，从而实现了历史地图上的标示。① 林超民《云南郡县两千年》一书则从时间纵向梳理了云南行政区划制度史的变迁。② 尤中《云南地方沿革史》对云南重大历史事件及行政区划变迁作了系统勾勒。③ 此外，林涓《清代行政区划变迁研究》一文以清代地方行政区划及行政制度的调整为中心，对县、直隶州、府、道、督抚、布政使等地方行政区划和行政制度进行全面考察，探讨清代各级地方行政区划变迁的特点，并系统分析其改革的深层原因。④

清代的直隶厅具有特殊过渡型政区的特征，陆韧《清代直隶厅解构》从行政区划"掌土治民"的本质切入，对清代设置直隶厅地区的民族构成变化和直隶厅行政管理体制进行了解构。论文指出直隶厅是在清朝治边方略指导下，针对边疆民族地区因汉人增加、汉民垦殖区扩大而导致的民族构成变迁和经济开发扩大情况所创设的一种既能保持边疆民族地区稳定，又能实现对其辖区内所有民族人口进行管理的政区模式。直隶厅不仅具备行政区划各要素，而且具有行政双结构、民族构成多样性、户籍管理分类性、赋役征收的差异性和军事控管等特征，是边疆民族地区行政体制由土司制度或当地民族自行管理模式向全国政区一体化演进的过渡型政区。随着清代边疆地区行政区划体制的演进，直隶厅逐渐摆脱了两套职官体制和行政管理双结构的模式，成为抚民同知主持下的单一行政管理体制。清代直隶厅的创制，强化了边疆控制和民族地区的行政管理，促使边疆民族地区平和地向内地基本一致的行政区划体系过渡，是清朝全国政区一体化的重要举措。⑤

三　研究内容

本书从清代云南土地人口管理体制的变迁切入，解析清代云南行政

---

① 方国瑜：《中国西南历史地理考释》，中华书局 1987 年版。

② 方国瑜主编，林超民编写：《云南郡县两千年》，云南广播电视大学 1984 年版。

③ 尤中：《云南地方沿革史》，云南人民出版社 1990 年版。

④ 林涓：《清代行政区划变迁研究》，博士学位论文，复旦大学中国历史地理研究中心，2004 年。

⑤ 陆韧：《清代直隶厅解构》，《历史地理论丛》2010 年第 3 期。

区划及行政管理体制一体化演进的轨迹，本书核心内容构成互相衔接、层层递进的关系，主要集中于几个方面：

第一，在全面把握清代云南社会特征的基础上，通过对沐庄、卫所、土司制度及行政区划体制演进的考察，勾勒清代云南土地人口管理体制变迁的历程，在此基础上解析清代国家对云南边疆少数民族地区不同空间及人口构成状态下掌土治民的基本模式及其特征。

第二，从行政区划制度的视角出发，结合清代云南不同区域人口与土地管理模式变化，审视清代云南边疆民族特殊地区"掌土治民"在行政区划体制建设过程中的作用，进而考察清代云南地方行政区划体制的构建及其演进轨迹。

第三，以国家对云南人口与土地的直接掌控为基本标尺，建立清代云南行政区划演进的空间模型，考察清代国家对云南边疆民族地区行政管理的拓展范畴。

第四，透过清代国家围绕云南边疆民族地区掌土治民范围及力度强化所进行的一系列制度建设，勾勒制度变迁影响下清代云南行政区划体制与内地一体化发展的历史进程。

四　研究方法与资料运用说明

1. 主要研究方法

本书对于清代云南行政区划的研究属于历史地理学的范畴，而人口与土地管理体制的变迁不仅是中央对地方行政管理的重要内容，更是社会人口发展及行政区划演进的必要条件。因此，本书是历史地理学与制度史相交叉的"边缘性"研讨，当以历史学及历史地理学相关研究方法的综合运用为主要研究手段，具体包括以下几个方面：

（一）基本史料的收集、鉴别与分析。本书确定的研究范畴是清代云南制度变迁与区域人口、土地管理的关系，所依赖的基本资料有其特定的时间和空间维度，即大体围绕清代云南展开。然而，制度变迁与社会发展具有承续性和延续性；并且，除清代云南地方史乘之外，国家的整体大政方针、政策、制度乃是区域性制度和行政的出发点，因此本书采用史料不局限于清代，亦不局限于云南，具有时间和空间维度上的分散性特征。如何将各种分散的史料收集起来，解析其内涵及相互间的内在联系，是本研究的必由之路。只有广泛地收集史料，审慎地别择史料，缜密地考察史料，通过新史料的运用及解析，才能将相关研究推向一个新的局面。

（二）制度史的梳理与解构。区域社会人口、土地的管理与行政区划形态的演进不仅与地理因素有千丝万缕的联系，更同人文因素密切相关。在诸多人文因素中，制度无疑起着至关重要的作用。事实上，行政区划的构建及人口、土地的管理原本即是国家制度建设的基础项目之一，当它们表现为一种历史的现实存在时，其背后的制度因素往往被抽离，甚至被有意无意地忽视了。单从行政区划、人口与土地管理自身层面进行研究，难免陷入局促一隅的困境。所谓"事出有因"，一切历史事件以及现象的发生必有制度的因素起着隐含但却主导的作用。在对区域社会人口、土地的管理与行政区划形态演进作出细致的观察与考究时，制度无疑是解释历史现象及事件的基础，尽管这并非唯一的途径。本书试图将清代云南社会人口、土地管理与行政区划形态的演进既看作一种制度的变迁，同时也理解为特定历史环境中的事件和现象，从而在考察其制度本身演进轨迹的同时，进一步分析与之相关联的其他重要制度的作用。这一研究途径已为学界提出并进行了有益尝试，但在历史时期的区域研究中尚未集中运用，本书试图在前辈学人实践的基础上作进一步的探索。

（三）历史地理学最具特色的研究方法之一是空间分析，本书试图利用图表研究的方式，将清代中央对云南人口与土地管理模式变迁的轨迹回复到历史地图上，进而呈现云南边疆少数民族地区行政区划演进以及国家对云南地方直接管控范围的空间发展态势。此方法建立在人口、土地要素与行政区划的密切关系之上，适当的图表会弥补文字表述的不足，而加强本研究的直观性。

总之，本书立足于行政区划史的角度，试图通过中央政府对云南边疆民族地区"掌土治民"的考察，揭示清代云南行政区划及行政管理体制与内地的一体化演进历程。但这样的构思只是从行政区划职能的角度加深中央与地方关系的分析，并不可能全面审视清代中央与云南地方的关系，因此不代表研究中央与地方关系的唯一途径。同时，行政管理的内容包括多方面，本书难以一一涉及，仅围绕"掌土治民"的主题，对土地、人口管理方面作些探讨。

2. 资料运用说明

从研究对象出发，本书主要倚重历史文献资料进行研究。确定的时间范畴是清代，但制度变迁具有持续性与延展性的特点，所以部分内容必然会上溯明代，或者涉及民国以至新中国成立以来的一些资料。同时，确立的空间范畴是云南，但地方制度的发展变迁与国家制度建设、方针政策密切相关，因此研究资料的构成不仅包括云南地方文献，还涉及清代国家有关的典籍。本书采用的历史文献资料主要有以下几类：

一是正史、实录、档案、奏折与政书等。（1）正史如《明史》《清史稿》记载王朝发展的总体趋势，是了解明清历史发展脉络的基础史料。（2）《清实录》是研究清代历史的第一手史料，其中记载国家制度变迁的各种情况，是本选题研究的重要史料来源。云南省历史研究所曾将《清实录》中有关云南史料辑录出来，编成《〈清实录〉有关云南史料汇编》四卷，尤为本选题研究提供了莫大的方便。（3）清代档案及奏折，如《雍正朝汉文朱批奏折汇编》、雍正《砝批谕旨》、《岑毓英奏稿》等，收录了诸多不同时代云南地方行政长官向中央奏报的奏折文件，提供了清代云南地方的基本情况与制度变迁的具体内容，是本选题最基本的资料来源之一。（4）记载清代典章制度的通制类政书，包括乾隆朝编修的《清朝文献通考》《清朝通典》《清朝通志》和民国初年完成的《清朝续文献通考》，以及自康熙迄光绪五次纂修的《会典》和三朝《会典事例》。这些通制类政书记载清代国家制度的特点是"通"和"全"，① 并且在时间上有相当的连续性，也是本选题研究的重要参考资料。

二是全国性地理总志与云南省地方志书。（1）全国性地理总志主要是《嘉庆重修大清一统志》。（2）云南省地方史志包括两类，第一类是综记全省的通志，清代共编纂五部云南省志，康熙《云南通志》、雍正《云南通志》、道光《云南通志稿》、光绪《云南通志》及光绪《续云南通志稿》，虽然质量参差不齐，但均包含了各时代的云南基本情况，都为清代云南研究所必取资；民国时期的《新纂云南通志》虽然

---

① 冯尔康：《清史史料学》，沈阳出版社 2004 年版，第 63 页。

成书在清朝灭亡多年以后，但出自名家之手，在编纂上一丝不苟，考索精详，内容上亦涵盖了清代云南的基本情况，本书在资料方面倚重此书颇多。云南省地方史志的第二类是各府州县志，清代至民国时期的府州县志书数量甚巨，这些志书记载尽管有时仅限于简略的概述，但为本书作具体而微的考察提供了一定程度上的资料保证。

　　三是明清时人所著记载滇事之书。如明代谢肇淛《滇略》、清代倪蜕《滇云历年传》、檀萃《滇海虞衡志》、曹春林《滇南杂志》、张泓《滇南新语》、师范《滇系》、冯甦《滇考》、刘健《庭闻录》、刘崑《南中杂说》等。此类记载滇事之书内容繁杂，包含了一些重要信息，是了解清代云南的必备参考书籍。

　　四是资料汇编。如龚荫编著的《明清云南土司通纂》《中国土司制度史》等。另外，杨子慧主编的《中国历代人口统计资料研究》尽管遭到葛剑雄与曹树基两位先生的批评①，但若从资料汇编的角度视之，仍不失其工具书的价值②，本书在谨慎别择的基础上，对这些资料作适当的运用。

---

　　① 葛剑雄、曹树基：《是学术创新，还是低水平的资料编纂——评杨子慧主编〈中国历代人口统计资料研究〉》，《历史研究》1998 年第 1 期。

　　② 《中国历代人口统计资料研究》编委会：《学术讨论应当是科学、积极和健康的——评葛剑雄、曹树基〈是学术创新，还是低水平的资料编纂?〉》，《历史研究》1998 年第 6 期。

第一章 清代云南行政区划与行政
管理体制演进的基础

清代云南行政区划及行政管理体制是国家制度建设的结果，但其形成和发展，与一定地域空间系统密切相关，既受到云南特殊的西南边疆区位、自然地理环境、瘴气生态等自然要素的影响，也受到当地复杂的民族构成、人口分布以及社会发展状况等人文因素的制约。

第一节 清代云南行政区划及行政管理体制建设的地理环境

自西汉武帝元封二年（前109）设置益州郡以来，迄于明末，云南地方行政区划走过了一千七百余年的历程。在漫长的历史发展中，云南地方行政区划及行政管理的实施与其所在特定地域空间紧密联系。方国瑜先生指出："为要深入了解云南历史，对云南的地理环境要有充分认识。"① 因此，探究清代云南行政区划及土地人口管理体制的演进，必须先对这一历史进程发生区域的地理背景作简要的说明。

一 云南自然地理概况

云南地处低纬度高原，地理位置特殊，是中国自然环境最为复杂的区域之一。

云南地势北高南低，自西北向东南倾斜，渐下渐展，呈时陡时缓的

① 方国瑜：《〈云南地方史〉导言》，林超民编：《方国瑜文集》（第一辑），云南教育出版社2001年版，第48页。

多级阶梯逐级下降。滇西北为第一梯层，山势陡峻，高峰耸峙，平均海拔 5000 米左右；滇中高原为第二梯层，平均海拔 3500 米左右；滇东高原为第三梯层，平均海拔降到 2400 米左右；滇东南、南部及西南部边缘一带为第四梯层，也是最低一级梯层，由海拔 1200—1400 米的低山和海拔不到 1000 米的河谷、盆地构成。从第一梯层最高处海拔 6740 米的怒山主峰卡瓦格博到滇南红河出境处海拔仅 76.6 米的河口，南北相对高度达 6663.4 米。云南海拔高度呈梯层下降的方向与纬度降低的方向基本一致，非地带性因素加剧了南北地带性差异。

与北高南低的地势相应，云南境内的高山大河多呈南北走向。在滇西纵谷区，高山与深谷相间，排列着高黎贡山、怒江、怒山、澜沧江、云岭、金沙江等几组巨大的山脉和大河。山势如一只张开的手掌由北向南缓缓伸张，[①] 三条大河与高山相互挟持，并肩南下，绵延数百里。山川之间高差悬殊，河谷之底气候炎热，而山峰顶部冰雪覆盖，终年不消。高山大川延展至滇西南，则"山势逐渐展开，峰峦愈见低矮，山体更加宽大，河谷骤然开阔，越拓越广，出现较大面积的河谷平原和山间盆地，海拔从 4000—6000 米降为 1000 米左右，成为滇西南低地势的热带、亚热带地区"。[②]

云南地形以山地高原为主，缺少辽阔的平原，但在高原丘陵之间存在着许多山间盆地，即坝子。据统计，今云南全省坝子面积 2.4 万平方公里，面积在 1 平方公里以上的大小坝子共有 1442 个，其中滇东高原上大于 1 平方公里的坝子近 1000 个，约占全省坝子总数的 69%，其总面积达 1.7 万余平方公里，约占全省坝子面积的 71%；滇西横断山纵谷区坝子数量较少，大于 1 平方公里的坝子 400 余个，约占全省坝子总数的 31%，面积也较小，约 7000 平方公里，约占全省坝子总

---

① 滇西山脉走势亦被称为"帚状"。《中国自然地理纲要》说："西南区山原地形结构包括广大的夷平面、高耸的山岭，低陷的盆地和深切的河谷。在元江、雅砻江以西，山脉和河流南北纵列，高山深谷平行排列，常称为横断山脉区。这些平行的高山，大致在北纬 26°以北，自西向东有高黎贡山、怒山、大雪山等，其间奔流着怒江、澜沧江、金沙江、雅砻江等大河。……北纬 26°以南，夷平面尚有大面积保存，这就是'云南高原面'。山岭高度也渐降低，只有个别高峰超过 3000 米。山脉走向受构造作用，作帚形分出，称为滇南帚形山系。"（任美锷主编：《中国自然地理纲要》，商务印书馆 1992 年修订 3 版，第 284—285 页。）

② 林超民等：《滇云文化》，内蒙古教育出版社 2003 年版，第 5 页。

面积的 29%。① 东西部坝子分布不均匀，对于云南东西部经济社会发展的不平衡，起着不可忽视的作用。

复杂的地理环境制约着清代云南交通的发展。一方面，"云南境内山岭盘结，谷深山高，沟壑纵横，自然形成云南交通的阻隔和闭塞"。② 清代云南在在"崇岗巉嵲"，"水无不怒石，山有欲飞峰"，地理自然态势决定了境内交通阻碍异常。陆路交通难以开辟，"上高山则疑为登天，下陡坡则几同赴壑，羊肠鸟道，修之实难"。③ 水路交通亦无便利，"大约川则沙壅石阻，泽则支流细微，虽有舟楫，就近驶驾，不能远适也"。④ 险恶的地理形势也给云南与外地的交通带来极大困难，清代云南"道路险远，舟车不通，商贾罕至"。⑤ 直到 19 世纪末，英国学者H. R. 戴维斯在云南进行徒步考察，仍然感到云南交通的阻滞："云南本身并不是一个贫穷的地方，但苦于其交通不便，这个地区不仅分布着崇山峻岭，而且湍急的大河中乱石成堆而不能通航，如果从陆地行走的话，道路的险阻使旅行者行程缓慢。云南的内河航行不适宜小船，更谈不上汽船，道路多是山道，其运输靠马帮和骡子驮运货物，而且这个地区到海港甚至从内河航运的距离都较长。"⑥ 山川地理形势无疑是清代云南交通阻隔和闭塞的主要原因。另一方面，云南区域间气候差异对交通起到严重的制约作用。云南地形复杂，地势北高南低，气候立体变化与垂直变化均异常明显。北部地带高海拔与相对的高纬度结合，属于寒温带或高山型气候，尤其滇西北的横断山区常常有半年以上的积雪，恶劣气候制约着人们的交通活动。中部地带气候宜人，四季如春，因

---

① 云南省地方志编纂委员会：《云南省志》卷 1《地理志》，云南人民出版社 1998 年版，第 231、236 页。

② 陆韧：《云南对外交通史·导论》，云南人民出版社 2011 年版，第 2 页。

③ 光绪三十三年腾越口：《华洋贸易情形论略》，转引自陆韧《云南对外交通史》，云南人民出版社 2011 年版，第 11 页。

④ （清）吴大勋：《滇南闻见录》，方国瑜主编：《云南史料丛刊》第 12 卷，云南大学出版社 1999 年版，第 12 页。

⑤ （清）蔡毓荣：《筹滇十疏·敦实政》，（清）鄂尔泰等修、靖道谟等纂：雍正《云南通志》卷二十九之四《艺文·奏疏》，国家清史编纂委员会：《文津阁四库全书清史资料汇刊》，商务印书馆 2006 年版，第 457 页。

⑥ ［英］H. R. 戴维斯：《云南：联结印度和扬子江的锁链——19 世纪一个英国人眼中的云南社会状况及民族风情》，李安泰等译，云南教育出版社 1999 年版，第 5—6 页。

"良好的气候条件和地理形势"而"成为最易打通交通孔道并能常年保持通行的地带"。[①] 滇西至滇南的半环地带地势较低,与低海拔相结合,气候多属于高温高热和多雨的季风区,夏季高温多雨,常使道路泥泞,甚至发生道路冲毁和山体塌方,使交通为之受阻;同时,这一地带深林密箐,在高温多雨的气候环境下瘴疟流行,给旅行者造成生命危害。清代"宾川州瘴气甚浓,四五月间,鸡足道绝人行"。[②] 瘴疠使交通具有季节性的停歇。而"景东、蒙化皆有瘴疠,永昌尤甚。澜沧、潞水皆深绿,瘴时则红烟浮江面,日中无敢渡者,其瘴起自春末,秋尽乃止"。[③] 瘴疠的威慑无疑教"水使人交通"的功能受到极大限制。总之,地形和气候与云南交通的发展有着密切关系,而"若从气候与地形的联合影响看,又形成了云南中部东西常年贯通,南北季节性受阻的特点"。[④]

综合上述,清代云南地域辽阔,自然条件复杂多样,其北高南低的地势,西部崇山激流、东部高原坝子的地貌,深林密箐,山多地少,以及交通阻碍闭塞等特征,使云南"形势较他省独异"。[⑤] 人类活动脱离不开自然地理环境的限制,云南独特的自然地理环境,是清朝在这一片广阔区域开展行政管理体制建设的重要基础。

二 清代云南的地理区位

顺治十五年(1658)正月,清世祖命信郡王多尼为安远靖寇大将军,"统领将士,进取云南"。[⑥] 顺治十六年(1659)正月,清军"三路大师,俱入省城。李定国、白文选与伪永历奔永昌。"[⑦] 二月,清军

---

① 陆韧:《云南对外交通史·导论》,云南人民出版社2011年版,第14页。

② (清)陈鼎:《滇游记》,王云五主编:《丛书集成初编》,商务印书馆1936年版,第9页。

③ (清)王文韶等修、唐炯等纂:光绪《续云南通志稿》卷193《杂志》,清光绪二十七年刊本。

④ 陆韧:《云南对外交通史·导论》,云南人民出版社2011年版,第15页。

⑤ (清)师范:《滇系·疆域系上·总论》,光绪丁亥云南通志局刊,第1册。

⑥ 《清世祖实录》卷114,顺治十五年正月丙午,中华书局1985年版(影印本),第892页。

⑦ 《清世祖实录》卷123,顺治十六年正月庚子,中华书局1985年版(影印本),第950页。

挺进滇西，经腾越磨盘山一役，"李定国走孟艮，永历入缅甸，白文选走猛缅"。① 又经过一年的征战，清朝基本控制了云南全境。

　　清朝在云南的统治确立以后，"沿明制，置承宣布政使司，为云南省"②，云南"即与畿辅各省同隶职方统属"③。《清史稿·地理志》云："世祖入关戡寇，定鼎燕都，悉有中国一十八省之地，统御九有，以定一尊。"④ 云南是顺治时代最后底定的区域，"清军占领云南后，清廷诏以云、贵、川、广、湖五省荡平，宣示中外，统一中国大陆"。⑤ 故清代云南省的建置意义重大，清世祖在谕旨中说："大兵开服滇、黔，业成一统。"⑥ 云南之纳入版图标志着清朝全盘继承明朝疆域的最终完成。

　　在清代版图上，云南是个极其特殊的区域。一方面，元明以来云南即是中央王朝的固有版图，在清代为内地十八省之一，与东北三将军辖区、漠南漠北蒙古地区、青海西藏地区、新疆回部等边区不同，在行政区划上属于表现为郡县制的国家经制体系。另一方面，云南在清代版图上位于西南极边，"为中国之犄角"，⑦ 是内地十八省中的边疆省份，察其形势，则"蕃缅交蒙与滇接壤，其间道里远近，山川险彝，类多要害之区"。⑧ 早在清兵进入云南省城之初，和硕简亲王等就上奏："云南既已收复，则贵州为腹里。"⑨ 既而经略洪承畴疏奏："云南山川险峻，幅员辽阔，非腹里地方可比。请敕议政王、贝勒、大臣密议，三路大

---

① （清）范承勋等修，吴自肃、丁炜等纂：康熙《云南通志》卷3《大事沿革考》。

② 赵尔巽等：《清史稿》卷74《地理志二十一·云南》，中华书局1977年版，第2321页。

③ （清）王崧：《道光云南志钞》卷1《地理志·图说》，刘景毛点校，云南省社会科学院文献研究所1995年版，第2页。

④ 赵尔巽等：《清史稿》卷54《地理志一》，中华书局1977年版，第1891页。

⑤ 何耀华、夏光辅主编：《云南通史》第4卷，中国社会科学出版社2011年版，第209页。

⑥ 《清世祖实录》卷127，顺治十六年七月丙寅，中华书局1985年版（影印本），第982页。（清）范承勋等修，吴自肃、丁炜等纂：康熙《云南通志》卷3《大事沿革考》。

⑦ （清）师范：《滇系·疆域系上·总论》，光绪丁亥（1887）云南通志局刊，第1册。

⑧ （清）范承勋等修，吴自肃、丁炜等纂：康熙《云南通志》卷1《图考》。

⑨ 《清世祖实录》卷123，顺治十六年二月丙子，中华书局1985年版（影印本），第955页。

兵，作何分留驻守？"兵部认为"留拨大帅官兵，镇守滇南，事关重大"。① 正如清世祖谕吏、兵二部所说，"云南远徼重地"，故"命平西王吴三桂移镇云南"。② 清朝命吴三桂驻镇云南，正是基于云南"非腹里可比"的特殊"远徼"地位所作出的决策。康熙中期，今存第一部清代《云南通志》纂成，③ 其中将云南表达为"西南边徼"，这样的观念一直延续至清末，尤为清晰地揭示出云南的西南边疆地位。云南虽在地理上是"极西南，距京独远"，却"为海内治乱之始终所系亦复不小"。④

清代云南的辖境范围，初期和后期不完全一样，如原属四川的东川、乌蒙、镇雄三府在雍正朝归入云南，而光绪二十一年（1895），原十三版纳中的猛乌、乌得划归越南。然总体说来，清代云南省面积辽阔。《大清一统志》记载：云南省"在京师西南八千二百里，东西距二千五百一十里，南北距一千一百五十里。东至广西泗城府界七百五十里，西至神护关接野人界一千七百六十里，南至交趾界七百五十里，北至四川宁远府会川州界四百里，东南至广西镇安府界一千一百四十里，西南至天马关接缅甸界二千三百一十里，东北至贵州兴义府普安县界四百三十里，西北至吐蕃界二千里"。⑤ 这是清代中叶国家对于云南幅员所作的正式表述，尽管这样的表述具有模糊性，但反映出云南远离京师、接壤外国的西南边疆地理区位特征。清代云南的行政区划建置，在西北部为丽江府与缅甸接壤，西部腾越厅诸土司地与缅甸接壤，南部顺宁府、普洱府与缅甸、老挝接壤，东南部临安府、开化府及广南府与越

---

① 《清世祖实录》卷124，顺治十六年三月甲寅，中华书局1985年版（影印本），第961页。

② 《清世祖实录》卷129，顺治十六年十月己酉，中华书局1985年版（影印本），第1000页。

③ 按：范承勋等修纂的康熙《云南通志》并非清代云南第一部官修通志，早在康熙二十二年（1683）云贵总督蔡毓荣就奉旨纂修《云南通志》，"纂成单本，具题送部"，只是由于客观条件的限制，此书"虽纂未全，但钞未刻"，且"未及精详，尚多缺略"。继任总督范承勋等在前书基础上续为修纂，于康熙二十九年（1690）十二月十八日具题进呈，次年雕版，即为今存之康熙《云南通志》。（参见方国瑜：《云南史料目录概说》，中华书局1984年版，第682页。）

④ （清）许弘勋：《云南通志序》，载康熙《云南通志》卷首。

⑤ 《嘉庆重修大清一统志》卷475《云南统部》，四部丛刊续编本。

南接壤。总之，清代云南自西部蜿蜒而至南部，沿边地带十分广袤，居于西南边疆的重要地位。

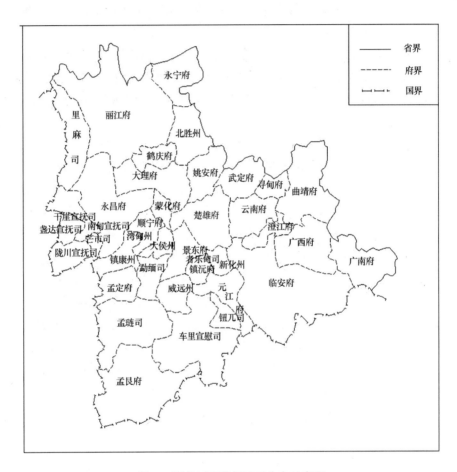

图一　明代云南府级政区分布示意图

底图来源：谭其骧主编：《中国历史地图集》第 7 册，地图出版社，1982 年，第 76—77 页。

　　云南作为清朝的边疆，继承了元明以来重要的西南藩篱作用。清初学者顾祖禹考察云南方舆形势，指出：“云南要害之处有三：东南八百、老挝、交趾诸夷，以元江、临安为锁钥；西南缅甸诸夷，以腾越、

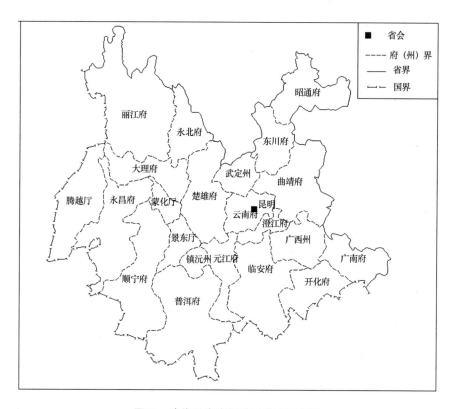

图二　清代云南府级政区分布示意图

底图来源：谭其骧主编：《中国历史地图集》第 8 册，地图出版社，1987 年，第 48—49 页。

永昌、顺宁为咽喉；西北吐蕃，以丽江、永宁、北胜为扼塞。"① 从西部丽江府至东南部广南府，绵长的半月形沿边区域，是云南的屏障，而云南对于清朝而言，是国家版图的西南藩篱。"藩篱"起到保障内地的作用，所谓"藩篱不固，浸及堂奥"。清人论"天下之形势"曰："燕如首，西北、东南为二肢，西南如足。必足无痿躄之患，然后能属役于元首。"② 只有足部肌理健全，方能支持身体的挺立，使元首、二肢各

---

① （清）顾祖禹：《读史方舆纪要》，贺次君、施和金点校，中华书局 2005 年版，第 5057 页。

② （清）阮元、伊里布等修：道光《云南通志稿》卷 29《地理志四·形势》。

自发挥其作用。滇云杰出学者师范亦曰："滇之视天下，特身之一踝一拇耳，筋骨坚定，血脉贯输，则动止疾徐胥任其意之所使；苟病拘结患腘肿，固非同心腹腰膂之有关性命，而七尺之躯，难免残废。此其轻重从可知矣。"① 清代云南虽界在边荒，远居天末，而于全国实举足轻重，所谓"为海内治乱之始终所系不小"也。时至今日，云南仍然是中国西南边陲的重镇，也是中国通往东南亚、南亚的门户和枢纽。

云南在国家版图上的空间区位决定了其对于清朝疆域巩固和发展的重要性，清朝在云南实施行政管理体制建设，不得不考虑本区域的西南边疆性质。而特殊的西南边疆区位，既是清朝云南行政管理体制建设的出发点，也是清朝云南行政管理体制演进的归宿。

三 瘴气生态与清代云南社会

云南在历史上是著名的瘴气之乡，人们对于云南的印象通常是"类皆高山峻岭，深林密箐，象虎成群，瘴疠为虐，古所谓不毛之地也"。② 瘴气与险峻的山川地理一样，是历史上云南的著名标签，"滇海遥天瘴疠薰"，③ 令人闻之色变。

古代文献在记述云南的瘴气生态时，常有"瘴""瘴气"或"瘴疠"的不同表达，事实上这三个概念各有不同前提条件下的层次和内涵。"瘴"是特殊自然生态环境下形成的自然生态现象，"瘴气"是瘴的气体表现形式，也是人们接触和认识到的瘴的主要类型，而"瘴疠"是人们中瘴后的疾病表现形式。④ 云南历史上瘴气的长期存在，与生态环境的开发活动有关。"大抵深山大泽，素未开辟，虫蛇毒物，伏藏年久，加以水土之恶劣，炎热暑湿之郁蒸，积而为瘴。"⑤ 在清代以前，云南许多地区人口稀少，经济和文化发展落后，对生态的开发尚未对自然环境造

---

① （清）师范：《滇系·自序》，光绪丁亥（1887）云南通志局刊，第 1 册。

② （清）刘崑：《南中杂说》，王云五主编：《丛书集成初编》，商务印书馆 1936 年版，第 20 页。

③ 周麟书：《读印泉先生〈滇西兵要界务图注〉有感》，方国瑜主编：《云南史料丛刊》第 13 卷，云南大学出版社 1999 年版，第 753 页。

④ 周琼：《清代云南瘴气与生态变迁研究》，中国社会科学出版社 2007 年版，第 29 页。

⑤ （清）谈者己巳居士、次者未山道人：《幻景谈·杂记第七》，方国瑜主编：《云南史料丛刊》第 12 卷，云南大学出版社 1999 年版，第 133 页。

成大的影响，瘴气存在的生态环境长期没有改变，因此分布范围广大。随着人类对自然环境开发活动增进，一些地区的瘴气逐渐消失。大体上"从各历史时期云南瘴气分布及变迁情况来看，自蜀汉政权经营南中初识云南瘴气以后，瘴气分布就随着历代中央王朝对云南统治的深入而日渐清晰并逐渐发生变迁，呈现出了从坝区盆地向盆地周围的丘陵山川、由滇池及洱海等腹里地区向云南东南部、南部、西南部、西部民族及边疆地区退缩的趋势"。① 爰至清代，中央王朝"对云南经营和统治的深入，大量边地和山区得到了开发。生态开发范围的扩大和力度的加强，使许多瘴区渐变成无瘴区，许多靠近坝区的半山区逐渐囊括进了无瘴区的范围之内，一些靠近矿区、冶铸区或农业开发较深入的山区，瘴气逸然而逝。但在边疆大部分土司统治区和民族聚居区，瘴气依然肆虐"。②

　　清代云南瘴气多分布在气候较热、深林密箐的江河流域及边境地区。清初亲履云南的陈鼎记载："宾川州瘴气甚浓，四五月间，鸡足道绝人行"；③ "永昌府瘴疠最浓，产宝石，掘者往往瘴死。"④ 乾隆间人张泓记载："滇地多热，而奇热之区，则元江、普洱、开化及马龙、镇沅、威远，顺宁之云州、临安之江营，若广南府治，并所属之百隘诸处，常年溽暑，而夏尤盛，瘴疠最酷，宦彼者多居山巅避之。"⑤ 炎热的气候是瘴疠产生的基础，云南最热的地区因此成为瘴气肆虐之所在。"瘴气莫甚于元江、普洱一带，地气酷热而闷，冬时亦不冷，草木不甚凋。……哀牢山下稻田甚广，宜糯而瘴最盛。……潞江以外永昌有瘴，惟寅、卯、辰可渡，逾腾越更甚。其余各郡，亦闻有一隅有瘴者，为害尚轻。"⑥ 元江、普洱、云州及潞江以外永昌等大片区域为云南境内低纬度、低地势地方，实不啻瘴疠之渊薮。清代云南各地区得到不同程度

---

　　① 周琼：《清代云南瘴气与生态变迁研究》，中国社会科学出版社 2007 年版，第151 页。

　　② 同上书，第 152 页。

　　③ （清）陈鼎：《滇游记》，王云五主编：《丛书集成初编》商务印书馆 1936 年版，第 9 页。

　　④ 同上书，第 11 页。

　　⑤ （清）张泓：《滇南新语·地气之异》，方国瑜主编：《云南史料丛刊》第 11 卷，云南大学出版社 1999 年版，第 395 页。

　　⑥ （清）吴大勋：《滇南闻见录》，方国瑜主编：《云南史料丛刊》第 12 卷，云南大学出版社 1999 年版，第 17 页。

的开发，瘴气区域随之产生了极大变迁。清末"烟瘴最盛之域，为西南缅、越连界之九龙江、元江州、威远厅、蒙自所属之蛮耗、文山之新街、安平之河口、南溪，以及江外三猛各土司地，滇越铁路所经之南溪、白河，广南所属之剥隘、古障，迤西之腾、永，怒江所经与缅、越接壤等处。"① 这些烟瘴剧烈的地带多分布于潞江流域、澜沧江流域、元江流域和南盘江流域，在地理位置上处于云南西部、西南部、南部和中南部。云南中部和东北部局部有瘴，但区域不大，亦不甚剧烈。经过清代的环境开发，清末云南瘴气剧烈的区域已经退缩到了滇西、滇西南和滇南多民族聚居的沿边环弧形地带。

恶劣的瘴气生态对清代云南社会历史的发展造成了深刻影响。其一，瘴气生态的存在成为清代云南汉族与少数民族聚居区域的分野。云南自秦汉以来便是多民族聚居地区，明代大规模的汉族移民进入后，改变了云南居民由世居民族构成的局面。② 到清代，汉族已经遍布全省，成为云南民族构成中的主导民族，但汉族与少数民族的分布仍体现出鲜明的地域特征，即"汉族多居住于瘴气稀少或无瘴气的坝区盆地，或靠近坝区的丘陵地带，少部分居住在山区，而绝大部分少数民族则聚居于瘴气密布的深山密林区和炎热潮湿的河谷区"。③ 虽然从病理学的角度，并非少数民族对于瘴疠的免疫能力甚于汉人，但事实上伴随着清代云南开发的进程，少数民族向山区和湿热河谷区转移，汉人则很少居住在烟瘴地区。如滇南普思沿边一片广大区域，"历朝元、明、清迭置戍守，裁设无定，论者谓烟瘴剧烈，汉族不能久居"。④ 直至民国初年普思沿边第四行政分局（大致相当于今西双版纳勐海县北部）仍然是"烟瘴剧烈，汉人视为畏途"。⑤ 宣统三年（1911）腾越人李根源参与滇缅边界考察，发现该区汉人稀少，"或曰

---

① （清）谈者己巳居士、次者未山道人：《幻景谈·杂记第七》，方国瑜主编：《云南史料丛刊》第 12 卷，云南大学出版社 1999 年版，第 133 页。

② 陆韧：《变迁与交融——明代云南汉族移民研究》，云南教育出版社 2001 年版。

③ 周琼：《清代云南瘴气与生态变迁研究》，中国社会科学出版社 2007 年版，第 152 页。

④ 柯树勋：《普思沿边志略·序》，民国五年铅印本。

⑤ 柯树勋：《普思沿边志略·普思沿边行政区域一览表》，民国五年铅印本。

其地多瘴，非可以华人居也"。① 清末民国犹且如是，则清代瘴气生态导致的民族分布状态可以概见。总之，出于对瘴疠的严重恐惧，云南瘴区成为"汉人不能久呆的地方"，瘴区纵有汉人进入，也属少数，瘴区人口的民族构成始终是"夷多汉少"的局面，瘴气生态实际为清代汉族与少数民族聚居区域划分出明显的界限。而"清代云南瘴域的变迁方向与云南少数民族的移居路线有密不可分的联系，瘴域退缩的方向就是各民族迁移的方向，瘴区的延缩决定了各少数民族分布格局的变迁"。②

其二，瘴气生态使清代云南一些地方人口稀少，甚至是无人区。鉴于古代文献往往是印象式的笼统描述，缺乏精确的量化表达，清代云南瘴区的人口分布状况无从得到准确的数据，但通过清末民初的文献资料，仍可回溯清代的一般情形。如永昌府是著名的重瘴区，清末其所辖镇康州（驻今永德县东北之永康，辖境包括今永德、镇康两县地）仍然"烟瘴甚行"，③ 直至民国年间其地"因烟瘴恶毒，汉人难居，摆夷一种又多死亡，人口不能发达，烟户稀少"。④ 宣统三年（1911）李根源亲履滇西南瘴区，所见重瘴之处人户稀少，陇川土司署"坝长百五六十里，宽二三十里不等，气候炎热，土地肥沃，种两季，收谷最丰收，而烟瘴过大，以致地广人稀"；⑤ 蛮因"猛古寨五户，瘴地，水毒"；⑥ "蛮口河十余户，瘴地，水毒。炼烘二户，瘴地，水毒"。⑦ 其余地区情形与此相类者，正不在少数。民国年间有学者指出："瘴疠之为害，在滇之西南边，无地无之，深山穷谷，草木丰盛之区尤甚。虽生长该地之夷族，亦畏之若毒蛇猛兽，避之唯恐不及。至于汉人，一履该

---

① 李根源著，李根沄录：《滇西兵要界务图注》卷2，方国瑜主编：《云南史料丛刊》第13卷，云南大学出版社1999年版，第808页。

② 周琼：《清代云南瘴气与生态变迁研究》，中国社会科学出版社2007年版，第439页。

③ 黄诚沅辑：《滇南界务陈牍》卷下《西界陈牍·永昌府邹馨兰禀（光绪十六年四月）》，方国瑜主编：《云南史料丛刊》第10卷，云南大学出版社1999年版，第96页。

④ 纳如珍修，蒋世芳纂：民国《镇康县志初稿》，1963年传抄本。

⑤ 李根源著，李根沄录：《滇西兵要界务图注》卷1，方国瑜主编：《云南史料丛刊》第13卷，云南大学出版社1999年版，第777页。

⑥ 李根源著，李根沄录：《滇西兵要界务图注》卷2，方国瑜主编：《云南史料丛刊》第13卷，云南大学出版社1999年版，第787页。

⑦ 同上书，第788页。

地，若悉是瘴疠之乡，则毛骨悚然，胆为之丧，必相率奔走退避，谁敢以生命与瘴疠相抗者。盖人若触瘴气，非死即须大病。因此，滇之西南部，尽多荒秽之区，无人之域。"① 可见瘴气生态对云南人口分布的影响是巨大的，清末民初的情形是如此，则清代前中期的情形恐不能比之更乐观。

其三，瘴气生态影响了清代云南民族特权阶层控制区域特殊行政管理体制的长期延续。清代瘴气分布区域一定程度上与少数民族聚居区域相重合，在这些地理环境复杂、"汉人不能久居"的民族瘴区，清朝的行政管理延续了明代以来通过少数民族特权阶层控制本区域的土司制度。雍正年间云贵总督鄂尔泰在云南推行大规模的改土归流，但他认为土司制度的推行与瘴气生态不无关系："流土之分，原以地属边徼，入版图未久，蛮烟瘴雾，穷岭绝壑之区，人迹罕到，官斯地者，其于㑩俗苗情实难调习，故令土官为之钤制，以流官为之弹压，开端创始，势不得不然。"② 瘴气为清代云南的土流二重统治结构提供了自然生态的基础，在普遍认为"瘴疠之乡，流官既不可处"的地方，③ 清朝不得不依靠土司实行间接的羁縻控制。清代云南虽然经过长时期的改土归流，在西部至东南部一片半弧形边疆地带，土司制度仍然长期存在，瘴气在某种程度上构筑了清代云南行政管理双模式的生态屏障。④ 瘴气生态影响下的土司系统是一种不稳定的行政管理体系，"这种王朝的行政化身是对云南西南地区瘴疠特性与部落文化的妥协，它阻碍了清王朝地方统治秩序的全面

① 余汉华：《英法两帝国主义夹攻下之西南滇边》，《边事研究》1934 年第 1 卷第 1 期。
② （清）鄂尔泰：《管云贵总督事鄂尔泰奏陈宜重流官职守宜严土司考成以靖边地管件折（雍正四年八月初六日）》，张书才主编：《雍正朝朱批奏折汇编》第 7 册，江苏古籍出版社 1989 年版，第 851 页。
③ （清）陈宗海纂修、赵端礼同修：光绪《腾越厅志》卷 8《秩官下·土司》，彭文位、马有樊、刘硕勋点校，云南美术出版社 2003 年版，第 204 页。
④ 周琼认为，瘴气导致了土司制度的实施，同时土司制度又是云南边疆民族地区瘴气长期存在的政治保障因素之一。参见周琼：《清代云南瘴气与生态变迁研究》，中国社会科学出版社 2007 年版，第 442—447 页。

实现"。①

根据张轲风博士研究，"瘴"字原写作"障"，"障气"之"障"凝结了空间阻隔与边疆意象。② 这正好说明，何以云南的瘴气生态对中央开发与直接管理云南边疆造成了严重阻碍。若将云南瘴区与土司区域在地图上叠加，则所谓瘴区即是云南历史上长期的土司区。瘴气生态严重阻碍了中央对云南边疆的开发与直接行政管理，正式行政区划无法深入设置，只能长期倚靠土司进行间接统治。正是瘴气"隔别"与"绝域"的特殊内涵大大增加了中央王朝治理云南边疆民族地区的行政成本。乾隆时期，清朝曾对车里地区进行改土归流，一度废除车里宣慰使司，但因瘴疠生态导致中央政府难以承担高昂的行政成本，最终不得不放弃直接的"掌土治民"而复置车里宣慰使司，藉由土司来控制边疆。由于恶劣的瘴气生态，清朝在云南改土归流的同时仍然保留了边疆土司行政管理结构，因此，云南边疆地区形成了正式县级政区设置疏散区，即行政管理的薄弱区。③

总之，瘴气生态的长期延续，加大了清代云南与内地自然地理环境方面的差距，使云南边疆少数民族地区的特殊性异常显著。云南特殊的西南边疆区位、复杂的自然环境、恶劣的瘴气生态，决定了清朝在这一地区实行有效行政管理的难度远远超过其他内地省份，以致形成不同空间层次的行政管理体系。固然清代云南不同空间层级的行政管理模式不以瘴气生态变迁为划分的绝对因素，但瘴气生态与少数民族特权阶层控制区域在地理空间上的叠加，实际造成了清朝对此类区域行政管理上的困难。清朝无法在重瘴生态的土司地区推行与内地一体化的行政管理，最终在云南半弧形的沿边地带维持以羁縻为特征的特殊行政管理体系。

---

① David A. Bello：《去汉人不能久呆的地方：瘴疠与清代云南边疆地区的民族管理空间结构》，杨煜达译，陆韧主编：《现代西方学术视野中的中国西南边疆史》，云南大学出版社2007年版，第218页。

② 张轲风：《"瘴气"表述的起源、形成与空间表达》，《思想战线》2009年第3期；《从"障"到"瘴"："瘴气"说生成的地理空间基础》，《中国历史地理论丛》2009年第2辑。

③ 参见凌永忠：《民国时期云南边疆地区特殊过渡型行政区划研究》，中国社会科学出版社2015年版。

第二节　明代云南的分类掌土治民制度

清代是中国历史上皇权专制的中央集权制国家发展的最后一个阶段，在此期间云南地方行政区划建置及行政管理体制发展达到一个高峰。史籍在记载云南行政区划体系时说"清初沿明制"，[①] 表明清代云南行政区划建置及行政管理体制既和明代体制有无法切割的继承性，同时也是在前朝体制上的改革与发展。

从中央王朝行政管理权力在地方的施行情况看，明代建立云南布政司和都指挥使司，在中央政府直接管理云南层面形成两套体制，分别管理"军"与"民"两种类型的土地与人口。同时，由于云南地处西南边疆，境内人口民族构成复杂，民族人口地理分布存在极大差异，明朝确立了"因俗而治""以夷治夷"的土司制度，故明代云南少数民族聚居地区的土地人口处于土司管辖之下。此外，明初平定云南，统治者考虑到云南的西南边疆区位及特殊的民族社会情况，"云南虽平，而诸蛮之心尚怀疑贰，大军一回，恐彼相扇为患"[②]，于是命沐英及其家族世代镇守云南。和明代众多的藩王一样，沐英家族在云南广置勋庄，侵占大量的土地和人口以为私有，造成明代末期"滇中郡县无处无总镇田土"的局面。[③] 因此，由于云南边疆少数民族地区的特殊性，以及明代户籍分理、土司自治、勋庄恶性膨胀等因素，明代云南形成了四种不同的土地人口管理模式，即布政司行政系统对"民"籍土地人口的管理，都司卫所军事系统对"军"籍土地人口的管理，土司阶层对少数民族聚居区域土地人口的管理，沐氏勋庄对所属土地人口的管理。在四种土地人口管理模式之下，明朝中央政府所能直接掌控的只有布政司行政系统及都司卫所军事系统下辖的土地和人口；至于土司世有其地、世有其

---

① 赵尔巽等：《清史稿》卷 74《地理志第二十一·云南》，中华书局 1977 年版，第 2321 页。

② 《明太祖实录》卷 153，洪武十六年三月甲辰，台湾：中研院历史语言研究所校印本，第 2391 页。

③ （明）邓渼：《请革总庄疏一》，转引自王毓铨《莱芜集》，中华书局 1983 年版，第 107 页。

民，并不直接与中央王朝发生经济联系，而"黔国世镇云南，各府置有庄田，不载有司册籍"①，明朝中央政府实际无由直接掌控土司及沐庄管辖的土地人口。

在明代云南四种土地人口管理模式之中，布政司及都司卫所"两大系统辖区内的土地（包括耕地）、人口、收入（行政系统为赋税；军事系统为籽粒，另有带管的民籍税粮）分别按本系统综合上报"，布政司行政系统的数据上达六部，都司卫所军事系统的数据汇聚于五军都督府，均受明朝中央政府直接管辖。② 通过相应的册籍或地方志的记载，大约可以知道其数目。但土司及沐庄所管理的土地人口，由于不在中央政府直接掌控的范畴，难以得到一个直观且相对准确的数据，只能通过历史资料作大约的估计。

关于明代沐庄，文献史料中记载了其部分土地数据。根据陆韧教授的研究，以云南都司、云南布政和沐庄田土数都见于记载的万历初年而论，军、民、沐庄三项田土总计3865598亩，其中军籍田土1263203亩，占32.7%，民籍田土1799358亩，占46.5%，而沐氏庄田为803037亩，占20.8%，以此计算，明末沐庄大概隐含70余万的人口。③ 明末清初的永昌人王弘祚指出："黔国公沐英世镇滇省，子孙相沿将三百年，各府置有庄田，岁抽租税，名曰籽粒，皆系沐府差官往各府向佃户自行催收，不载有司籍。"④ 可见如此巨大数目的土地和人口并不在明朝中央政府的直接管控范畴之内。

至于土司制度下少数民族地区土地和人口的概况，文献中缺乏相应的记载，然通过与布政司系统在籍人丁数据的比较分析，仍可窥见其一般情形。按照明代的赋役制度，少数民族人口例不编差，天启《滇志》记载了明末云南各府、州、县的民役情况，见下表：

---

① （清）王命岳：《耻躬堂文集》卷4《论滇饷疏》，四库全书存目丛书编纂委员会编：《四库全书存目丛书·集部》第224册，齐鲁书社1997年版，第649页。

② 顾诚：《明帝国的疆土管理体制》，《历史研究》1989年第3期。

③ 陆韧：《变迁与交融——明代云南汉族移民研究》，云南教育出版社2001年版，第130—132页。

④ 《户部尚书王弘祚揭帖（顺治十六年正月十八日到）》，《明清史料》甲编第5本，第441页。

表一　　　　　　天启《滇志》所载云南各府州县民役情况表

府属	地区名	民役实在人丁	无民役实在人丁数的原因
云南府	昆明县	13026	
	富民县	1779	
	宜良县	1260	
	罗次县	1649	
	晋宁州	3036	
	归化县	1177	
	呈贡县	2712	
	安宁州	2770	
	禄丰县	682	
	昆阳州	3005	
	三泊县	1015	
	易门县	887	
	嵩明州	12601	
大理府	太和县	26235	
	赵州	11844	
	云南县	3959	
	邓川州	5839	
	浪穹县	7533	
	宾川州	10741	
	云龙州	5010	
	十二关长官司		"民役，系土司夷民，免编差，照旧认办税粮。"
临安府	建水州	7525	
	石屏州	5699	
	阿迷州	1664	
	宁州	2325	
	新化州		"人丁俱系夷猡，原不编差。"
	通海县	1001	
	河西县	3387	
	嶍峨县		"夷方，夏税、人丁原不编差。"
	蒙自县	1160	
	新平县		"人丁新附、流寓不编差。"

续表

府属	地区名	民役实在人丁	无民役实在人丁数的原因
永昌府	保山县	4665	
	腾越州	5649	
	永平县	1248	
	凤溪长官司		"土司夷民免编差。"
	施甸长官司		"夷民免编差。"
楚雄府	楚雄县	8015	
	广通县	4085	
	定远县	5177	
	定边县	1497	
	碍嘉县		"系夷㑩，原无编丁。"
	南安州	1021	
	镇南州	4958	
曲靖府	南宁县	1188	
	亦佐县		"系夷㑩，原无编丁。"
	霑益州		"系夷人，原无编丁。"
	陆凉州		"人民俱系夷㑩，无编丁。"
	马龙州	1770	
	罗平州		"系夷方改土设流，无编丁。"
澄江府	河阳县	2712	
	江川县	1190	
	阳宗县	910	
	新兴州	982	
	路南州	1988	
蒙化府		8941	
鹤庆府	剑川州	6852	
	顺州		"系夷方，原无编审均徭。"
姚安府	姚州	4412	
	大姚县	724	

续表

府属	地区名	民役实在人丁	无民役实在人丁数的原因
广西府	师宗州		"系夷方，无编丁。"
	弥勒州		"系夷方，无编丁。"
	维摩州		"夷方，无编丁。"
寻甸府		6976	
武定府	和曲州	172	
	禄劝州	317	
	元谋县		"人丁原系夷猡，并无编审。"
景东府			"本府人丁，原无版籍。"
元江府			"本府系夷方，原无实籍人户。"
丽江府			"本府并属俱夷民，原无编审。"
广南府			"本府州系夷方，原无实籍人户，编审、额编、柴薪等项俱系土官通把于夷寨征解。"
顺宁府		5994	
	云州	2056	
永宁府			"系土司夷民，原未编差，亦无征派税粮均徭。"
镇沅府			"本府系夷方，原无实籍人户，编审、均徭、额办、差发听从夷俗征解。"
	北胜州	1247	
	蒗蕖州		

注：本表转引自陆韧《变迁与交融——明代云南汉族移民研究》，云南教育出版社 2001年版，第 114—117 页。

表一反映了明代末期云南布政司各府、州、县所有民役实在人丁的情况。从府级政区分析，明代云南布政司辖属 20 个府级政区，其中7 个府无民役实在人丁数据，占总府数的 35%；在其余 13 个府级政区中，尚有 8 个府存在缺乏民役实在人丁数据的区域，则境内各辖属均有民役实在人丁数据的府级政区仅占总府数的 25%。从州级政区分析，明代末期云南布政司管辖 33 个州级行政区划，其中 9 个州无民役实在人丁数据，约占总州数的 27%。从县级政区分析，明代末期云南布政司共管辖 31 个县，其中 5 个县无民役实在人丁数据，约占总县数的

16%。若将州、县合起来看，明代末期云南布政司下辖 64 个州、县，其中 14 个州、县无民役实在人丁数据，大约达到 22% 的比例。此外尚有 3 个长官司地区"俱系夷民，免编差徭"。综合而言，明代末期云南布政司至少三分之一以上的少数民族聚居区没有民役实在人丁数据。

即使在有民役人丁数据的州县中，有的州、县民役人丁数据少得出奇，如武定府的和曲州仅 172 丁，禄劝州仅 317 丁，显然与州级行政区划的规模极不相配。按明代武定府为彝族、白族等少数民族的聚居区，分布着大量的土司。和曲州治与武定府治同城，境内有土司多家，较大的有土知府凤氏、土知州豆氏，此外尚有龙关街巡检司土巡检李氏、金沙江巡检司土巡检李氏、罗摩诹巡检司土巡检刘氏以及乾海子巡检司、小甸关巡检司两家土司。① 禄劝州"山深箐密，地广民稀，汉彝杂居"，"汉少而彝多"，② 境内有普渡河巡检司、撒里巡检司两家较大的土司。和曲、禄劝二州的少数民族人口，即为各土司及其下土舍、土目所管控，其数目不登入明朝政府的册籍。史载明代的武定府"多为僰爨诸蛮所居，明初役江南北富户实武定、永昌，汉人稍来，编户然亦不过十之一二"。③ 可知武定府的编户数据仅限于汉族，并不包括当地世居少数民族人口。武定府属元谋县"人丁原系夷猡，并无编审"，则和曲、禄劝二州的编户即代表武定府的编户，其数为十分之一二的汉族人口，其余十分之八九的少数民族人口属于土司的管控之下。如此便可以理解，何以天启《滇志》所载民役实在人丁和曲州仅 172 丁、禄劝州仅 317 丁，此两州民役实在人丁数目之少，是因为明朝中央政府所能直接掌控的仅仅是进入编审范畴的汉族人口，而大量的少数民族人口仍在明朝中央政府的直接掌控之外。与和曲、禄劝二州的情况相似，云南府禄丰县仅有民役实在人丁 682 丁，这也是和禄丰县汉夷杂居、众多少数民族地区归属于南平关巡检司等土司管控紧密相关的。

事实上，明代云南布政司下辖各府、州、县莫不有少数民族人口

---

① 龚荫：《中国土司制度》，云南民族出版社 1992 年版，第 716—722 页。

② 许实纂修：《禄劝县志》卷 3《风土志·风俗》，民国十四年铅印本。

③ （清）郭怀礼、孙泽春修：光绪《武定直隶州志》卷 3《户口》，杨成彪主编：《楚雄彝族自治州旧方志全书·武定卷》，云南人民出版社 2005 年版，第 363 页。

及土司的分布，考察天启《滇志》所载民役实在人丁，只有"俱系夷民"的区域方才没有数据，而所有汉夷杂居的区域则记载汉族人口承担民役的情况。从各府、州、县的民役实在人丁记载出发，可以知晓明朝中央政府对云南边疆民族地区"掌土治民"的地理范畴，但无法详究其"掌土治民"的深入程度。因为，明代云南少数民族遍布各府、州、县，土司众多，嘉靖时人徐问甚至以为云南的一半区域属于土司，① 这当然是凭借印象的笼统说法。据现代统计资料显示，明朝云南共设置大小土司三百三十二家，② 明代云南超过三分之一的土地不在中央政府直接掌控的范畴，这一些地区主要是土司统治的少数民族聚居区。

统观上述明代云南土地人口管理的四种类型，布政司系统的民籍土地人口及都司卫所军事系统的军籍土地人口均由明朝中央政府直接掌控，而土司统治的少数民族区域及沐庄虽然是明朝版图的组成部分，但其土地人口却不由明朝中央政府直接管理。在土司制度及沐氏镇戍的特殊形势下，一半以上的土地人口为土司及沐氏私有，明代云南真正登入国家册籍的土地人口不足一半。明代中央政府对云南的"掌土治民"甚为薄弱，无论深度抑或广度都存在较大局限，而多重土地人口管理模式决定了明朝中央对云南"掌土治民"的差异化特征。

从行政区划史的视角观察，差异化的多重土地与人口的管理模式不仅对明代云南行政区划建置产生了历史影响，直到清代仍然是云南行政区划体系建设不可规避的背景因素。只是随着清朝对云南新统治秩序的确立，社会基础发生变化，清朝统治者采取各种措施经营和治理云南，加强了对云南边疆民族地区的统治。随着清代云南沐庄、卫所、土司及行政区划的变革，清朝中央对云南"掌土治民"的方式发生了深刻的变化。四种土地人口管理模式的变迁，是清代中央在云南"掌土治民"不断深化的历史基础，也是清代云南行政区划及行政管理体制演进的内在因素。

---

① （清）张廷玉等：《明史》卷201《徐问传》，中华书局1974年版，第5315页。
② 龚荫：《中国土司制度》，云南民族出版社1992年版，第461页。

第三节　清代云南的民族与人口结构

顺治末年清朝对云南的统治确立以后，在明代的基础上重新建置起云南行政管理体系。清代云南的行政管理无从规避明代遗留的影响，然其基础与前明时期一模一样吗？清朝在云南实施的行政管理制度，是否为前明制度的全盘照搬呢？任何行政区划体系的构建，都不能脱离特定的行政管理本质，而地方行政管理的主要对象是区域内的人口，行政区划的设计和创制是建立在一定的社会人口发展基础之上的。考察清代云南行政区划体制的演进，必须对明清以来云南的社会人口发展状况作具体的分析。

一　明清时期云南民族结构的变化

云南本是少数民族聚居的地区，在古代被称为"夷地"，散居着不同的民族人群。"大概是在新石器时代晚期，云南境内已经是一个多民族共同杂居区"，到春秋战国时期，云南境内分布着属于狄羌、百越、百濮（孟高棉）三个系统的族群。①秦汉时期，中原地区的古代族群互相融合，形成了作为中华民族主体部分的汉族，云南境内的各族群则被称为"西南夷"。"夷"只是与"汉"相对的人口族群身份表达，秦汉时期云南属于西南夷的活动区域，故云南成为与汉族人口居住地区相对的"夷地"或"夷方"。②

秦汉经略西南地区，凿山通道，发展交通，加强了云南与中原王朝的联系；尤其汉武帝元封二年（前109）设置益州郡以来，派兵移民，屯田戍守，内地汉族移民陆续进入云南。历代汉族移民大多融入当地少数民族之中，但他们带来的汉文化深深影响了边疆少数民族社会的发展，经过汉族移民与云南世居民族长期融合，使"边疆和内地形成了

---

① 尤中：《云南民族史》，《尤中文集》第一卷，云南大学出版社2009年版，第12页。

② （清）吴大勋《滇南闻见录·自序》说："昔之所谓夷方者，今则居然胜地矣。""夷方"与"夷地"同义，均指少数民族地区。

不可分割的血肉联系"。① 元代云南行省的建立，更进一步将云南纳入中央王朝的直接管辖之下，进入云南的汉族移民增多，并保持了汉文化特征。元代以前进入云南的汉族移民大多融入当地少数民族之中，并未形成一个代表汉文化的人们共同体。② 元代遣镇戍军驻云南，其中的汉族军户按照朝廷制度"上马则备战斗，下马则屯聚牧养"，③ 亦兵亦农，他们和流寓云南的汉族商人一起，在元朝统治的一百二十余年中"成为左右全省经济发展的主导力量"，汉族移民对云南经济所作出的卓越贡献使"其对土著民族的凝聚力、融合力增强，因此他们不可能再大量融入夷人"。同时，统治者极力推广汉文化，"儒学在社会中普遍受到尊崇，汉文化成为左右云南发展的主流文化"。④ 由于元代云南汉族移民在经济和文化两方面均处于优势地位，故得以保持其世籍，所以《景泰云南图经志书》说明初云南"土著之民不独僰人而已，有曰白罗罗、曰达达、曰色目，及四方之为商贾、军旅移徙曰汉人者杂处焉"。⑤ 但与各世居民族相较，元代云南的汉族移民属于少数，"即元代至明初之情况，汉族人口比例不至多"。⑥ 可以说，元代云南仍然是众多少数民族的聚居区。

"大一统"的政治形势促进了云南与内地的联系，继起的明朝积极经营西南边疆，从洪武十四年（1381）九月明朝发兵征滇拉开汉族移民入滇的序幕，大量汉族人口通过军事移民、罪徙移民及其他方式进入

---

① 方国瑜：《云南郡县两千年》，林超民编：《方国瑜文集》第 1 卷，云南教育出版社 2001 年版，第 36 页。

② 方国瑜先生指出，元代以前的云南社会"无长期保持汉族特征之人们共同体"。（参见方国瑜：《中国西南历史地理考释》，中华书局 1984 年版，第 1132 页。）然区别民族的最显著特征是文化，汉族之融入少数民族，首先是文化上的被同化，其次才是血缘的融合。元代以前进入云南的汉族移民唯有秉承汉族文化，方能形成与少数民族相区别的人群；一旦融入少数民族文化，则汉族特征随之消弭。因此，说元代以前的云南社会没有一个代表汉文化的人们共同体，似较说"无长期保持汉族特征之人们共同体"更为允当。

③ （清）张廷玉等：《明史》卷 98《兵志一》，中华书局 1974 年版，第 2508 页。

④ 何耀华：《融合、统一：云南历史发展的主轴》，何耀华总主编：《云南通史》（第 4 卷），中国社会科学出版社 2011 年版，第 64 页。

⑤ （明）陈文：《景泰云南图经志书》卷 1，李春龙、刘景毛校注，云南民族出版社 2002 年版，第 4 页。

⑥ 方国瑜：《中国西南历史地理考释》，中华书局 1984 年版，第 1132 页。

云南。众多汉族移民在云南保持了汉文化特征，从而形成了与各少数民族相对的汉族共同体，"历经二百七十余年的发展，到明末已然成为数百万的人口群体，他们分布之广，人口之众，是明代云南任何一个当地少数民族都无法比拟的，汉族已经成为明代云南各民族中人口最多的民族"。① 对于数量众多的汉族人口，云南当地世居民族的融合度达到了饱和，无法再将一个秉持汉文化的族群同化，云南世居民族最后成为少数民族，而汉族"成为云南民族构成中最主要的民族群体，在政治、经济、文化的发展中起着主导作用，全面影响云南社会"。② 正是基于明末汉族成为云南人口主体的事实，天启《滇志》说"夫本土之民，汉与夷耳"，③ 标志着云南民族构成由此发生根本性变化。明末云南的民族地理不再是各少数民族聚居，而是"汉夷相错"，④ 汉族与各少数民族共同居处了。

　　清代云南民族结构与明代一脉相承，总体民族地理格局是汉族与少数民族交错杂居。清初吴三桂叛乱甫定，云贵总督蔡毓荣即指出"滇省汉土交错，最称难治"。⑤ 康熙三十年（1691）成书的《云南通志》记载"滇省汉彝杂居"⑥。陈宏谋于雍正十一年（1733）到云南任布政使，他观察到"滇居边末，汉夷杂处"。⑦ 乾隆六年（1741）八月初六日，署云南总督张允随在给清高宗的奏折中亦说明："滇南远处极边，界连外域，汉夷杂处。"⑧ 十月十九日又奏："滇南地处极边，界连外

　　① 陆韧：《变迁与交融——明代云南汉族移民研究》，云南教育出版社2001年版，第140页。

　　② 同上书，第142页。

　　③ （明）刘文征：天启《滇志》卷3《地理志一之三·风俗》，古永继点校，云南教育出版社1991年版，第108页。

　　④ （明）刘文征：天启《滇志》卷6《赋役志第四》，古永继点校，云南教育出版社1991年版，第211页。

　　⑤ （清）蔡毓荣：《筹滇十疏·制土人》，（清）鄂尔泰等修，靖道谟等纂：雍正《云南通志》卷二十九之四《艺文·奏疏》，国家清史编纂委员会：《文津阁四库全书清史资料汇刊》，商务印书馆2006年版，第450页。

　　⑥ （清）范承勋等修，吴自肃、丁炜等纂：康熙《云南通志》卷9《户口》。

　　⑦ （清）陈宏谋：《本朝义学条规议》，（清）李熙龄：《广南府志》，杨磊等点校，兰州大学出版社2004年版，第163页。

　　⑧ （清）张允随：《张允随奏稿》，方国瑜主编：《云南史料丛刊》第8卷，云南大学出版社1999年版，第610页。

域，汉夷杂处，蛮猓环居。"① 康熙中期云南府民族构成是"汉多彝少"，② 阿迷州乡庄、村寨"远近相连，汉彝杂处"③；即使在边远地区的他郎寨，乾隆年间亦是"人烟稠密，汉猓杂处"④。可见云南主要人口为少数民族的状况在清代彻底被汉夷杂居的态势所取代，而且汉族逐渐发展成为主导群体。

总之，元明以来云南历史与中央王朝大一统的发展进程不断融合，云南历史上的民族结构在明代发生了重大变化，这一变化由内地汉族移民持续进入云南最终促成。到明清之际，云南社会人口结构发生了划时代的变迁。

二 清代云南民族分布的空间特征

明代大批汉族移民进入云南，经历二百七十余年的发展，汉族成为云南人数最多的民族，改变了云南的民族结构，"他们的定居分布具有中心城镇屯聚、内地密集屯田定居、交通干线的驿堡屯戍并向次要道路和边远山区层层推进的态势"。⑤ 从全省行政区划分布格局来看，明代云南汉族人口仍然主要分布在腹里的府、州、县以及各卫所设置的区域。尤中先生指出，明代云南各少数民族地区的开发，"主要局限在保山、顺宁（今凤庆）、云州（今云县）以东，元江、建水以北地带"。⑥ 谢肇淛《滇略》说："高皇帝既定滇中，尽迁江左良家闾右以实之，及有罪窜戍者，咸尽室以行，故其人土著者少，寄籍者多，衣冠礼法，言语习尚，大率类建业。二百年来，薰陶渐染，彬彬文献与中州埒矣。然惟云南、大理、临安、鹤庆、永昌诸郡，四民乐业，守法度，子弟颖

---

① （清）张允随：《张允随奏稿》，方国瑜主编：《云南史料丛刊》第 8 卷，云南大学出版社 1999 年版，第 613 页。

② （清）范承勋、张毓碧修，谢俨纂：康熙《云南府志》卷 2《风俗》，《中国方志丛书》第 26 号，台北成文出版社 1967 年版。

③ （清）王民皞纂修，顾琳续修：《阿迷州志》卷 3《山川》，《中国方志丛书》第 258 号，台北成文出版社 1967 年版。

④ （清）张允随：《张允随奏稿》，方国瑜主编：《云南史料丛刊》第 8 卷，云南大学出版社 1999 年版，第 532 页。

⑤ 陆韧：《变迁与交融——明代云南汉族移民研究》，云南教育出版社 2001 年版，第 2—3 页。

⑥ 尤中：《云南民族史》，《尤中文集》第 1 卷，云南大学出版社 2009 年版，第 380 页。

秀，士大夫多材能，尚节义；曲靖、楚雄、姚安、澄江之间，山川夷
旷，民富足而生礼义，人文日益兴起；其他夷、夏杂处，然亦蒸蒸化
洽，惇朴易治，庶几所谓一变至道者矣。"① 明代云南由前朝"保其世
籍"而来的"土著"汉族甚少，而大多是洪武以后历次移民入滇的
"寄籍"人口。汉族人口大多聚居在云南、大理、临安、鹤庆、永昌、
曲靖、楚雄、姚安、澄江等腹里地区，从而使这些地区得到开发，经
济、文化均有显著的发展，如云南府"民遵礼教，畏法度，士大夫多
材能，尚节义，彬彬文献与中州埒"；大理府"科第显盛"；永昌府
"衣冠礼义，悉效中土，士知向学，科第相仍"；曲靖府"山川夷旷，
士风渐盛，科第人材，后先相望"。② 明代云南少数民族地区开发和汉
族移民人口的定居分布密切相关，汉族人口聚居区域一般是开发程度较
高的地区。

明代云南行政区划建置随着区域开发进程不断推进，在汉族人口集
中居住的腹里地区，明朝建置了一套府、州、县体系的行政区划。靠外
地区虽有汉族人口分布，但数量稀少，处于少数民族的包围之中；由于
汉人很少到达，靠外地区的开发程度远远低于腹里区域，"保山、元
江、建水南部或西南部、东南部的少数民族地区，仍然被视为如同汉晋
初年的'西南夷'"。③ 故在外围的"夷夏杂处"地区以及边疆少数民
族聚居地区，明朝实行土司制度，维系羁縻统治。

清代随着山区开发的推进，云南民族分布格局也产生了变化。据尤
中先生研究，"清朝康、雍、乾、嘉年代，一批开'西南夷'的汉族移
民开始流入了东南部、南部和西南边疆少数民族地区"，具体而言，清
代开发少数民族地区的活动推进到了东南部的广南府和开化府（今文
山）、南部普洱府（包括今墨江以下至西双版纳州的澜沧江以东地带）、

---

① （明）谢肇淛：《滇略》卷4《俗略》，方国瑜主编：《云南史料丛刊》第6卷，云南
大学出版社1999年版，第699页。

② （明）刘文征：天启《滇志》卷3《地理志一之三·风俗》，古永继点校，云南教育
出版社1991年版，第109—110页。

③ 尤中：《云南民族史》，《尤中文集》第1卷，云南大学出版社2009年版，第380页。

西南部的保山以西地区。① 清代云南汉族移民进入少数民族聚居大致有几种情形：

（一）清朝鼓励垦荒，随着一系列推迟或免除垦荒地亩升科条令的颁布，广大汉族移民涌入各少数民族地区垦殖。如广南府在明代是土司自治地区，"向止夷户，不过蛮、獠、沙、侬耳。今国家承平日久，直省生齿尤繁，楚、蜀、黔、粤之民携挈妻孥，风餐露宿而来，视瘴乡如乐土，故稽烟户不止较当年倍蓰"。② 康熙、雍正年间汉人至广南垦殖者渐多，于是渐成村落，"迨至嘉、道以降，黔省农民大量移入，于是垦殖之地数以渐增，所遗者只地瘠水枯之区"了。③ 在清代，移民垦殖是汉族人口进入少数民族聚居区的主要方式，其移民来源不仅有内地各省的汉族，也有云南省内的汉族。汉族人口的移民垦殖，使各少数民族聚居区得到极大的开发。

（二）一些少数民族地区自然经济资源丰富，汉族移民因到达其地从事商业贸易活动而寄籍，如雍正朝普洱府设置以后，所属"车里为缅甸、南掌、暹罗之贡道，商旅通焉。威远、宁洱产盐、思茅产茶，民之衣食资焉。客籍之商民于各属地或开垦田土，或通商贸易，而流寓焉"。汉族移民定居以后，改变了普洱府的整体面貌，使其地"夷俗渐革，而文教兴焉"，于是从雍正至道光"百数十年来，风俗人情，居然中土"。④

（三）滇西南一带矿产资源丰富，吸引了云南及内地各省汉人前往开采。"滇省山多田少，民鲜恒产，惟地产五金，不但滇民以为生计，即江、广、黔各省民人亦多来滇开采。至外夷虽产矿硐，不谙煎炼，多系汉人赴彼开采，食力谋生，安静无事，夷人亦乐享其利。"⑤ 西南边

---

① 尤中：《云南民族史》，《尤中文集》第 1 卷，云南大学出版社 2009 年版，第 380—384 页。

② （清）李熙龄：道光《广南府志》卷 2《民户》，《中国方志丛书》第 27 号，台北成文出版社 1967 年版。

③ 佚名：民国《广南县志》卷 5《农政志·垦殖》，《中国地方志集成》云南府县志辑 44，凤凰出版社、上海书店、巴蜀书社 2009 年版，第 414 页。

④ （清）梁星源：道光《普洱府志》卷首《叙》，云南省图书馆藏清咸丰元年刻本。

⑤ 《清高宗实录》卷 269，乾隆十一年六月甲午，中华书局 1985 年版（影印本），第 4 册，第 505 页。

区的孟连土司境内有募乃银厂（在今临沧县北部），耿马土司境内有悉宜银厂（在今耿马县大寨），阿瓦地区有茂隆银厂（在今沧源班洪、班老一带），省内外汉族移民群趋开采，仅仅在阿瓦山区，乾隆初期"在彼地打磶开矿，及走厂贸易者不下二三万人"。① 矿业的兴盛带动了商业的发展，在双重因素的趋势下，汉族人口不断进入少数民族地区，深入清朝的西南沿边地带。

（四）清朝统治云南后，为"扼要制胜"和"积威控御"，② 在云南安置绿营兵及汛塘布防。从康熙至道光年间，云南境内汛、塘、关、哨、卡"星罗棋布"，全省总计三千五百余处。③ 从清代绿营兵的实际构成看，其主体成员是汉族，因此随着云南省绿营兵和汛塘的建立，大量包括绿营兵丁及其家口的汉族移民进入云南。④ 在分布上，清代云南绿营兵和汛塘布防呈现出外重内轻的趋势，"在'腹里'地区，如云南府、曲靖府、澄江府、临安府、楚雄府、大理府、原鹤庆府、姚安府等明代广设卫所的地区，所属州县清代只设一汛驻城内，分设塘哨于山区；至于明代未设卫所的边远各府，清代设置的汛塘就很多"。⑤ 可知清代以绿营兵形式入滇的汉族移民大部分到达开发程度甚低的少数民族地区。清代云南绿营兵和汛塘的分布发展趋势是与国家控制云南的历史轨迹相一致的，顺治及康熙时代主要是稳定腹里地区，其后"经雍正年间大规模的改土归流，及乾隆三十五年（1770）中缅冲突的解决，清王朝对云南的控制趋于稳定，对云南的统治由控制中心、统驭大局转向对包括边疆和山区在内的更加广阔地区的深入统治。相应地云南的绿营兵和汛塘分布也由中心区和腹里地区推向边疆和山区，并最终形成了以边疆地区为分布重心的格局。这样，云南的绿营兵又构成了由云南内

---

① 《清高宗实录》卷269，乾隆十一年六月甲午，中华书局1985年版（影印本），第4册，第505页。

② （清）蔡毓荣：《分定增兵疏》，（清）王文韶等修，唐炯等纂：光绪《续云南通志稿》卷70《武备志》，清光绪二十七年刊本。

③ （清）阮元、伊里布等修，王崧、李诚等纂：道光《云南通志稿》卷43《建置志五之一·关哨汛塘》。

④ 秦树才、田志勇：《绿营兵与清代云南移民研究》，《清史研究》2004年第3期。

⑤ 方国瑜、缪鸾和：《清代云南各族劳动人民对山区的开发》，《思想战线》1979年第1期。

地向边疆迁移人口中的重要部分"。① 清代绿营兵制度对云南汉族移民史的影响是非常巨大的，一方面，云南绿营兵制度为大批内地汉族人口向云南迁移创造了条件；另一方面，云南绿营兵制度的发展促成了省内汉族移民深入少数民族聚居区域和边疆地区。

上述清代云南汉族人口在省内流动及分布的四种形式，虽然各类型方式不同，移民规模大小不一，也表现出互相区别的特征，但总体上呈现出汉族人口不断增加并向少数民族聚居区以及边疆地带迁移流动的趋势。同时，汉族人口的四种流动形式一定程度上也是相互影响，并非彼此孤立的。例如汉族移民进入少数民族地区开荒垦殖、采炼矿产以后，当地社会经济得到发展，于是吸引另一批汉人到来定居贸易，成为商业移民。而绿营兵在各地驻防，其家口随之就近垦殖定居，实际上也与垦殖型汉族移民没有多大差别。

此外，清代推行的改土归流政策促进了汉族人口向各少数民族聚居区域扩散。例如普洱府地区"明季以来为那氏故地，原隰多摆夷，山箐多古猔，而僰人、摆夷杂居村落，同为土著"，雍正七年（1729）改土设流，建置普洱府，"由临元分拨新嶍营官兵驻守，并江右、黔、楚、川、陕各省贸易客民家于斯焉"。改土归流设绿营兵驻守，汉族人口以军事移民形式落籍普洱府，地区逐渐开发以后，外省汉族商业移民也开始到来，以致道光间该地区已经是"人烟稠密，田地渐开，户习诗书，士敦礼让，日蒸月化，骎骎乎具有华风"。② 社会经济与文化皆有了巨大改观。开化府原为教化、王弄山、安南三长官司地，康熙六年（1667）改土设流，置开化府，隶云南布政司，并"特设重镇，以资弹压"，③ 设开化镇驻扎，有守兵一千二百名④。其地风俗"刻木为信，不习文字，不喜搆讼，崇巫祀鬼，迁徙无常。设流之后，学校既开，习

① 秦树才、田志勇：《绿营兵与清代云南移民研究》，《清史研究》2004年第3期。
② 道光《普洱府志》卷9《风俗》，云南省图书馆藏清咸丰元年刻本。
③ （清）汤大宾、周炳：《开化府志》卷4《田赋》，娄自昌点注，兰州大学出版社2004年版，第69页。
④ （清）范承勋等修，吴自肃、丁炜等纂：康熙《云南通志》卷13《兵防》。

俗渐改，汉人稍寄居焉"。①昭通府是较为典型的例子，"自清雍正五年始设官治民，一时户口尚未清理，复遭八年之乱，人民逃避殆尽"。②在清朝镇压昭通反抗改土归流的战争中，少数民族遭到屠杀，一些汉族人民也难逃惨祸。在米贴（今永善）地方，清军残杀达三万余人，史称"米贴人杀尽"。③战争中昭通原住彝族或被屠杀，或逃往大小凉山地区，昭通府人口为之锐减。雍正十年（1732）四月，高其倬上疏言："昭通府四面环山，兵饷转输不易，本地田亩颇多旷废，急宜开垦。"④召募汉人前往垦荒。雍正末年昭通"筑城填籍，徙云、曲二府军民至昭，其原籍大都出于江南，此昭通汉人之一也。城工经始，举砖瓦、泥木等匠，半皆召自各省，城工既竣，遂相率留籍而为昭通人"。⑤则改土归流后进入昭通的首批汉族移民绝大部分来自云南府和曲靖府，小部分筑城工匠为内地各省汉族移民。雍正以后昭通逐渐发展起来，由于其地理区位颇具优势，北通四川，东接贵州，处于交通冲要，因而"商旅辐辏，皆悦而愿藏于其市，安居乐业，著籍为民者所在皆是。当乾嘉盛时，鲁甸之乐马厂大旺，而江南、湖广、粤秦等省之人蚁附麇聚，或从事开采，或就地贸易，久之遂入昭通籍。间有游宦来者，留连斯土，如陕西、齐晋、辽左及其他省者，为数虽少，无非汉人之一种"。⑥昭通汉族移民的迁入与清朝改土归流后的政策不无关系，其移民来源则有本省汉族，亦有内地各省份的汉族。汉族移民的类型多样化，垦殖、工役、经商、采矿、游宦等无不有之。

　　清代云南汉族以其人数之多、分布之广，在全省民族人口构成中的主导地位无可置疑。乾隆间人吴大勋说："滇本夷地，并无汉人。历代

① （清）鄂尔泰等修、靖道谟等纂：雍正《云南通志》卷8《风俗》，国家清史编纂委员会编：《文津阁四库全书清史资料汇刊》，商务印书馆2006年版，第107页。

② 符廷铨、蒋应澍总纂，杨履乾编辑：《昭通志稿》卷2《食货志·户口》，《昭通旧志汇编》第1册，云南人民出版社2006年版，第129页。

③ （清）倪蜕：《滇云历年传》，李埏校点，云南大学出版社1992年版，第590页。

④ 《清世宗实录》卷117，雍正十年四月丁未，中华书局1985年版（影印本），第2册，第556页。

⑤ 符廷铨、蒋应澍总纂，杨履乾编辑：《昭通志稿》卷10《人种志·汉人》，1924年印本。

⑥ 同上。

以来，征伐戍守、迁徙贸易之人，或不得已而居此，或以为乐土而安之。降至近世，官裔幕客流落兹土，遂成家室。盖缘道途绵远，盘费难支，日积一日，年复一年，无复归期，永为客户。大抵江、浙之人居多，既好体面，又难吃苦，手乏身疲，不能行动。至今城市中皆汉人，山谷荒野中皆夷人，反客为主，竟成乐国。至于歇店饭铺，估客厂民，以及夷寨中客商铺户，皆江西、楚南两省之人。只身至滇，经营欺骗，夷人愚蠢，受其笼络，以至积趱成家，娶妻置产，虽穷村僻壤，无不有此两省人混迹其间。"① 可知到清代中叶，汉族人口已经广泛分布于云南省，且居住在城市，占据了优势资源。少数民族则"种类至多，咸无教育，守其旧习，罕通文字语言，渐为汉人所兼，初由城郭平畴退入穷僻山谷，驯至退无可退，消灭无形，现存种类，不过十之一二而已"。② 少数民族不仅由社会经济条件较发达的城郭以及生产生活条件优越的平畴之地逐渐退往山谷荒野等开发程度较低的地区，甚至在汉族与汉文化的影响下，一些较小的族群已经被同化了。

综合上述，清代大量汉族移民进入云南，云南省内的汉族也陆续在各区域间流动，主要趋势表现为各少数民族的聚居态势加强，并且逐渐向山区迁徙，而汉族人口的主体集中在自然条件较好、社会经济较为发达的腹里地区，同时向周边各少数民族区域扩散。随着云南边疆地区开发的推进，清代中叶云南汉族已经遍布全省了。

三 行政区划建置与社会人口发展基础

国家制度的建设总是在继承的基础上向前发展，行政区划制度亦不例外。清代云南行政区划体系是在明朝政区的基础上建立起来的，"因革损益之间，布置周详，规模宏远"。③ 一方面既因袭继承了前代政区

---

① （清）吴大勋：《滇南闻见录·汉人》，方国瑜主编：《云南史料丛刊》第 12 卷，云南大学出版社 1999 年版，第 17—18 页。

② （清）谈者己巳居士、次者未山道人：《幻景谈·杂记第七》，方国瑜主编：《云南史料丛刊》第 12 卷，云南大学出版社 1999 年版，第 134 页。

③ （清）鄂尔泰等修，靖道谟等纂：雍正《云南通志》卷 4《建置》，国家清史编纂委员会编：《文津阁四库全书清史资料汇刊》，商务印书馆 2006 年版，第 40 页。

的架构、规模，"历监前代，法期尽善"；① 另一方面也有所调整，根据地方幅员大小、事务繁简等因素，"邑小则裁并，以省冗员；地大则添设，以重守土"。② 继承与改革的目的，是为了达到"事权画一，繁简得宜"，③ 更好地实现对云南的行政管理。

周振鹤先生研究表明，行政区划体系具有可变性和承继性特征，一方面，"行政区划体系是一切行政制度中最不易也不宜突然地彻底改革的一种制度"，出于保持统治稳定的需要，"历代王朝一般不会对其作根本性的变动，甚至在改朝换代时，后一朝代也都是在前一朝代的基础上加以局部的调整，很少在王朝建立伊始，即对前朝的行政区划体系作翻天覆地的改造"；另一方面，"由于行政区划体系是中央集权制度下的产物，所以行政区划有可变性的特点，中央政府的一道命令即可随时建置、废弃或合并个别的行政区划，可以创建新型的行政区划，甚至还可以改变整个行政区划体系"。④ 清代云南政区体系建构于前代原置架构之上，整体框架虽然没有太大改变，但具体内容已非昔日之旧。较之明代，清代云南行政区划体系更为丰富和完善，这一变化是与实际的行政管理需要相适应的，若说中央政府命令决定了地方行政区划体制的发展变迁，则不免为皮相之谈。

行政区划体系的建置与国家对地方的行政管理密切相关。行政区划的实质是中央对地方实行有效的分层级行政管理，中央通过行政区划把行政权力深入地方，实现掌土治民。行政管理的对象是人，地方行政的核心是管理行政区内的人口及与之相关的各类事务。因此，任何一个政权或王朝在设计或创建行政区划制度时，必然要考虑两个基本要素，即区域地理状况及社会人口的发展程度。尤其不同区域的人口具有自身的特点，从大的方面来看，民族构成和社会发展程度决定着区域人口的发展需求。行政区划建设只有符合区域内人口的发展需求，方能达到行政管理的目的。清代云南行政区划体系的创建对于前代政区规模既有继承

---

① （清）范承勋等修，吴自肃、丁炜等纂：康熙《云南通志》卷4《建置郡县》。

② （清）鄂尔泰等修，靖道谟等纂：雍正《云南通志》卷4《建置》，国家清史编纂委员会编：《文津阁四库全书清史资料汇刊》，商务印书馆2006年版，第40页。

③ （清）范承勋等修，吴自肃、丁炜等纂：康熙《云南通志》卷4《建置郡县》。

④ 周振鹤：《中国行政区划通史·总论》，复旦大学出版社2009年版，第31—32页。

也有革新，正是从云南民族与人口结构变迁的实际出发的。

云南民族构成复杂，分布着从先秦的氐羌、百越、百濮等部落系统发展而来的各世居民族群体，是一个多民族共同杂居区。大理国时期主要有白蛮、乌蛮和金齿百夷三个大的民族群体，此外尚存在朴子蛮、望蛮、僚、和泥等多个民族，元明以来内地汉族人口大量迁入云南境内，以至到明代末期汉族超过了各世居民族人口的总和。以人口数量及其所秉持的文化为区分，云南民族构成以汉族为主导，各世居族群则被当作一个民族群体而笼统地称为"夷"。换言之，明代末期以后，汉族在云南的民族过程中已占据主导地位，各世居族群则成为少数民族，云南人口的民族构成发生了根本性的变化。

汉族人口进入云南后，不断扩展其居住区域，使全省呈现出汉族与少数民族交错杂居的人口分布状态。

在大理国时期，白族作为云南的主体民族，广泛分布在"澜沧江上游以东（包括西部的永昌城和腾冲城）、红河以北各府、郡内的平坝区和城镇区"；处于被统治地位的彝族分布在"澜沧江以东（包括江西的永昌、腾冲）、红河以北的山区和半山区"，傣族分布于滇西部、西南部、南部的边境地带；此外，金沙江上游两岸是纳西族的居住区域，东南部边境是壮族、苗族、哈尼族和傣族的共同杂居区。① 但是经过元明两代的汉族移民影响，各少数民族的聚居区逐步缩小，到明清之际，云南汉族人口遍布省内郡县设置区域，各少数民族分布区域也发生了变化，表现为：白族主要聚居在大理府，彝族一部分迁移到滇南一带，傣族集中分布在从滇西到滇东南的环弧形边疆地区，其他少数民族居住区域也逐渐向山区退缩。于是云南形成汉族聚居于腹里、各少数民族则散布于靠外区域的民族分布格局。

人口民族结构和分布格局的变化，无疑是清朝在云南实施行政区划建置过程中对前代政区模式有所因革损益的主要原因。行政区划的本质决定了行政区划体系的创设必须与社会人口发展状况相适应，因此，创建什么样的行政区划体系才能适应云南社会人口的发展状况，以及什么

---

① 尤中：《云南民族史》，《尤中文集》第 1 卷，云南大学出版社 2009 年版，第 174—175 页。

形式的行政区划才能更好地、有效地实现区域内人口的管理，是清代云南行政区划体制建设和演进过程中必须解决的问题。

　　总而言之，清代汉族已经成为云南省最大的人口群体，聚居于腹里而遍布全省，各少数民族则散布在山区及边疆地带。云南民族构成与分布的这一基本态势，是云南行政区划体系建设的社会人口基础，决定着清代云南行政区划及土地人口管理体制演进的根本方向。

第二章　沐庄土地人口管理体制在清初的变迁

清代初期，针对云南复杂的地理环境和社会发展状况，清朝统治者在行政管理上基本沿袭了明代制度。沐氏勋庄作为明代遗留的一种人口与土地管理模式，在平西王吴三桂镇守云南时期继续发展，构成清初云南省人口与土地差异化管理的重要方面。吴三桂叛乱平定以后，清初统治者着手整治勋庄，逐步消除这一特殊的土地与人口管理模式，而将原来隐含在勋庄内部的土地与人口纳入了清朝国家一体化管理之中。

第一节　明代沐庄土地与人口管理的特殊性

洪武十六年（1383）三月，明军平定云南后，朱元璋诏征南将军傅友德及征南左副将军蓝玉班师回朝，而命征南右副将军沐英留滇镇守。朱元璋所以命沐英留镇云南，乃是出于军事镇戍的考虑，其谕沐英曰：“云南虽平，而诸蛮之心尚怀疑贰，大军一回，恐彼相扇为患。尔其留镇之，抚绥平定，当召尔还。”[①] 但由于云南特殊的西南边疆区位及复杂的民族、社会环境，不仅沐英没有再调离云南，而且其后代亦沿袭了镇戍云南的使命。自沐英至其十一世孙沐天波，沐氏家族镇守云南二百余年，“与明相始终，镇摄一方，威权最重，拟于亲王”[②]。

沐氏家族在云南“为一代重寄”，对安定明朝西南边疆及巩固明朝

---

① 《明太祖实录》卷153，洪武十六年三月甲辰，台湾：中研院历史语言研究所校印本，第2391页。

② 方国瑜：《明镇守云南沐氏事迹》，方国瑜主编：《云南史料丛刊》第3卷，云南大学出版社1998年版，第685页。

在云南的统治起到不可替代的作用。同时，沐氏作为勋臣贵族，二百余年间利用特权发展成为云南最大的地主，拥有数目众多的庄田。《剑桥中国明代史》的编者认为："有明一代，云南的治理很特殊。像西南其他省份一样，云南采用通常的省、府和州县的民政机构与世袭的土司（非汉族居民的地方政府）和宣慰司（通常是在土著居民地区）相结合的治理办法。与这两种体制相平行的，是沐家的军事体制（和广大的庄园）。"① 沐庄内部的土地与人口管理自成一个系统，构成明代云南治理的特殊模式。

一　沐庄占有土地与人口的规模

明初朱元璋任命沐英留镇云南之时，便赐予他相当数量的"庄田、畜产、财物、人口"②。沐英殁后，其获赐的"庄田、畜产、财物、人口"为后代继承，因"该镇世握兵符，长守兹土，俸禄之外，复给庄田，国家所以示优渥也"③。此外，"英始平云南，奉命留镇其地，许于所属临安、腾冲之处垦田自给，不烦有司"④。方国瑜先生指出："所谓垦田自给，即划地为勋庄。"⑤ 拥有朝廷赋予的这种特权，沐氏勋庄在云南各地迅速发展起来，到沐英之子沐晟时，已经积累至"田园三百六十区，资财充牣"⑥。沐氏还通过侵占掠夺等方式不断扩大勋庄的规模⑦，而"镇戍官自沐晟起，曰云南总兵，挂征南将军印，驻云南

---

① ［美］牟复礼、［英］崔瑞德编：《剑桥中国明代史》（上卷），张书生等译，中国社会科学出版社 1992 年版，第 673—674 页。

② 《明英宗实录》卷 131，正统十年七月壬辰，台湾：中研院历史语言研究所校印本，第 2610—2611 页。

③ （明）周嘉谟：《缴查庄田册疏》，刘文征：天启《滇志》卷 22《艺文志第十一之五·疏类》，古永继点校，云南教育出版社 1991 年版，第 760 页。

④ 《明孝宗实录》卷 200，弘治十六年六月壬子，台湾：中研院历史语言研究所校印本，第 3716 页。

⑤ 方国瑜：《中国西南历史地理考释》，中华书局 1987 年版，第 1273 页。

⑥ （清）张廷玉等：《明史》卷 126《沐英传》，中华书局 1974 年版，第 3762 页。（明）王世贞《弇州史料前集》卷 21《西平王世家》："晟父子前后置圃墅田业三百六十，吾日食其一，可以周岁，珍宝金贝充牣，库藏几敌天府。"（四库禁毁丛刊编纂委员会编：《四库禁毁丛刊·史部》第 49 册，北京出版社 1997 年版，第 54 页。）

⑦ 王毓铨：《莱芜集·明黔国公沐氏庄田考》，中华书局 1983 年版。

府"①，故沐庄又常称为"镇庄"或"总庄"。至万历三十九年（1611）沐氏拥有"各府州县境内镇庄共一千八百四十六处"②。沐氏勋庄遍布云南，"环滇封内，莫非总庄，有更仆难悉数者"③。

有明一代，沐氏家族大肆扩充勋庄，所拥有田土的数目与时俱增。沐氏"总兵庄田原有额赐"④，但这宗庄田的原赐顷亩史无明文，无法确知其数。万历十二年（1584）清丈田地，沐氏自称钦赐田地共有135881亩零⑤。对于这一数目，万历末年云南巡按御史邓渼指出并不可信："彼以为钦赐则亦以为钦赐，并照万历十六年丈册，而其果否出自钦赐，不能诘也。勋臣田土止于二百顷，即以为出自钦赐，何至溢额七倍之外？"⑥ 万历十六年（1588），税粮册上犹载沐庄税粮田地共803137亩⑦。到万历三十九年（1611），沐庄在云南各府州县境内占有田地884252亩零⑧。甚至从万历十六年至三十九年（1588—1611）的二十四年间，沐庄就获得81114亩余的田地，其对云南田地侵占的程度十分惊人。故此，"滇中郡县无处无总镇田土"⑨，以致云南"山泽之饶，膏腴之产，半入于镇臣之家"⑩。

---

① 民国《续修昆明县志》卷2。

② （明）邓渼：《奏缴总庄田粮册疏》，转引自王毓铨《莱芜集》，中华书局1983年版，第106页。

③ （明）周嘉谟：《缴查庄田册疏》，刘文征：天启《滇志》卷22《艺文志第十一之五·疏类》，古永继点校，云南教育出版社1991年版，第760页。又明人邓渼《奏缴总庄田粮册疏》云："环滇封内莫非总庄，有持筹难以悉数者。"见王毓铨《莱芜集》，中华书局1983年版，第107页。

④ 《明世宗实录》卷109，嘉靖九年正月庚戌，台湾：中研院历史语言研究所校印本，第2571页。

⑤ （明）邓渼：《请革总庄疏四》，转引自王毓铨《莱芜集》，中华书局1983年版，第105页。并见邓渼：《奏缴总庄田粮册疏》，转引自王毓铨《莱芜集》，中华书局1983年版，第106页。

⑥ （明）邓渼：《奏缴总庄田粮册疏》，转引自王毓铨《莱芜集》，中华书局1983年版，第108页。

⑦ （明）周嘉谟：《缴查庄田册疏》，刘文征：天启《滇志》卷22《艺文志第十一之五·疏类》，古永继点校，云南教育出版社1991年版，第760页。

⑧ （明）邓渼：《奏缴总庄田粮册疏》，转引自王毓铨《莱芜集》，中华书局1983年版，第106页。

⑨ （明）邓渼：《请革总庄疏一》，转引自王毓铨《莱芜集》，中华书局1983年版，第107页。

⑩ 同上书，第103页。

经过约两个半世纪的发展，明代沐氏勋庄遍布云南，"其田土全滇郡邑无处不有"①，数量非常巨大，在云南所有田土中占据较大的比例。与万历初年云南见诸记载的田土数据相较而言，万历初云南都司拥有职田 155319.6 亩、屯田 1107880.4 亩②，万历六年（1578）云南布政司管辖官民田地 1799358 亩③；而万历十六年（1588），沐庄拥有田地 803137 亩④。在见于记载的全省田土中，沐氏勋庄占到 20.77% 的巨大比重。⑤

所谓有土斯有民，在沐氏勋庄巨额的田地上依附着与此规模相对应的数目众多的人口。明初钦赐沐氏田土时一并赐予"畜产人口"⑥，云南开始有了不隶属于布政司系统和都指挥使司系统的沐庄人户。以后随着沐庄规模的日益扩大，附属于各地沐庄田土的人口越来越多。而各府州县中的百姓，为了逃避赋役，纷纷投献于沐庄，"其家广受投献，招纳逃民，几半郡县"⑦。此外，一些奸宄之徒或犯罪，为了逃避追捕，也托庇于沐庄。

明代史籍中没有留下关于沐庄人口的任何数据，根据陆韧教授的研究，明代沐氏庄田"几乎都分布于云南汉族人口大量移居的地区"，"虽有部分分布于少数民族聚居区，庄户有部分少数民族人口，但数量

---

① （明）邓渼：《请革总庄疏一》，转引自王毓铨《莱芜集》，中华书局 1983 年版，第 104 页。

② （明）李元阳：万历《云南通志》卷 7《兵食志第四》，方国瑜主编：《云南史料丛刊》第 6 卷，云南大学出版社 1999 年版，第 580 页。

③ 《明会典》卷 17《户部·田土》。

④ （明）邓渼：《请革总庄疏四》，转引自王毓铨《莱芜集》，中华书局 1983 年版，第 107 页。并见（明）周嘉谟：《缴查庄田册疏》，刘文征：天启《滇志》卷 22《艺文志第十一之五·疏类》，古永继点校，云南教育出版社 1991 年版，第 760 页。

⑤ 参考陆韧：《变迁与交融——明代云南汉族移民研究》，云南教育出版社 2001 年版，第 130—132 页。另外，秦晖在《后期大西军营庄制度初探》（《中国农民战争史论丛》第五辑，中国社会科学出版社 1987 年版）及《大西军治滇时期的农业》（《中国农民战争史研究集刊》第五辑，上海人民出版社 1990 年版）二文中提出，明末沐庄田地超过二万顷，占云南各类总数的三分之一以上。但秦晖的考察从一些沐庄集中区入手，事实上这样所得出的分析数据颇以偏概全之嫌，并不能够代表沐庄土地数量在云南全部田地中的比重问题，因为沐庄虽然遍布云南全省，但各地的数量多寡是极不平衡的。

⑥ 《明英宗实录》卷 131，正统十年七月壬辰，台湾：中研院历史语言研究所校印本，第 2610—2611 页。

⑦ （明）邓渼：《请革总庄疏三》，转引自王毓铨《莱芜集》，中华书局 1983 年版，第 104 页。

不大，庄户大多为汉族移民及逃避赋役投献沐庄或被沐氏强占的军民，所以沐庄隐含的人口绝大部分仍是汉族人口，在明末约为 70 万口的规模"。① 这只是利用万历初年云南布政司田地人口比值与万历十六年（1588）沐庄田地数据换算得出的相对数据，并不代表沐庄所隐含的实际人口数目，但藉此可见明代沐氏勋庄隐含人口巨大规模之一斑。

二　沐庄土地与人口管理的实质

明代沐氏勋庄的恶性膨胀源于国家对勋臣的放任，故其获得田土的途径多样化而无所节制。而在沐庄系内，土地与人口均属于"镇籍"，自成一套特殊的管理体制。

由于拥有种种特权，"世镇云南的黔国公沐氏是个大地主，而且是非常大的大地主。它的庄田遍布云南各主要府和军民府。一府之内，遍布各州县。田土多膏腴。"② 但这些土地并不归布政司行政系统管辖，一方面，地方政府难以对沐氏勋庄土地进行清查丈量。如克大理保之乱后，"其武寻两府贼产应没入官，而邻近镇庄者遍插红旗，冒为己物，不容委官清丈，则其他所谓置买者可类推也"③。即使在嘉靖初年朝廷进行勋戚田土查勘时，沐氏也多方阻挠。嘉靖九年（1530）初，巡按云南御史刘枲上奏云："黔国公沐绍勋庄田近奉旨查勘，而奸恶管庄之人凭借声势，始而侵占投献，终则劫掠乡村，动以激变，嫁言阻挠，有司惧变束手，而绍勋且屡以奏乞分豁为词。及今不处，则蓄乱宿祸，贻害地方，非世臣子孙之福。"④ 沐氏也"具奏乞免查勘。上以绍勋世守边陲，优诏许之"。⑤ 在沐氏的阻挠之下，明政府难以获得其勋庄的真

---

① 陆韧：《变迁与交融——明代云南汉族移民研究》，云南教育出版社 2001 年版，第 130—136 页。

② 王毓铨：《莱芜集·明黔国公沐氏庄田考》，中华书局 1983 年版，第 83 页。据王毓铨先生研究，"隆庆万历间云南布政司直属的二十四个行政区划中，十六个里有沐庄田地"。另可参阅李建军：《明代云南沐氏家族研究》，辽宁人民出版社 2002 年版。

③ （明）邓渼：《请革总庄疏四》，转引自王毓铨《莱芜集》，中华书局 1983 年版，第 105 页。

④ 《明世宗实录》卷 109，嘉靖九年正月庚戌，台湾：中研院历史语言研究所校印本，第 2571 页。

⑤ 《明世宗实录》卷 114，嘉靖九年六月丙子，台湾：中研院历史语言研究所校印本，第 2711 页。

实数字。虽然万历十二年（1584）清丈田地时，查勘了沐氏勋庄，并将之登载入册，但尚非全部。万历三十八年（1610）年查勘时，"幸两院会题，圣明俞旨，司道郡邑奉以从事，竭半年之力而始犁然"①。此次查勘"又查出一千三百余顷，其未经查出者不啻数倍，大约在百万亩之外"②。云南地方政府始终无法对沐庄田地进行彻底的清查，因而明代沐氏勋庄所属究竟有多少土地，就是在当时恐怕也很少有人知道了。

另一方面，沐氏勋庄自行管业，自行对所有土地课赋，更不向云南布政司行政系统缴纳赋税。按照明代制度，勋贵庄田非钦赐者例应办纳粮差，故有司税粮册中载有此一项目，但沐氏勋庄内钦赐田土数额究竟是多少，云南地方政府无由确知。而沐氏所谓新垦殖的土地，"缘滇地土旷人稀，其后生齿日繁，居民以次开垦，而其中玩猾者竟不报官起科，竞献之镇臣之家。镇臣利其所有，故减课以招之。由此投献者接踵。一隶镇籍，有司不敢问"③。清初工科给事中王命岳说："黔国世镇云南，各府置有庄田，不载有司册籍。"④ 户部尚书王弘祚亦指出："黔国公沐英世镇滇省，子孙相沿将三百年，各府置有庄田，岁抽租税，名曰籽粒，皆系沐府差官往各府向佃户自行催收，不载有司籍。"⑤ 沐府自行征收租税，皆不载有司赋税册籍，是沐庄系统内土地管理的最大特征。

在人口方面，沐庄内部也自有"庄籍"，自行管理。沐氏勋庄遍布云南各地，"佃其田者谓之庄民，即与有司不相统摄，四方奸宄窟聚其中，或躲避徭役，或逋逃罪囚，差人拘摄，动见殴辱，有司扼腕，莫敢

---

① （明）周嘉谟：《缴查庄田册疏》，刘文征：天启《滇志》卷 22《艺文志第十一之五·疏类》，古永继点校，云南教育出版社 1991 年版，第 760 页。

② （明）邓渼：《请革总庄疏四》，转引自王毓铨《莱芜集》，中华书局 1983 年版，第 105 页。

③ 同上书，第 105 页。

④ （清）王命岳：《耻躬堂文集》卷 4《论滇饷疏》，四库全书存目丛书编纂委员会编：《四库全书存目丛书·集部》第 224 册，齐鲁书社 1997 年版，第 649 页。

⑤ 《户部尚书王弘祚揭帖（顺治十六年正月十八日到）》，《明清史料》甲编第 5 本，第 441 页。

谁何"①。沐庄隐含的人口"与有司不相统摄"，即不在地方行政系统管辖之内。在明代云南的治理上，"镇臣与有司为二，庄民与百姓为二"②，布政司和沐氏为两个平行的系统，因此沐庄隐含的庄民与布政司管辖的百姓也成为两个相差别的群体。"镇庄所在，凡聚庐而处者若别是一国，百姓几不复知有朝廷，况于有司。奸宄一逃其中，有司辄不敢睨视，况于其真为庄民者"③。庄民既不隶于有司，便不入人丁编审范围，不向有司承担赋役，甚至在司法问题上也能躲避地方政府的制裁，沐氏勋庄对所隐含人口的特殊化管理，致使这部分人口一定程度游离于国家控制之外。

由于沐氏勋庄所属土地和人口的管理自成特殊系统，不与云南布政司为代表的行政体系相统摄，明代中央即不能对这部分土地和人口进行有效的管理。因之在各种利益的驱使下，布政司行政系统所属的人口知"庄主人之足依也，孰不去民图而肆庄籍。其豪猾既公犯投献之例，而善良亦阴借其隐庇之方"，一些布政司下的人口转入沐庄，土地也投献到沐庄，遂导致"民丁愈耗，则庄丁愈增；民田愈狭，则庄田愈广"④。沐庄土地及人口管理的特殊化给布政司行政系统造成了巨大影响，民丁、民田归入沐庄，则减少了布政司之下相应的土地及丁口数额，而其名下的丁粮、赋役等项，"优免于此，势必加派于彼"⑤，转嫁到其他民田、民丁上面。沐庄"广受投献，招纳逃民，几半郡县，以故公家丁粮日蹙，小民差徭日重，怨声载道，相视以目"⑥。沐庄实行的"庄籍"或"镇籍"的土地与人口特殊管理体制，对国家征发丁粮差徭造成了妨害，直接影响到国家的经济利益。

---

① （明）邓渼：《请革总庄疏一》，转引自王毓铨《莱芜集》，中华书局 1983 年版，第 102 页。

② （明）邓渼：《奏缴总庄田粮册疏》，转引自王毓铨《莱芜集》，中华书局 1983 年版，第 108 页。

③ （明）邓渼：《请革总庄疏四》，转引自王毓铨《莱芜集》，中华书局 1983 年版，第 104 页。

④ （明）邓渼：《奏缴总庄田粮册疏》，转引自王毓铨《莱芜集》，中华书局 1983 年版，第 108 页。

⑤ 同上。

⑥ （明）邓渼：《请革总庄疏三》，转引自王毓铨《莱芜集》，中华书局 1983 年版，第 104 页。

在沐庄内部，土地与人口被课以重税，"正数之外有杂派，杂征之外有无名，虐焰所加，不至骨见髓干不止"，庄民"饥寒既迫，相率寇盗"①。明朝后期，由于沐庄剥削残酷，庄民无以为生，便转为社会不稳定的因素。万历三十九年（1611）二月，"云南抚按奏：镇臣沐昌祚庄田自钦赐外，多至八千余顷，横征暴敛，以致庄户劫掠公行，该镇庇之，滇民如在水火"②。沐庄系统对庄民的司法庇护力度甚强，庄民不隶有司，"逋逃罪囚，差人拘摄，动见殴辱，有司扼腕，莫敢谁何"③。乃至"镇庄所在，凡聚庐而处者若别是一国，百姓几不复知有朝廷，况于有司。奸宄一逃其中，有司辄不敢眈视"④。在沐庄这个强大的保护伞之下，庄民劫掠蜂起，"诸贼皆黔国庄丁，节年流劫州县，官莫能捕"⑤。沐庄有关土地、人口的经济管理体制严苛，庄民被逼起而劫掠，给沐庄系统以外的百姓造成困扰。则沐庄的特殊化管理体制，已发展为严重的社会问题。

鉴于沐庄的特殊土地与人口管理体制所引发的种种社会问题，明朝后期，要求将沐氏庄田"退还军民管种，纳粮当差"、"宜归并有司征解，明国法，以苏民困"的议论蜂起。有识之士指出，"拔本塞源，非尽改镇庄而属有司，则燎原滔天之势，殆日寻干戈，地涂肝脑"，"独有改属有司一节可以永绝祸本"⑥。改沐庄属有司，即是将沐庄所隐含的土地与人口归入布政司行政系统一体化管理，这是顺应历史潮流的改革方向，但未及实行明朝就灭亡了，沐庄土地与人口特殊管理模式在清朝对云南统治确立后依然延续了很长一段时间。

---

① （明）邓渼：《奏缴总庄田粮册疏》，转引自王毓铨《莱芜集》，中华书局1983年版，第107页。

② 《明神宗实录》卷480，万历三十九年二月戊寅，台湾：中研院历史语言研究所校印本，第9043—9044页。

③ （明）邓渼：《请革总庄疏一》，转引自王毓铨《莱芜集》，中华书局1983年版，第102页。

④ （明）邓渼：《请革总庄疏四》，转引自王毓铨《莱芜集》，中华书局1983年版，第104页。

⑤ （清）师范：《滇系事略》，方国瑜主编：《云南史料丛刊》第十三卷，云南大学出版社1999年版，第14页。

⑥ （明）邓渼：《奏缴总庄田粮册疏》，转引自王毓铨《莱芜集》，中华书局1983年版，第107—108页。

总之，明代沐英家族在云南广置庄田，形成独立发展的勋庄。沐氏勋庄占有数量众多的土地和人口，形成云南边疆特殊的土地与人口管理模式。这一特殊土地与人口管理模式的存在，不仅直接影响到国家的经济利益，而且给云南地方造成种种社会问题。从本质上说，明代沐庄特殊的土地与人口管理模式给云南地方行政管理一体化造成了极大阻碍，明代虽然提出了解决这一问题的正确方法，但没有作出有效的努力。如何改革云南沐庄特殊的土地与人口管理模式，成为明朝遗留给清初统治者的一项亟须解决的行政事务。

第二节　清代前期的沐庄

明朝灭亡后，沐氏家族旋即失势，沐庄这一包含土地、人口的重要经济资源却被沿袭下来。直到清朝在云南的统治确立后，沐庄被吴三桂乞而有之，成为平西王藩庄的重要组成部分。清初沐庄仍然保持着土地和人口不隶有司的特征，并和平西王藩下人口、土地一起，构成云南土地及人口特殊化管理的一个重要方面。

一　明清鼎革之际沐庄的归属

明代沐氏勋庄占有数目巨大的土地和人口，在任何时候都是非常重要的经济资源。崇祯十七年（1644）明王朝覆灭后，"已无朱皇帝，何有沐国公"[①]，云南沐氏失去了背后强有力的倚靠，权力发生危机；继而少数民族土司叛乱迭起，沐氏势力受到极大削弱。顺治四年（1647）大西军进入云南，沐氏基本丧失了统治云南的权力，而沦为大西军政权的附庸。在这样的背景下，沐氏已经不能维系勋庄系统土地和人口特殊管理体制的运作了。

关于沐庄在明朝灭亡到清军入滇这十五年内的发展状况，史籍无明确记载，仅有只言片语提供了一些零星的线索。清初云贵总督蔡毓荣《筹滇第四疏》云："故明沐氏世镇滇省，置买庄田，厥后沐氏沦亡，

---

① （清）李天根：《爝火录》卷12，仓修良、魏德良校点，浙江古籍出版社1986年版，第576页。

凡据滇者，必贪之以为利。本朝开滇之始，拨给逆藩。"① 透露了"沐氏沦亡"到"本朝开滇"期间沐庄为"据滇者"所占有的信息。只要弄清楚沐氏何时"沦亡"，以及"据滇者"为谁，便可大致勾勒出沐庄在这一时期的归属和发展轨迹。

沐氏最后一任黔国公是沐英的十一世孙沐天波，虽则已到末世，仍然是滇中重镇，"为滇黔土司之主"②，拥有一定的影响力和号召力。顺治二年（1645）九月，元谋土酋吾必奎叛乱，声势极为浩大，沐天波檄调各土司兵强有力者参与进剿，阿迷土司沙定洲本不愿意从征，乃迁延行期。当沙定洲于十一月带领重兵到达云南省城，吾必奎之乱已经平定。③ 沐天波令其转还，但沙定洲不听，反而将军队驻扎在省城周围，"日入沐府宴饮，遣之不去，其志将有别图也"④。沙定洲在省城"留连不去，志在谋叛。且贿参军余忠林以白镪、走马，嘱于沐公前力荐，以释沐公之疑。忠林如其嘱，致沐公待沙酋如席上珍也，日相亲昵，更携逆酋之手出入黔府，凡内室书舍无地不到，古物玩好繁华之物无一不设于几案，使土酋见之，争夸其富"，于是"逆酋之叛志益坚，沐公之防备愈忽"。⑤ 十二月初一日，遂焚劫沐府而为乱，沐天波几乎毫无抵御的方法，仓皇逃离省城。

沙定洲叛乱给沐氏带来毁灭性的打击。沐氏家族的主要人员中，沐天波的母亲和妻子自焚而死，其弟天闰在混战中遇害，至于"亲子三人，惟长子相随而去，二子流落无踪，三子于法华寺削发为僧"⑥。在军事上，沐天波失去了省城掌兵者的支持。早先在进剿吾必奎的过程中，沐天波对下属言而无信，"自是人人解体，值兹倾危之际，各掌兵

---

① （清）蔡毓荣：《筹滇第四疏·议理财》，（清）鄂尔泰等修，靖道谟等纂：雍正《云南通志》卷二十九之四《艺文·奏疏》，国家清史编纂委员会编：《文津阁四库全书清史资料汇刊》，商务印书馆 2006 年版，第 453 页。

② 海宁三百二十甲子老人校录：《明末滇南纪略·沙酋谋叛》，方国瑜主编：《云南史料丛刊》第 4 卷，云南大学出版社 1998 年版，第 702 页。

③ 有关吾必奎之乱的过程，可参阅付春：《尊王黜霸：云南由乱向治的历程（1644—1735）》，云南大学出版社 2010 年版。

④ 海宁三百二十甲子老人校录：《明末滇南纪略·必奎作乱》，方国瑜主编：《云南史料丛刊》第 4 卷，云南大学出版社 1998 年版，第 697 页。

⑤ 同上。

⑥ 同上。

者闭门高枕，曾莫之救。不逾时，而沐氏三百年祖遗法物，尽付灰烬矣"①。在经济上，沐府被焚劫，"时沐府富厚敌国，石青朱砂、珍珠名宝、落红琥珀、马蹄紫金，装以箧匣，每匣五十斤，藏于高板库，共万二千五百箧，他物称是，八宝黄龙缎百四十执。定洲将天波数十世蓄积，日夕辇运洞中，沐府为之一空。"②在政治上，沐天波出逃，沙定洲入驻沐府，"整容升座，袭天波冠裳，称沐府新主，已有趋跄拜贺，供其调遣者矣"③。沙定洲竭力谋求取代沐天波镇守云南的地位④，说明沐氏在云南的实际政治地位开始动摇。总之，经过沙定洲之乱，云南沐氏不但家破人亡，而且丧失了政治、经济和军事势力，"沐氏三百年相承之事业，一旦坏于土酋之手"⑤。

沙定洲叛乱之初，沐天波逃往安宁，势迫再至楚雄，最后又西奔永昌。随着作为云南"重镇"的沐天波的出走，云南陷入了内乱的旋涡。此时，正在贵州的大西军"闻沙逆叛主，滇南隙有可图"⑥，马上打出"为沐氏复仇"的幌子，决策进军云南。顺治四年（1647），"（孙）可望等诡称援师，由贵州兼程，于三月二十八日屠交水，二十九日屠曲靖。定洲解楚雄之围，悉众走阿迷州，遇可望军于蛇花口，战败，定洲集溃众遁守佴革竜。可望等取云南，出略迤西郡县"⑦。大西军分路平定安抚，至顺治五年（1648）八月，李定国擒斩沙定洲，这一场叛乱终告平定。

从顺治二年（1645）十二月沐天波出走至顺治四年（1647）四月沙定洲逃回佴革竜，这十六个月里云南基本处于沙定洲的统治之下。

---

① 海宁三百二十甲子老人校录：《明末滇南纪略·必奎作乱》，方国瑜主编：《云南史料丛刊》第4卷，云南大学出版社1998年版，第697页。

② （清）李天根：《爝火录》卷13，仓修良、魏德良校点，浙江古籍出版社1986年版，第590页。

③ 同上。

④ （清）温睿临：《南疆逸史》卷46《武臣传·沐天波》，中华书局1959年版；（清）张廷玉等：《明史》卷313《云南土司传一》，中华书局1974年版。

⑤ 海宁三百二十甲子老人校录：《明末滇南纪略·沙酋谋叛》，方国瑜主编：《云南史料丛刊》第4卷，云南大学出版社1998年版，第697页。

⑥ 同上书，第699页。

⑦ （清）冯甦：《滇考·孙可望李定国窃据》，方国瑜主编：《云南史料丛刊》第11卷，云南大学出版社1999年版，第59页。

"定洲据黔府，盘踞会城。劫巡抚吴兆元，使题请代天波镇滇，传檄州县，全滇震动。"① 顺治四年（1647）四月下旬大西军由宜良进驻昆明，其后云南实际处于孙可望、李定国等领导的大西军政权统治之下。大西军政权为了控制和号召云南各地土司，孙可望出兵永昌，"袭执天波，胁之号召土司，拥主抗命"②。沐天波虽然保持着黔国公的身份，也不过"一筹难展，但佩征南旧印，委蛇而已"③，孙可望等仅仅是"以勋旧礼待之，不复假以事任也"④。从本质上看，"沐氏与大西军之间并不是合作关系，而是'降附'关系，沐氏势力已基本消灭"⑤。所以有的史料说"（沐）天波、（杨）畏知降，云南十八府悉归可望，兵势颇盛"，云南已经处于以孙可望为首的大西军政权统治下，沐氏不过降附之人，必须"听可望指示"⑥。还有史料说孙可望"据沐府"，"用天波为报门官"⑦。王夫之甚至说沐氏还省城后，"可望羁縻之，使居民舍，月给粟以赡之，门置兵锢其往还"⑧，行动自由受到限制，和软禁没有区别。这类史料未必皆可尽信，但都反映出同样一个事实，即沐氏在云南已经不具有任何实际权力了。

根据上文可以看出，自沙定洲叛乱开始，沐氏便失去了镇守云南的政治地位和作用。《明史》说："滇南丧败，卒由土官沙定洲之祸。"⑨

---

① （清）张廷玉等：《明史》卷 313《云南土司传一》，中华书局 1974 年版，第 8065—8066 页。

② （清）冯甦：《滇考·沐氏世裔》，方国瑜主编：《云南史料丛刊》第 11 卷，云南大学出版社 1999 年版，第 41 页。

③ （清）倪蜕：《滇云历年传》，李埏校点，云南大学出版社 1992 年版，第 505 页。

④ （清）温睿临：《南疆逸史》卷 46《武臣传·沐天波》，中华书局 1959 年版，第 393 页。

⑤ 秦晖：《大西军治滇时期的农业》，《中国农民战争史研究集刊》第 5 辑，上海人民出版社 1990 年版。

⑥ （清）计六奇：《明季南略》卷 12 下《孙可望胁封谋禅本末》、卷 14《续孙可望踞云贵事》，中华书局 1984 年版，第 414、470 页。

⑦ （清）计六奇：《明季南略》卷 9《孙可望入滇始末》，中华书局 1984 年版，第 343 页；（清）李天根：《爝火录》卷 13，仓修良、魏德良校点，浙江古籍出版社 1986 年版，第 476 页。

⑧ （清）王夫之：《永历实录》卷 14《李定国传》，上海古籍出版社 1987 年版，第 126 页。

⑨ （清）张廷玉等：《明史》卷 313《云南土司传一》，中华书局 1974 年版，第 8065 页。

事实上，沐氏家族的兴衰与云南局势一体相连，故沐氏的沦亡同样是由于沙定洲之乱。既然沐氏自顺治二年（1645）便失去了云南的统治权，那么结合蔡毓荣《筹滇第四疏》中有关"沐氏沦亡"后，凡据滇者必贪沐庄以为利的陈述，已基本可知明清鼎革之际沐氏勋庄的去向，即顺治二年（1645）十二月以后，起先十六个月中多半为沙定洲占有，顺治四年（1647）四月以后则归入孙可望领导的大西军政权掌控。

沐府财产的归属，由于沙定洲劫掠沐府，"将天波数十世蓄积，日夕辇运洞中，沐府为之一空"。① 大西军平定云南后，这些财货又转归农民军。② 《明季南略》说孙可望之所以入滇，其意在"取沐府三百年厚藏"；平定沙定洲叛乱后，便将"天波府藏与亭州（即沙定洲）素积仍悉辇入沐府内宅"。③ 王夫之《永历实录》记载："沐天波闻沙定洲败死，意稍安，可望因遣使诱天波令附己，与合兵定诸土司，而还天波邸第庄田。天波既童骏为所感，畏知亦力弱不能抗，遂与偕诣可望。"④ 则孙可望占据沐府及沐庄已经毫无疑问。再联系到沐天波返省城后大西军对他的安置是"使居民舍，月给粟以赡之，门置兵锢其往还"，便可知道孙可望并没有归还他"邸第庄田"，沐庄确实是归大西军政权所有了。

顺治四年（1647）秋，大西军基本上控制了云南全省，随即制定赋役制度，派出人员"踏看田地，所出与百姓平分，田主十与一焉。条编半征，人丁不论上中下全征"⑤。沐氏勋庄所属土地、人口必然也在清查及征收之列。

---

① （清）李天根：《爝火录》卷13，仓修良、魏德良校点，浙江古籍出版社1986年版，第590页。

② 秦晖：《大西军治滇时期的农业》，《中国农民战争史研究集刊》第5辑，上海人民出版社1990年版。

③ （清）计六奇：《明季南略》卷9《孙可望入滇始末》，中华书局1984年版，第343页。

④ （清）王夫之：《永历实录》卷14《李定国传》，上海古籍出版社1987年版，第126页。

⑤ 海宁三百二十甲子老人校录：《明末滇南纪略·沐公顺贼》，方国瑜主编：《云南史料丛刊》第4卷，云南大学出版社1998年版，第703—704页。

二 吴三桂对沐庄的占有

沐氏勋庄辖属大量的土地和人口，是云南地方一项重要的经济资源，凡据滇者无不贪之以为利。顺治十五年（1658）清军进攻云南，大西军扶持的永历政权解体，沐庄的归属又发生了变化。据雍正《临安府志》记载，在清军平定云南的过程中，建水州"沐氏勋庄猛丁、猛喇、猛梭等寨投诚归庄，钱粮赋州征收"①。对沐庄进行处置的权力转移到了清朝统治者的手中。

顺治十六年（1659）清军进入云南，其时"国计匮绌日甚，滇南縻费非策"②，清廷为筹措兵饷，又把目光投向了沐氏勋庄。兵科给事中王命岳提出："黔国世镇云南，各府置有庄田，不载有司册籍。宜动沐府经管旧员，令其开报。熟者收其籽粒，荒者一体募人耕耨，屯事之成，此又其一也。"③ 保山人户部尚书王弘祚深知"臣乡之利病疾苦"，亦为清廷建言确查沐氏庄田。

王弘祚首先指出，"黔国公沐英世镇滇省，子孙相沿将三百年，各府置有庄田，岁抽租税，名曰籽粒，皆系沐府差官往各府向佃户自行催收，不载有司册籍"。沐氏勋庄在云南省分布广泛，各府州县皆有，而且所属土地与人口自成管理体系，不向地方政府承担赋役。因此，沐庄的土地与人口"不载有司册籍"，地方政府无由控制沐庄。沐氏勋庄实为云南地方一项可以增加政府经济收入的巨大利源。其次，在明清鼎革之际，云南祸乱频仍，社会秩序陷入混乱，沐氏一旦失去对勋庄的控制权力，此项经济资源便为各方势力所觊觎。"值兹地方初定，册籍无稽，此项钱粮易为奸徒欺朦隐匿"。倘若清朝将沐庄收归政府管理，即可获得巨大的经济效益，有望解决兵饷问题。于是王弘祚提出新的管理沐庄办法，"宜察沐府经管钱粮老成旧员，令其详细开列某处额有庄田若干，每年收籽粒若干，土产若干，务令尽数开报，毋得纤毫遗漏，辖

---

① （清）张无咎修，夏冕纂：雍正《临安府志》卷 3《建置志·建水州》，清雍正九年刻本。

② （清）王命岳：《耻躬堂文集》卷 4《论滇饷疏》，四库全书存目丛书编纂委员会编：《四库全书存目丛书·集部》第 224 册，齐鲁书社 1997 年版，第 647 页。

③ 同上书，第 649 页。

某府者即责成某府征解藩司，庶锱铢颗粒咸充兵饷之用矣。"①

无论王命岳还是王弘祚，他们关注沐庄的焦点是，改革沐庄项下土地与人口的管理模式，可以增加云南地方政府的经济收益，从而有效解决云南兵饷不足的问题。将沐庄收归"有司"即地方政府管理，统一征收赋役，这一呼声从明代万历年间以来持续高涨，直到清初平定云南后仍为有识之士坚持。清初云南地方政府对沐庄倾注了极大的注意力，但尚未来得及实行具体的管理措施，顺治十七年（1660）五月"己巳，平西王吴三桂以移镇云南，地方荒残，米价腾贵，家口无资，疏请故明国公沐天波庄田，给壮丁二千人，每人地六日。部议：每丁给地五日。从之。"② 清朝为了表示对吴三桂待遇之优渥，答应了其请求，于是沐氏勋庄的管理权转移到吴三桂手中。③

经过频繁的军事战争，清朝平定云南初期各地沐庄的管理基本失控，因沐庄项下隐占的土地和人口不载有司册籍，遂引起了各种势力的"欺朦隐匿"。但从建水州"沐氏勋庄猛丁、猛喇、猛梭等寨投诚归庄，钱粮赋州征收"的事例来看，清初云南地方政府对部分沐庄实施了有效的控制和管理。政府既然参与到控制沐庄中来，私人便不得公开拥有这一份经济资源，故而吴三桂垂涎沐氏勋庄，仍须通过朝廷的允许。而一旦朝廷批准了吴三桂对沐庄的所有权，沐庄所属土地和人口又成为吴三桂的私产，明代以来沐庄土地、人口不归地方政府管理的情况在清初被延续下来。

如上文所述，沐氏勋庄土地在明末达到了近9000顷的规模，约占当时云南在籍土地的20.8%，但明清鼎革之际，许多沐庄田地被抛荒，

---

① 《户部尚书王弘祚揭帖（顺治十六年正月十八日到）》，《明清史料》甲编第5本，第441页。

② 《清世祖实录》卷135，顺治十七年五月己巳，中华书局1985年版（影印本），第1043页。并参见（清）刘健：《庭闻录》卷3《收滇入缅》，《台湾文献史料丛刊》第6辑，台湾大通书局1968年版，第22页；（清）范承勋等修，吴自肃、丁炜等纂：康熙《云南通志》卷3《沿革大事考》。

③ （清）阮元、伊里布等修，王崧、李诚等纂：道光《云南通志稿》卷57《食货志二之一·田赋一》，方国瑜主编：《云南史料丛刊》第12卷，云南大学出版社1999年版，第320页。

或者因沐府册籍丧失而无法查勘。到清朝"以沐府旧地封三桂"①，仅得田地 700 顷②，与万历三十九年（1611）清查所得的 8842.52 顷相较，约为原额的 7.9%，可见清初沐庄土地失额情况之严重。

尽管吴三桂所得沐庄的规模不及明末原额的一成，但其分布仍然保持着遍布云南各府州县局面。明代沐庄分布广泛，甚至在少数民族聚居区的"夷地"也有沐庄的建置。如在西南沿边的腾越地区，便有勋庄田地。"勋庄田者，明沐氏世守云南，设立勋庄。腾越镇守他姓止有毛胜、卢和二人，其余皆以沐氏支子镇之。故庄田远及于夷地，比他处为多也。"③ 吴三桂叛乱平定以后，永昌府清查出沐庄田地共 125.64 顷④。又在今金平县境内的十五猛地区⑤，"纵横四百余里，明初为沐氏勋庄，清顺治十七年，吴三桂请并云南荒田给与藩下壮丁耕种"⑥。沿边少数民族聚居地区的沐庄都被吴三桂占有，则靠内地区沐庄的情况可想而知。吴三桂可谓在最大范围内尽最大的努力"括明黔国公沐氏庄田，悉为己有"⑦，变为自己"藩庄"的重要组成部分了。

吴三桂在向朝廷乞请沐氏勋庄之外，还通过各种方式，扩大勋庄的规模。其一，吴三桂通过投献及购买的方式，获得了云南部分土地。这类土地原属民有，系归正式政区府州县系统管辖，然"投入与卖入各庄之产，一趋逆势，一受逆价，既入庄册，即系官田"⑧。清初的土地制度与明代相同，分为官田和民田，其中一个区分的重要标准是，"凡

---

①　赵尔巽等：《清史稿》卷 514《土司传三·云南》，中华书局 1977 年版，第 14255 页。

②　（清）刘健：《庭闻录》卷 3《收滇入缅》，《台湾文献史料丛刊》第 6 辑，台湾大通书局 1968 年版，第 34 页；（清）范承勋、张毓碧修，谢俨纂：康熙《云南府志》卷 5《沿革大事考》，康熙三十五年刊本，《中国方志丛书》第 26 号，台北成文出版社 1967 年版；赵尔巽等：《清史稿》卷 474《吴三桂传》，中华书局 1977 年版，第 12841 页。

③　（清）屠述濂修：《云南腾越州志》卷 5《田赋》，文明元、马勇点校，云南美术出版社 2006 年版，第 97 页。

④　（清）范承勋等修，吴自肃、丁炜等纂：康熙《云南通志》卷 10《田赋》。

⑤　有关十五猛地理的研究，参见方国瑜：《中国西南历史地理考释》，中华书局 1987 年版，第 915 页。

⑥　赵尔巽等：《清史稿》卷 514《土司传三·云南》，中华书局 1977 年版，第 14262 页。

⑦　（清）勒德洪等：《平定三逆方略》卷 1，四库全书本。

⑧　（清）蔡毓荣：《筹滇第四疏·议理财》，（清）鄂尔泰等修，靖道谟等纂：雍正《云南通志》卷二十九之四《艺文·奏疏》，国家清史编纂委员会编：《文津阁四库全书清史资料汇刊》，商务印书馆 2006 年版，第 453 页。

办纳粮者为民地，不纳粮者，不分有主无主，俱为官地"①。沐庄本属于官田，② 吴三桂的藩庄也属于官田，无须向国家缴纳赋税，其实质乃属于封建土地私有制的范畴。云南部分民田地一旦投入或卖入吴氏藩庄，也就脱离了地方政府的管理，成为吴三桂的私产。其二，吴三桂藉由朝廷准许其占有沐庄的权力，将原本属于少数民族的田土诬为沐庄而强行侵夺。如户撒和腊撒二地均是"峨昌夷地"，明代设置土司，清初仍为土司管理，康熙十二年（1673），吴三桂却"以其地为沐氏勋庄，追缴剖付"③。户撒、腊撒二土司地区的土地和人口，也被吴三桂掠夺，纳入沐庄的管理体系之中。总之，清朝明确允许吴三桂占有的勋庄，历史记载为 700 顷，但通过额外的侵占、掠夺，吴三桂实际拥有的庄田远远不止此数。

  吴三桂在云南还占有大量的"藩属"土地和人口，由其直接掌握。吴三桂手中握有极强的军事力量，趁机扩充和发展自己的势力。其所属的军队，除"援剿四镇和'忠勇'与'义勇'两大营外，还有直属于他的军队，被称为'藩下'或'藩属'，也就是平西王属下之意。这部分部队与援剿四镇等兵不同，后者为国家即朝廷所有，三桂总管云贵兵政，自然隶属他管辖和指挥。而'藩属'的军队是属平西王府本身所直接掌握。"④ 康熙十二年（1673），清圣祖下令撤藩，吴三桂于七月庚午上疏朝廷，假意申请撤藩。对于"王下官兵家口"的处置，户部及兵部议："三桂及所部五十三佐领官兵家口，应俱迁移。"⑤ 可知吴三桂直接领属的部队有五十三佐领。⑥ 按照佐领制度的组织形式，"计五丁

---

① 《清世祖实录》卷 87，顺治十一年十一月丙辰，中华书局 1985 年版，第 658 页。

② 嘉庆《临安府志》卷 6《丁赋》载："明土田之制凡二等，曰官田，曰民田。云南惟沐藩勋庄、屯田、职田、公样田、马料田统谓之官田，其余为民田。"

③ （清）屠述濂修：《云南腾越州志》卷 10《土司》，文明元、马勇点校，云南美术出版社 2006 年版，第 238 页。

④ 李治亭：《吴三桂大传》，江苏教育出版社 2005 年版，第 304 页。

⑤ （清）勒德洪等：《平定三逆方略》卷 1，四库全书本。

⑥ 关于吴三桂藩属佐领的数目，康熙《云南通志》卷 13《兵防》记为"佐领牛录四十二，甲兵八千四百名"。而魏源《圣武记》卷 2《藩镇·康熙戡定三藩记上》载："三桂藩属五十三佐领，绿旗兵万有二千，丁口计数万。"［（清）魏源：《圣武记》，韩锡铎、孙文良点校，中华书局 1984 年版，第 61 页］与《平定三逆方略》所载合符。今从户部、兵部所说，为五十三佐领。

出一甲，甲二百设一佐领"①，则吴三桂"藩下人口，按五丁出一甲，10600 名甲兵应合 53000 口人。如把未成年的幼丁和老人、妇女计在内，三桂藩下所属人口，数目是相当大的"②。吴三桂"又勒平民为余丁，不从，则曰：是我逃人也"，"有司俱不敢问"③。吴三桂强行逼迫平民为余丁，是向"有司"即地方政府争夺人口，吴三桂私属的人口增多，地方政府直接管理的承担赋役的在册人口相应就减少了。

为解决藩下所属人口的生计问题，吴三桂向朝廷请求圈拨土地给藩下兵丁。康熙六年（1667）闰四月，清世祖"诏圈拨云南府属州县卫所给平西藩下兵丁口粮"④。康熙七年（1668），吴三桂"请以原赐沐氏庄田七百顷并入圈内"⑤，并且"圈近省百三里田"，连临安府河西县的田也"尽归三桂"。⑥ 吴三桂利用特权在云南全省圈占了大量土地，虽然其数额没有明确的记载，但要供应十万左右的藩属人口的生活⑦，所需田地数额之巨是可想而知的。

总而言之，清初吴三桂奉命镇守云南，乃利用特权广殖货财，不仅继承了前明沐氏勋庄的 700 余顷土地，而且通过诬赖侵占、投献、收买等方式，不断扩大沐庄的规模；同时，吴三桂经过朝廷准许，圈占大量土地给藩下人口作为生活资料。沐庄和被圈占土地组成了平西王的藩庄，或亦称作勋庄。云南境内"平西勋庄棋布"⑧，所属土地与人口均归属平西王府直接管控，吴三桂成为清初云南最大的庄园主。

---

① （清）魏源：《圣武记》卷 2《藩镇·康熙戡定三藩记上》，韩锡铎、孙文良点校，中华书局 1984 年版，第 61 页。

② 李治亭：《吴三桂大传》，江苏教育出版社 2005 年版，第 304 页。

③ （清）刘健：《庭闻录》卷 4《开藩专制》，《台湾文献史料丛刊》第 6 辑，台湾大通书局 1968 年版，第 36 页。

④ 同上书，第 33 页。

⑤ 同上书，第 34 页。

⑥ （清）董枢修，罗云禧等纂：乾隆《续修河西县志》卷 1《沿革》，中国方志丛书·华南地方·第 271 号，台北成文出版社 1975 年版。

⑦ 李治亭在《吴三桂大传》中说，吴三桂的军队"家口随带，必以土地为生活保障"，按照估算，"五丁出一甲，壮丁人口为五万，再加上老幼妇女，总数在十万左右"。（李治亭：《吴三桂大传》，江苏教育出版社 2005 年版，第 315—316 页。）

⑧ （清）刘健：《庭闻录》卷 4《开藩专制》，《台湾文献史料丛刊》第 6 辑，台湾大通书局 1968 年版，第 36 页；赵尔巽等：《清史稿》卷 253《李兴元传》，中华书局 1977 年版，第 9734 页。

三 吴三桂时期的沐庄管理

清初吴三桂继承了明代遗留下来的沐氏勋庄 700 余顷土地，并圈占了大量的民田地，组成了云南境内星罗棋布的平西王藩庄。就沐氏勋庄部分而言，其土地和人口的管理沿袭明代的管理方式，即不载入地方政府的赋役册籍，直接由平西王府掌握，"地为藩庄，民为藩役"[①]。如在临安府河西县，"沐氏庄归三桂，以其奴为管庄，与有司抗礼，庄民横肆为虐"[②]。其余被吴三桂圈占的土地，原先耕种土地的农民被强行迁移，为吴三桂藩下人口耕种，这些土地从地方政府消除赋税项目，也脱离地方政府而隶属于吴三桂私人。康熙七年（1668），"吴三桂圈近省百三里田。河西田尽归三桂，除赋籍。三桂每秋粮一石，责民纳米二十斛。令县者惟理刑讼，田赋无所与"[③]。吴三桂占有的沐庄以及藩下土地人口不隶属所在地方政府管理，可以说，在吴三桂统治云南的清代初年，吴氏"窃其土田，私其人民"[④]，从而形成云南省内土地、人口管理的特殊体系。

在平西王勋庄系统内，吴三桂向沐庄以及所圈占的土地征收沉重的赋税。沐庄"各庄额载籽粒，原系折色银两，自吴逆暴敛，每银六钱征米一石，勒令运解，民不堪命"[⑤]。吴三桂对被圈入藩下的土地的剥削也是不轻的，在河西县，"三桂每秋粮一石，责民纳米二十斛"。只因平西王勋庄系统内的土地不隶有司赋籍，所以脱离地方政府的管控，而吴三桂制定的赋税征收办法与地方政府对民田地的管理存在极大的差异。

---

① （清）蔡毓荣：《筹滇第四疏·议理财》，（清）鄂尔泰等修，靖道谟等纂：雍正《云南通志》卷二十九之四《艺文·奏疏》，国家清史编纂委员会编：《文津阁四库全书清史资料汇刊》，商务印书馆 2006 年版，第 453 页。

② （清）董枢修，罗云禧等纂：乾隆《续修河西县志》卷 1《沿革》，中国方志丛书·华南地方·第 271 号，台北成文出版社 1975 年版。

③ 同上。

④ （清）周天任：《河西县志序》，（清）董枢修，罗云禧等纂：乾隆《续修河西县志》卷首，中国方志丛书·华南地方·第 271 号，台北成文出版社 1975 年版。

⑤ （清）蔡毓荣：《筹滇第四疏·议理财》，（清）鄂尔泰等修，靖道谟等纂：雍正《云南通志》卷二十九之四《艺文·奏疏》，国家清史编纂委员会编：《文津阁四库全书清史资料汇刊》，商务印书馆 2006 年版，第 453 页。

平西王勋庄系统内的庄民以及藩下甲兵亦自有一套管理方法，庄民同样不向国家承担赋役，故而不在地方政府的编审范围，乃是属于平西王的"藩役"。吴三桂委派吏目对藩庄进行管理，"管理庄园的吏目，对农民还进行再榨取，杀人劫财，无恶不作"[①]。在吴三桂势力的荫庇之下，地方政府几乎对庄民、甲兵毫无权力可言，"平西勋庄棋布，管庄员役尽属豺狼，杀人夺货毫无畏忌，讼牒、命盗两案，甲兵居大半，有司不敢问"[②]。

吴三桂藩下人口管理既然独立于云南省正式政区府州县系统，于是一切赋税差役之外，还有种种征派。尤其康熙十二年（1673）十一月吴三桂叛乱发动以后，平西藩下兵丁俱投入战争之中，随着战事的逐渐扩大，吴三桂兵力显得不足，补充兵力的摊派落到了庄民的头上。康熙"十四年丁巳，郭壮图籍庄民为兵"[③]。可见吴三桂统治云南时期，其藩下人口在辖属、赋役及征派各方面，是与云南省正式政区府州县系统管理下的人民存在较大差异的。

第三节　废除勋庄：清初云南掌土治民的深化

康熙十七年（1678）八月，吴三桂病死于湖南衡州，叛乱战争转为其孙吴世璠及亲信郭壮图为首。康熙二十年（1681）十月，吴世璠、郭壮图兵败自杀，云南再次为清朝平定。此时云南"地方残坏，田亩抛荒，不堪见闻"[④]，"流亡满道，疮痍满目"[⑤]，"所余者荒邱蔓草、白

---

①　何耀华总主编，何耀华、夏光辅主编：《云南通史》第4卷《元明前清时期（公元1254—1840年）》，中国社会科学出版社2011年版，第212页。

②　（清）刘健：《庭闻录》卷4《开藩专制》，《台湾文献史料丛刊》第6辑，台湾大通书局1968年版，第36页。

③　（清）范承勋、张毓碧修，谢俨纂：康熙《云南府志》，康熙三十五年刊本，《中国方志丛书》第26号，台北成文出版社1967年版。并见（清）刘健：《庭闻录》卷5《称兵灭族》，《台湾文献史料丛刊》第6辑，台湾大通书局1968年版，第45页。

④　《清圣祖实录》卷249，康熙五十年二月壬午，中华书局1985年版（影印本），第3册，第469页。

⑤　（清）钱仪吉：《碑传集》卷67《王继文》，《清代传记丛刊》本第4册，台湾明文书局1985年版，第705页。

骨青磷已耳"①。如何治理和发展云南，成为清朝统治者亟须直面的问题。左都御史徐元文提出必须革除"三藩虐政"，其"在滇者四：曰勋庄，曰圈田，曰矿产，曰冗兵"。② 其中勋庄和圈田都涉及吴三桂藩属土地与人口特殊化管理的问题，从平定叛乱后清朝派出的第一任督抚开始，治滇者积极施行改革措施，最终将这一部分土地和人口的管理权收归地方行政系统。

一 清查吴三桂藩属土地及人口

吴三桂政权覆灭后，其藩下所属土地、人口的归属问题，立刻为清朝统治者关注。徐元文上疏请革除勋庄和圈田两项弊政，为朝廷采纳，正式开展对自明至清初存在两个半世纪的勋庄的整治和改革。

沐庄、藩庄等重要经济资源，前占有者既已覆灭，其所有权便转入继起的统治者手中。清朝平定吴藩之乱，掌握了吴氏留下的所谓"叛产"，作为吴氏藩庄的重要组成部分，沐庄归属到了云南地方政府的管辖之下。据康熙《平彝县志》记载，康熙二十一年（1682），"以吴三桂原请沐氏勋庄并归附近州县"③。而同年正月调任云贵总督的蔡毓荣奏上《筹滇第四疏》，提到"既奉旨悉归有司，给民耕种，将数百年来之锢弊一旦扫除，人心共快"。④ 可知在此之前，清朝已将沐庄等收归地方政府掌控。

沐庄自明初建置，相沿至清代康熙中叶，前后三百余年，其土地、人口皆不隶有司载籍，清朝云南地方政府获得对沐庄的掌控权后，当务之急就是对其所辖属的土地和人口进行清查。几乎与调查土地同时，康熙二十四年（1685）适逢人口编审之期，云南省借此机会对吴藩之乱

---

① （清）蔡毓荣：《筹滇第一疏·请蠲荒》，（清）鄂尔泰等修，靖道谟等纂：雍正《云南通志》卷二十九之四《艺文·奏疏》，国家清史编纂委员会编：《文津阁四库全书清史资料汇刊》，商务印书馆 2006 年版，第 450 页。

② 赵尔巽等：《清史稿》卷 250《徐元文传》，中华书局 1977 年版，第 9706—9707 页。

③ （清）任中宜纂辑：《平彝县志》卷 2《沿革志·沿革大事考》，康熙四十四年刊本，《中国方志丛书》华南地方第 251 号，台北成文出版社 1974 年版。

④ （清）蔡毓荣：《筹滇第一疏·请蠲荒》，（清）鄂尔泰等修，靖道谟等纂：雍正《云南通志》卷二十九之四《艺文·奏疏》，国家清史编纂委员会编：《文津阁四库全书清史资料汇刊》，商务印书馆 2006 年版，第 450 页。

后全省的人口、赋役等展开清查，沐庄也在清查之列。清查的结果，云南全省额外增出沐庄田地并劝垦田地 205050 亩余，共增出沐庄人丁1970 丁。[①] 各地区清查得出沐庄田地及人丁情况如下表：

表二　　　　　　三藩之乱后云南省清出沐庄土地及人丁情况表

清代政区	明代政区	清出沐庄人丁（丁）	备　注
云南布政使司	云南布政使司	1970	
云南府	云南府	668	
曲靖府	曲靖军民府、寻甸军民府	255	
临安府	临安府	378	
澄江府	澄江府	124	
武定府	武定军民府	21	
广西府	广西府		康熙《云南通志》卷10《田赋》载本区清出沐庄田。
元江府	元江军民府		雍正《云南通志》卷10《田赋》载本区清出民沐田地。
大理府	大理府	177	
永昌府	永昌军民府	205	
楚雄府	楚雄府	62	
姚安府	姚安军民府	46	
鹤庆府	鹤庆军民府		康熙《云南通志》卷10《田赋》载本区清出沐庄田地。
顺宁府	顺宁府	30	
蒙化府	蒙化府	4	

资料来源：（清）范承勋等修、吴自肃、丁炜等纂：康熙《云南通志》卷9《户口》。

表二大致反映出吴三桂叛乱后沐庄管理权收归云南地方政府的一般事实，而具体清查得到的数据并无多大意义。首先，原沐庄土地及人口

---

①　（清）范承勋等修，吴自肃、丁炜等纂：康熙《云南通志》卷9《户口》、卷10《田赋》。

不归地方政府管辖，不载有司册籍，兼之清朝在云南地方大乱之后清查沐庄，自然面临重重阻碍。雍正六年（1728）十一月，云贵广西总督鄂尔泰疏言："滇省欺隐田土内，有漏报勋庄、叛产等项，不自行首报，别案发觉审出，应令纳价，准为己业。"① 可知由于地方政府不具备沐庄册籍，清朝查勘沐庄的方式是令其自行首报，而沐庄所属因心怀疑惧，难免有漏报、隐匿等弊。其次，云南经过吴三桂之乱，社会经济遭到极大破坏，"迨全滇恢复之后，民多流散，户口寥寥，课赋亏欠难征"②。经过战争摧残的云南，"抛荒田地，死徙人丁，在在有之"，"所余者荒邱蔓草、白骨青磷已耳"③。沐庄受到战乱波及，庄户逃亡，土地抛荒，④ 故而清查出来的土地人丁寥寥无几。再次，本次土地人丁清查范畴是有局限的，并未包括所有吴三桂藩庄辖属的土地和人口。康熙二十一年（1682），朝廷"诏移吴逆亲属家口及伪将军、总兵、副将等进京，参、游以下俱发河南、江西、山东、湖广四省安置。巡抚王继文奏：吴逆未叛之先，百姓隶其籍者甚多，请分别安插。诏释放为民。"⑤ 隶属于吴藩的人口被释放为民后，应该在编审中重新登入有司册籍，但直到康熙二十七年（1688），尚有部分藩下人口"起发未尽"，总督范承勋奏请"许其投首充伍，编籍为民。诏许之。"⑥ 可知在本次编审人口中，吴氏藩下所属人口并未被全部纳入清查范围。且广西、鹤庆二府均清查出沐庄田地，但此次编审却未清出沐庄人丁。雍正《云

---

① 《清世宗实录》卷 75，雍正六年十一月癸酉，中华书局 1985 年版（影印本），第 1 册，第 1121 页。

② （清）钱仪吉：《碑传集》卷 67《王继文》，《清代传记丛刊》第 4 册，台湾明文书局 1985 年版，第 707 页。

③ （清）蔡毓荣：《筹滇第一疏·请蠲荒》，（清）鄂尔泰等修，靖道谟等纂：雍正《云南通志》卷二十九之四《艺文·奏疏》，国家清史编纂委员会编：《文津阁四库全书清史资料汇刊》，商务印书馆 2006 年版，第 450 页。

④ 明清鼎革之际沐庄一度管理失控，蔡毓荣在《筹滇第八疏·弭野盗》中说，鲁魁山为盗贼之薮，"故明时流寇入滇，沐氏勋庄之人趋附山，贼党愈炽，剽劫乡村，杀掳人口，殆无虚日，小民畏贼如虎，相率纳以保头钱，岁以为常"。沐庄人户逃亡为盗，可见管理失控的程度十分严重，而与庄户逃亡紧密联系的，便是土地的抛荒。

⑤ （清）范承勋等修，吴自肃、丁炜等纂：康熙《云南通志》卷 3《沿革大事考》。

⑥ 同上。

南通志》载元江直隶州清出民沐田地①，此次亦未清理出任何土地人丁。即使在经历了清查的地区，清查的力度也未必彻底，一些沐庄田地仍然存在漏报、欺隐等情况，临安府属的蒙自县就是直到康熙三十一年（1692）以后还陆续有"清出沐氏勋田"②。

总之，清朝在平定吴三桂叛乱后的第一次土地人口清查工作并没有覆盖沐庄所属的全部土地人口，难以代表沐庄规模的一般情形。当然，此次清查新增了沐庄土地人丁一项，一方面表明地方政府已经掌握了沐庄，对沐庄下属土地人口具有直接管理的权力；另一方面，自明初以迄清代，沐庄不载有司册籍，除实际经管者外，无人知晓其数目及坐落，而通过这一次的清查，大致指示了沐庄在云南境内的分布情况。

二　沐庄土地归属府州县管理

在顺治十六年至康熙十二年（1659—1673）的十余年间，清朝倚靠吴三桂以军事力量镇戍云南，因此对吴三桂拥有勋庄一事给予特别的准许。吴氏藩庄占据大量的土地和人口，不归正式政区府州县行政系统管辖，严重妨碍了中央对云南地方的有效治理。康熙十二年（1673）年底吴三桂叛乱爆发后，中央与云南地方的联系被完全切断。康熙二十年（1681）叛乱平定，云南才又全面归入清朝的统治之下，中央重新派出蔡毓荣、王继文等总督、巡抚，对云南实施了匠心独运的治理，从而使云南开始了由乱而治的转折。③ 方国瑜先生指出："清代云南历史发展，在康熙年间，为重要时期"，而"至康熙二十一年后，清朝统治云南始定局，蔡毓荣任云贵总督为关键时期"。④ 蔡毓荣、王继文等督抚大员对云南的治理，其中一个重要内容即是解决沐庄土地的管理问题。

---

① （清）鄂尔泰等修，靖道谟等纂：雍正《云南通志》卷二十九之四《艺文·奏疏》，国家清史编纂委员会编：《文津阁四库全书清史资料汇刊》，商务印书馆 2006 年版，第450页。

② （清）李焜：乾隆《蒙自县志》卷3《田赋》，乾隆五十六年抄本，中国方志丛书第40 号，台北成文出版社 1967 年版，第49页。

③ 参见吴伯娅：《王继文与云南的开发》，《云南社会科学》1992 年第 2 期；秦树才：《蔡毓荣与清初云南治乱》，《云南教育学院学报》1999 年第 1 期；杨永福、黄梅：《试论蔡毓荣的治滇思想及其实践——以〈筹滇十议疏〉为中心》，《文山学院学报》2010 年第 1 期。

④ 方国瑜：《云南史料目录概说》，中华书局 1984 年版，第507—508 页。

事实上，云南沐庄隐占大量土地的问题一直为清朝统治者关注。早在康熙二十年（1681）二月，云南尚未平定，清圣祖就指出："逆贼吴三桂在云南，曾以沐氏庄田赐给为藩庄，其藩下官兵侵占民田，擅为己利，命户部檄该督抚，事平之日，察出给还小民。"① 清圣祖的这一指示，为日后蔡毓荣、王继文等人处理沐庄遗留土地确立了基本方针，即将之民田化，收归正式政区府州县系统直接管理。于是云南全面平定后，康熙二十一年（1682），"以吴三桂原请沐氏勋庄并归附近州县"，纳入地方政府统辖。

虽然沐庄田地"奉旨悉归有司，给民耕种，将数百年来之锢弊一旦扫除，人心共快"，却在具体管理制度上仍与正式政区府州县所属民田地存在差异，表现为对沐庄土地于"民赋之外，另征庄租"。这部分土地已经按照民田的标准征收民赋，然而原来的庄租并没有取消，一份土地承担着两份租税，苛重异常。况且，既然还在征收庄租，"则庄之名犹未革也"；同时，"小民一种庄田，便属官家佃户"，农民仍然没有拥有土地的实际权益，庄田也就谈不上彻底的归于府州县行政系统管理。这样带来的后果，就是"既非其己产，安肯为久远计乎"，沐庄土地存在的各种问题未得到根本解决。

参照当时清朝实行的制度，康熙八年（1669）开始，清政府便下令将前明藩王遗留土地卖给农民，从而开始了该类土地民田化的进程。蔡毓荣因而提出："各省废藩庄田，俱经变卖，滇当更始之会，尤宜照例而行，况滇人变乱数年，多无恒产，未有不喜于得业而勇于急公者也。"云南在多年的动乱之后，大多数农民已经失去土地，所谓"无恒产者无恒心"，如果按国家制度将沐庄田地卖给农民，确认农民的占有权，那么将会调动他们从事农业生产的主动性和积极性，对恢复和发展社会经济、稳定社会秩序，都起到积极的作用。

蔡毓荣的奏疏切合云南地方实际，建议深中肯綮，因之得以"奉俞旨下部，次第议行"②，于康熙二十三年（1684）起变价招垦，归并

---

① 《清圣祖实录》卷94，康熙二十年二月甲午，中华书局1985年版（影印本），第1册，第1190页。

② （清）钱仪吉：《碑传集》卷66《蔡毓荣》，《清代传记丛刊本》第4册，台湾明文书局1985年版，第675页。

附近州县①。蔡毓荣上疏之时，抚臣王继文已经"委道员按庄丈勘"，等到"勘明册报之日"，即可"敕部速行变价"。根据勋庄隐含土地的三种类型，蔡毓荣提出相应的三种具体实行办法：第一，对于吴三桂上疏乞请所得的700顷沐庄，"按地则每亩可变银四五钱至一两有奇，按粮则每石可变银十两至二十两有奇，各按等则而高下之，令纳价免租，与民田一例办粮当差，永除庄田名色，约可得银数万余两。"此类土地经农民纳价承种，即免去其庄租，真正按照民田的制度进行管理，"承种庄田之人，同有司所管编民一样，只负担田赋和徭役"，②从而"永除庄田名色"，实现彻底民田化。若原沐庄田地全部卖给农民，可以为政府增加数万两银的经济效益。第二，吴三桂统治云南期间，云南有不少田地通过投献或买卖的方式归入勋庄，其中有属于被强行霸占者，"一趋逆势，一受逆价，既入庄册，即系官田"。对于这一类土地按情况分别处理，"除霸占者还民，其余应一体变价"，最终从官田转为民田。第三，吴三桂集团失败后，清政府曾获得其部分土地资源，即所谓"入官叛产"，这部分土地"岁征租谷无几，亦宜并行变价"，将之转化为民田，卖田所得银两可以提供给军队使用。云南沐庄规模甚巨，土地变价出售，既实现了民田化，又可获得大批银两，蔡毓荣认为，为发展云南地方，"凡此所变价银，仍请酌量留滇，永作钱本，是固非一时之利，而善后之长策也"。③

从地方志的记载来看，一些地区很好地执行了沐庄变价还民的政策，如平彝县，"二十四年，以沐氏勋庄变价还民，照民粮例起科。

---

① 康熙三十年（1691）成书的《云南通志》卷3《沿革大事考》记载："康熙二十四年乙丑……总督蔡毓荣议以吴逆原请沐氏勋庄田地变价归并附近州县，照民粮起科。"以后各种云南方志都从此说。但王继文《请免勋庄荒芜田地纳价疏》中提到："看得滇省勋庄荒芜田地五百八十四顷零，曾于谨陈筹滇等事案内，经原任督臣蔡毓荣题明，俟招垦之日估价另报。续准部覆令，其招垦变价，当经严檄各属，极力招垦，频年屡催，乃自康熙二十三年至三十年，尚无一人承垦。"则似在康熙二十三年（1684）就已经开始将沐氏勋庄田地变价归并附近州县。因蔡毓荣所上《筹滇第四疏·议理财》的具体时间无考，本书以王继文所说为准。

② 邹建达：《清初治滇述论》，《云南民族大学学报》2006年第4期。

③ 以上各段所论均据（清）蔡毓荣：《筹滇第四疏·议理财》，（清）鄂尔泰等修，靖道谟等纂：雍正《云南通志》卷二十九之四《艺文·奏疏》，国家清史编纂委员会：《文津阁四库全书清史资料汇刊》，商务印书馆2006年版，第453页。

近平彝卫城之寄庄入霑益州。"① 又如石屏州，"二十四年乙丑，请沐氏勋庄田地变价归并附近州县，照民粮起科。本州勋庄俱照例纳价，科粮归并里甲。"② 沐氏勋庄田地归并州县，所对应的科粮被归并入里甲，这是勋庄土地管理制度最根本的变革，具有深远的意义，一方面，这代表勋庄土地摆脱了大庄园地主的控制，而进入正式政区府州县行政管理系统，成为政府管控的国家资源。另一方面，科粮归并里甲，表示土地的占有和使用者摆脱了对大庄园地主的人身依附，其身份从"庄奴""藩役"转变为正式政区府州县系统管理的百姓。康熙定远知县张彦绅《奉查勋庄归民示》说："查得勋庄一项，自明至清，历系管庄管理。于康熙二十一年，奉旨归并州县，照民粮例起科通行，遵照在案。查定远勋庄，田地变价银两，俱系庄民自备上纳管业，是此一十七村已属在县纳粮差民矣。"③ 庄民交出一定数量的地价之后，自己所耕种的那块土地便成为"己业"，获得对土地的个体所有权，自身也就成为各府、州、县的自由农民，同所在府、州、县的民田一样，直接对官府负担田赋和摇役，亦即成为受国家直接管理的"编民"。④ 再一方面，勋庄还民后免去庄租，"照民粮例起科"，则是在赋税制度上也和"编民"一致了。通过以上改革，勋庄所属的土地和人口从形式到本质都实现了由"官"向"民"的转化。

然而，尽管云南省对勋庄变价招垦一事非常重视，"严檄各属，极力招垦，频年屡催"，但由于种种原因，具体执行和卓有成效的地区甚为寥寥。余下"滇省勋庄荒芜田地五百八十四顷零"，"乃自康熙二十三年至三十年，尚无一人承垦"。至于"十年来司府州县督劝无效"的原因，云南巡抚王继文指出，并非各地方政府"奉行不力"，实际是由于获得该类型土地的成本太高，小民无力承垦。勋庄土地在云南战乱中遭受极大破坏，荒芜已久，开垦非常困难，"实与全书内老荒无异也"。

---

① （清）任中宜纂辑：《平彝县志》卷 2《沿革志·沿革大事考》，康熙四十四年刊本。

② （清）管学宣纂修：乾隆《石屏州志》卷 2《沿革志》，乾隆二十四年刊本。

③ （清）张彦绅纂修：康熙《定远县志》卷 7《杂纪志》，杨成彪主编：《楚雄彝族自治州旧方志全书·牟定卷》，云南人民出版社 2005 年版，第 62 页。

④ 曹相：《清初云南经济的变革》，《云南师范大学学报》1989 年第 4 期。

按照蔡毓荣提出的处理办法，小民承种此类土地，首先必须纳价，然后照民田之例起科。当时云南省也存在不少"久荒田地"，政府招垦时规定"滇省全书开载久荒田地原不纳价，准于六年后起科"。同样属于"久荒田地"，承种勋庄土地没有免纳价及六年科粮的优惠，自然降低了平民百姓的积极性，以致"承垦之人，尚属寥寥"，更不必说那些成本高昂的勋庄土地了。经过"十年来司府州县督劝无效"，王继文总结出了"民情畏缩，无力承认之实情"。

在处理勋庄田地一事上，原来的办法难以实行，"今此项久荒田地，若拘定纳价之例，即使各官徒受参罚，终不能强民以所不能，必致永远荒芜"。要提高百姓承垦勋庄土地的积极性，唯一的方法是降低成本，这在各府司州县官员中已形成普遍共识。因此，"云南布政使于三贤详称，康熙三十一年分催据云南等府属州县陆续具报，庄民勉力开垦久荒上中下则田地三十一顷八十二亩有零，分别年分，将起科粮银数目及督劝各官职名开造细册，备述舆情，详请具题，免其纳价，以增永久国赋"。勋庄土地免其纳价的建议被正式提出，得到王继文的首肯；王继文随即上疏，请将勋庄荒芜田地免其变价，"请照全书老荒田地一例招垦"。

王继文的提案获得朝廷允准，康熙"三十二年，以滇省明代勋庄田地照老荒田地之例招民开垦，免其纳价"①。云南老荒田地招垦的措施，康熙二十九年（1690）业经指定颁行，按照规定："云南老荒田地，见纳军粮之人承垦者，上、中二则照民田下则纳过五年，再照民田上、中二则起科；下则照民田下则减半纳过三年，再照民田下则起科；其非见纳军粮之人，悉照民田下则纳过五年粮，加十分之五起科。"②沐庄田地依据此例招民开垦，一方面降低了百姓获得土地的成本，使百姓能够承担；另一方面，"明代勋庄田地照老荒田地之例招民开垦"，实质是取消了勋庄田地这一土地类型，而将之和《赋役全书》所载老荒田地置于同样的地位。勋庄土地经过免价招垦，终于完成了其民化的

---

① （清）清高宗敕撰：《清朝文献通考》卷2《田赋考二·田赋之制》，十通第九种，万有文库本，商务印书馆1936年版，《考》第4867页。

② 同上。

过程。[①] "而这一变革的结果，使靠内地区各府、州、县的各民族地区的经济制度趋于划一，更有利于政治上通过流官来对各民族进行直接的统治"。[②]

清初拨归吴三桂沐庄土地 700 顷，至王继文疏请免价招垦时，朝廷"豁免勋庄荒田五百八十余顷变价银两"[③]，则自蔡毓荣疏请勋庄"变价还民"以来，仅有 120 顷勋庄土地由百姓纳价获得所有权。且由于变卖价格过高，百姓无力一次缴清承种庄田的银两，大概允许承垦庄田的百姓日后偿付，故云南政府并未如数获得庄田变价的银两。直至乾隆年间，此项变价银两犹未完结。乾隆四年（1739），清高宗谕曰："云南勋庄变价一案，尚欠银一千八百二十九两零。闻此项田地屡被水冲沙压，难以耕种，承变各户早经逃散，无可着追，颇为地方之累。着将应追未完银两准予豁免，该部可即行文该督抚知之。"[④] 勋庄土地的民化早已完成多年，勋庄变价一案才由朝廷豁免所欠银两而告结束，时日迁延半个世纪之久，可见康熙三十二年（1693）采取的免价招垦政策是符合云南社会情况的，在一定程度上符合云南社会经济发展的趋势。

云南勋庄的处理还存在一种特殊情况，即少数勋庄被拨归云南提督统属的提标营所有。民国《大理县志稿》载："（三月）二十八日为济贫会。提标营以沐氏勋庄租米（即旧日蒙段氏之庄田，俗称皇庄，在宾川、蒙化、赵州属地，后归沐氏，继归武营者），在北城外莲经寺等处施散贫穷。"[⑤] 但提标营也未能长期拥有这部分勋庄，不久之后田地即被变卖，仍然融入民田当中去了。

总而言之，三藩之乱平定以后，云南勋庄即被收归地方政府所有，

---

① 以上各段论述据（清）王继文：《请免勋庄荒芜田地纳价疏》，（清）范承勋、张毓碧修，谢俨纂：康熙《云南府志》卷18《艺文二》，康熙三十五年刊本，《中国方志丛书》第26号，台北成文出版社1967年版，第453—454页。

② 尤中：《云南民族史》，《尤中文集》第1卷，云南大学出版社2009年版，第376页。

③ （清）范承勋、张毓碧修，谢俨纂：康熙《云南府志》卷5《沿革大事考》，康熙三十五年刊本，《中国方志丛书》第26号，台北成文出版社1967年版。并参王继文《请免勋庄荒芜田地纳价疏》。

④ 《清高宗实录》卷85，乾隆四年正月甲子，中华书局1985年版（影印本），第2册，第333页。

⑤ 张培爵修、周宗麟纂：《大理县志稿》卷6《社交部·社会》，民国五年铅字重印本。

以蔡毓荣、王继文为代表的治滇者审时度势，采取了符合社会发展趋势的治理措施，促使勋庄由大地主私人占有向清朝中央政府直接掌控转化。在这一过程中，原勋庄系统内属于大庄园地主私有的土地和人口归入地方政府管理，庄田变为清朝中央政府的在籍田土，庄民变为清朝中央政府的在籍编民，无论管理体制和赋役制度都与正式政区府州县行政系统融为一体。"自沐氏及三桂，凡三百余年不隶有司"的勋庄①，终于由国家直接掌控，融入了清代云南土地、人口一体化管理的历史进程。

三 取缔沐庄后云南土地人口管理体制的一元化发展

沐氏勋庄作为大地主所有制的典型，在云南历史上存在了近三百年，其所属的大量土地和人口皆不隶属地方政府，而归庄园主私有和自行管理，形成一套特殊的土地、人口管理方式。在勋庄系统内，大庄园地主对其土地课以沉重的赋税，强迫庄民承担繁重的徭役，这一类土地和人口几乎不与地方政府发生任何经济和行政上的联系，甚至在庄园主的荫庇下，地方政府难以对勋庄系统管理的土地和人口行使司法权力。明代至清初沐庄遍布云南，众多的沐庄实际上作为特殊的经济地理单位而存在，其土地和人口管理俨然构成独立体系，从这个层面看来，沐庄不啻明清云南土地和人口差异化管理的极端。

沐庄自明初建置开始，就持续地扩大规模，到明代后期已经隐占了云南约70万的人口和20.8%的可耕土地资源。沐庄的膨胀发展对国家直接"掌土治民"造成了阻碍，因此明代后期不断出现将沐庄改归有司管理的呼声。明亡清兴，沐庄因其拥有巨大的经济资源而被保留下来，清朝命吴三桂镇守云南，沐庄随之为吴三桂占有，被变为平西王藩庄的主要组成部分。康熙二十年（1681）吴三桂叛乱平定，平西王藩庄被作为叛产籍没入官，沐庄亦在清朝最高统治者的关注下归入云南地方政府掌管。此时为了适应云南新的社会发展趋势，亟须对沐庄实行"有益于国，无损于民"的管理。

---

① （清）董枢修，罗云禧等纂：《续修河西县志》卷1《地理志·沿革》，乾隆五十三年刊本。

　　清初沐庄的废除经过了三个阶段：第一阶段即三藩之乱平定后执行清圣祖的指示，于康熙二十一年（1682）"以吴三桂原请沐氏勋庄并归附近州县"，将沐庄所属土地和人口纳入地方政府统辖。但大地主所有制虽然消除，沐庄土地和人口的管理却未发生根本的变化，"民赋之外，另征庄租"，沐庄之名仍然遗留下来。针对沐庄归并州县后管理方式上的问题，云贵总督蔡毓荣进行了第二阶段的改革，他主张将沐庄"勘明册报"，然后归并附近州县，变价招垦，照民粮之例起科。经过这样的改革，勋庄土地和人口均载入有司册籍，承种庄田的农民摆脱对庄园主的人身依附而转变为国家的编民，只负担国家规定的田赋和徭役，勋庄土地和人口都成为国家直接掌控的经济资源。这一改革是符合明末以来大地主所有制逐渐消亡和地权向自耕农手中分散的社会实际的，但因为农民纳价承垦的能力有限，从康熙二十三年到康熙三十年（1684—1691），仅有120顷的沐庄土地为农民承种，还留下580多顷的土地继续抛荒。大量荒芜的沐庄土地无从为国家提供实际的经济效益，于是巡抚王继文推行了第三阶段的改革，即将剩余的沐庄土地免价招垦，并减轻百姓承种后一定年限的赋税。经过三个阶段的治理，沐庄土地及人口管理体制彻底消除，明代中后期沐庄隐含的80余万亩土地及70余万庄户人口在清初几乎全部进入了云南省各府、州、县正式政区的土地清丈登册、人口户籍管理体系，实现了对明代无法为国家行政区划"掌土治民"的大量土地人口的全面管理。明初以来三百年不隶有司的沐庄土地人口终于归入清朝国家控制，融入云南正式政区府州县土地、人口管理的一体化进程之中。

　　沐庄土地及人口归入云南正式政区府州县管理，从表面上看来是取消了云南地方大地主所有制，以及逐步取消云南地方部分土地、人口管理差异化的过程。事实上，沐庄废除后，大量土地和人口进入云南正式政区的府、州、县行政管理系统，成为清朝国家直接掌控的经济资源，故而沐庄的取缔是清代云南土地人口管理体制一体化的重要组成部分，其实质是清朝国家在云南"掌土治民"的深化，一方面，清朝中央政府直接管控云南土地和人口的范畴极大拓展；另一方面，清朝中央政府直接管控云南土地和人口的力度大幅度加强。

　　因此，废除三百年来遍布云南的独立于国家直接掌控之外的勋庄，乃是清初云南土地人口管理体制的一次重大变革，这一变革的结果是清朝中央政府对云南边疆民族地区"掌土治民"深化，在很大程度上促使云南土地人口管理体制趋向统一，同时也加速了云南土地人口管理体制与内地趋于划一的发展步伐，对巩固清朝在云南的统治和促进社会经济发展具有积极的意义。

第三章　明代云南卫所军籍土地人口在清初的民化

　　云南的卫所制度始于洪武十五年（1382），明朝在云南建立都指挥使司，设置卫所，开始实施对云南的镇戍屯守。作为一种军事组织形式，卫所管辖着大量的军户和屯田，这类土地和人口在管理上隶属于都司卫所军事系统，而与布政司系统实施的管理制度相区别。[①] 明清易代，卫所制度仍然延续，但军事性质基本消失。清朝在云南的统治确立后，逐步开始裁并卫所和调整其所属土地与人口管理体制，最终将云南卫所的土地和人口归入正式政区府州县行政系统管理，在地方管理体制上更趋向于统一。

第一节　明代云南卫所体系与土地人口管理

　　明清两代的土地和人口类别中都有屯田地与军户，但是两个朝代屯田地、军户的实质及管理方式却不相同，其中的关键即在于明代在全国普遍推行卫所制度，而清代卫所制度已经废除。在明代，卫所不仅是一种军事组织形式，也是一种土地与人口管理的特殊模式，这种土地与人口管理的特殊模式在云南贯穿明代始终，并且延续到清代初期，对云南地方行政管理体制一体化发展的影响不容忽视。

---

　　① 顾诚：《明前期耕地数新探》，《中国社会科学》1986 年第 4 期；《明帝国的疆土管理体制》，《历史研究》1989 年第 3 期。

一　卫所制度下的土地人口管理

朱元璋在建立明王朝过程中逐渐完善了卫所制度，洪武十三年（1380）正月以五军都督府统领都司卫所，都司卫所的制度正式确立。《明史》载："天下既定，度要害地，系一郡者设所，连郡者设卫。大率五千六百人为卫，千一百二十人为千户所，百十有二人为百户所。所设总旗二，小旗十，大小联比以成军。"① 卫所遍布全国各地，被确定为治理国家的军政制度。

按照明朝军政制度，都司卫所管辖的军士都是世籍，平时屯垦自给，战时则上疆场。正式军役由正军承担；每一正军携带户下余丁一名，在营生理，佐助正军，供给军装，称为军余；正军在驻地俱有家小，有的军余也有妻子。这些人口构成都司卫所的军户，在人口调查时编入军黄册，统归都督府管辖。同时，为了保证军粮的供应，达到强兵足食的目的，明朝在各都司卫所大力推行屯田。明人邱濬说："我朝之制，就于卫所所在，有闲旷之土，分军以立屯堡，俾其且耕且守……有卫所之处，即有屯营之田。"② 卫所屯田"以都司统摄，每军种田五十亩为一分，又或百亩，或七十亩，或三十亩、二十亩不等。军士三分守城，七分屯种，又有二八、四六、一九、中半等例。皆以田土肥瘠、地方冲缓为差"。③ 每名卫所军士都按所在地方远近及田土肥瘠情况授给一定数目的土地，这些土地逐级汇总于五军都督府。

在人口管理上，明代因袭历史上的配户当差办法，将人口分成若干不同的户籍，以应承各种差役。《明史》记载，"凡户三等：曰民，曰军，曰匠。民有儒，有医，有阴阳。军有校尉，有力士，弓、铺兵。匠有厨役、裁缝、马船之类。濒海有盐灶。寺有僧，观有道士。毕以其业

---

① （清）张廷玉等：《明史》卷90《兵志二·卫所》，中华书局1974年版，第2193页。
② （明）邱濬：《大学衍义补》卷35《治国平天下之要·屯营之田》，林冠群、周济夫校点，京华出版社1999年版，第320页。
③ 《大明会典》卷18《户部·屯田》。关于明代卫所屯田制度，目前最翔实的研究是王毓铨所著《明代的军屯》（中华书局2009年版）一书。

著籍。人户以籍为断。"① 明代户籍的划分是以职业为依据的，并且不准乱籍，役皆永充，其身份具有世袭特征。明初整顿户役，令全国人口各占其籍，承担相应的差役，使"军发卫所，民归有司，匠隶工部。"② 从而各类人户分属不同的管理机构，军户隶属都司卫所军事系统，民户隶属"有司"即布政司府州县行政系统。

关于明朝土地的管理，顾诚先生的研究表明："按洪武年间定下的原则，全国的土地（包括耕地，但不仅是耕地）实际上是分行政和军事两大系统分别管辖的。行政系统即县（州）管辖的土地，逐级汇总于府（州）、布政使司、户部；军事系统是指卫、直辖都司的千户所掌管的土地，逐级汇总于都司（行都司）、五军都督府。"③ 行政系统的府、州、县是一种地理单位，同时"军事系统的都司（行都司）、卫、所在绝大多数情况下也是一种地理单位，负责管辖不属行政系统的大片明帝国疆土"，与此相应，全国的土地、人口及收入也由两大系统分别管理。④ 明代的都司卫所有实土和非实土之分，在沿边地区，部分卫所辖有实际地域，这些拥有实土的卫所不仅统辖由军士及其家属构成的军户，还要管理辖区内的普通百姓。实土卫所有自己管辖的地域和户籍，"卫相当于府、州，所相当于州、县，成为地方行政组织与行政区划的一种"。⑤ 非实土卫所虽然多数与府、州、县相错杂，但也管辖着大量的屯垦田地。明代卫所掌管的土地，绝大多数情况是针对屯田地而言的。

由于明代都司卫所管辖着大量的军屯田地与军户人口，从宏观的视角考察，"都司卫所有一套完整的管理体系，同时作为一种与驻扎地域紧密结合的军事组织形式，是军事制度与地方行政管理制度在地理上相结合的产物，在明朝历史上不仅有军事镇守的功能，还和地方

---

① （清）张廷玉等：《明史》卷 77《食货志一·户口》，中华书局 1974 年版，第 1878 页。

② 《明会典》卷 19《户口一》。另可参张金奎：《明代卫所军户研究》，线装书局 2007 年版。

③ 顾诚：《明前期耕地数新探》，《中国社会科学》1986 年第 4 期。

④ 顾诚：《明帝国的疆土管理体制》，《历史研究》1989 年第 3 期。

⑤ 周振鹤：《中国行政区划通史·总论》，复旦大学出版社 2009 年版，第 114 页。

上的行政管理、文化与经济的发展存在着千丝万缕的关系"。^① 就其与地方行政管理的关系而言，卫所管理体制和布政司行政系统平行实施，形成明代土地人口管理的模式之一。其主要表现在于，"大部分卫所管辖一块地盘，它们对辖区内军、旗、舍、余征收的籽粒同行政系统的州县征收的赋税在数量上和方法上相距甚远，力役制度也有很大差别"^②。故而从卫所本身的军事性质来看，卫所是一种军政制度和军事组织形式，而从其管理职能、经济职能来看，卫所也是土地人口管理的一种实际模式。

二　云南卫所的设置与分布

洪武中期征服云南的时候，明朝的卫所制度已经确立，故在明军控制云南腹里区域的过程中，卫所制度逐步建立起来。

洪武十五年（1382）正月丁亥，置云南左、右、前、后四卫。甲午，朱元璋谕征南将军傅友德等曰："比得报，知云南已克，然区画布置，尚烦计虑。前已置贵州都指挥使司，然其地去云南尚远，今云南既克，必置都司于云南，以统率诸军。"^③ 二月癸丑，正式设置云南都指挥使司，其下辖各卫所陆续建立。迄至洪武末年，云南都司设置云南左卫、云南右卫、云南前卫、陆凉卫、景东卫、临安卫、蒙化卫、大理卫、洱海卫、曲靖卫、平夷卫、楚雄卫、广南卫共一十三卫，金齿、澜沧二军民指挥使司，马隆所、木密关所、易门所、宜良所、安宁所、杨林所六直隶于都司的守御千户所，通海右右所、通海前前所、鹤庆前前所、鹤庆右右所、姚安所、定远所、姚安中屯所、金齿所、永平前前所、永平后后所十个隶于卫的守御千户所，以及云南左护卫、云南右护卫、云南中护卫三个王府护卫。^④ 其后不断增设和改易，名称及数目时

---

① 周振鹤主编，郭红、靳润成著：《中国行政区划通史·明代卷》，复旦大学出版社2007年版，第249页。

② 顾诚：《卫所制度在清代的变革》，《北京师范大学学报》1988年第2期。

③ 《明太祖实录》卷141，洪武十五年正月甲午，台湾：中研院历史语言研究所校印本，第2225页。

④ 周振鹤主编，郭红、靳润成著：《中国行政区划通史·明代卷》，复旦大学出版社2007年版，第468页。

有变迁。景泰年间云南都司"领卫一十有九、守御千户所六"。①正德初，云南都司辖十七卫、三军民指挥使司、六守御千户所。②万历年间，云南都司领卫二十，直隶守御千户所八，分隶于卫守御千户所八。③明末天启年间，云南都司领卫二十，直隶守御千户所八，分隶于卫守御千户所十一，以及土守御千户所一，共计一百三十一个千户所。④这一卫所结构延续到明朝灭亡，再没有发生大的更张。

云南都司下辖诸卫所，从洪武十五年（1382）初设置时就"形成以云南府为中心，东至曲靖，西至大理，东南至临安的分布趋势，后世虽然增设过许多卫所，但这个大趋势却未发生改变"。⑤经过二百余年的发展变迁，明末云南都司四十处卫所仍然"全部治于云南中部和北部，景东至临安以南无一卫所"，⑥云南卫所的这一分布态势，与布政司所辖腹里府、州、县的分布格局大体吻合。

三　云南卫所管辖的土地与人口

云南由于世代生活着多种少数民族，各区域社会发展极不平衡，并且又地处边疆，所以卫所设置的情况非常复杂。嘉靖初，云南巡抚何孟春指出："云南地方俱有诸夷，然西至大理，东至临安，皆是府卫相参，事体有定则，赋役有常制，故民虽未富，犹得粗安。"⑦则是在同一地区军民分属，布政司行政系统与卫所军事系统两种土地人口管理体

---

① （明）陈文：《景泰云南图经志书》卷1《云南布政司·云南府·公廨》，李春龙、刘景毛校注，云南民族出版社2002年版，第9页。按：十九卫为笼统说法，《大明一统志》卷86卷首所载为十六卫、三军民指挥使司。

② （明）周季凤：正德《云南志》卷1《云南等处承宣布政使司·建置沿革》，方国瑜主编：《云南史料丛刊》第6卷，云南大学出版社1999年版，第108页。

③ （明）李元阳：万历《云南通志》卷7《兵食志第四》，方国瑜主编：《云南史料丛刊》第6卷，云南大学出版社1999年版，第580页。

④ （明）刘文征：天启《滇志》卷7《兵食志第五》，古永继点校，云南教育出版社1991年版，第248页。

⑤ 周振鹤主编，郭红、靳润成著：《中国行政区划通史·明代卷》，复旦大学出版社2007年版，第466页。

⑥ 同上书，第472页。

⑦ （明）何孟春：《请复置永昌府治疏》，方国瑜主编：《云南史料丛刊》第4卷，云南大学出版社1998年版，第643页。

制并行实施，互不相紊；虽然不同系统之间存在极大差异，但管理模式各有定则，所以云南地方得以有效控制。和布政司行政系统一样，卫所系统对所辖土地及人口的管理体制具有相当的稳定性。

根据顾诚先生研究，明代云南都司具有浓厚的边卫特色，"作为地理单位的卫所在云南呈现其特异性，它们往往不仅管辖一般状态下的卫地及人口，还直接管辖部分州县"。① 直接管辖部分州县的卫所主要是指设置在沿边少数民族地区的澜沧、金齿、腾冲三军民指挥使司。即使初期的澜沧、金齿、腾冲三军民指挥使司或管辖州县，或兼辖军事系统以外的土地人口，然当政府对少数民族聚居地区的统治趋于成熟后，军事系统以外的州县或土地不断析出，普通土地人口的管理权也集中到行政系统的云南布政司。云南都司卫所大体管辖一般状态下的军屯田地与军户人口。

军屯田地一般随着卫所的设置而展开，凡设置有卫所的地区皆有军屯田地。正德《云南志》载："云南屯田最为重要，盖云南之民多夷少汉，云南之地多山少田，云南之兵食无所仰。不耕而待哺，则输之者必怨；弃地以资人，则得之者益强。此前代之所以不能乂安此土也。今诸卫错布于州县，千屯伦列于原野。收入富饶，既定以纾齐民之供億；营垒连络，又足以防盗贼之出没。此云南屯田之制所以甚利最善，而视内地相倍蓰也。又内地各卫俱二分操守，八分屯种，云南三分操守，七分屯种。"② 军屯的广泛开展使大量荒地得到垦辟，为当地的卫所军队提供了粮饷，减轻了人民的负担。军屯田地随着卫所的设置不断拓展，于是云南境内"诸卫错布于州县，千屯伦列于原野"，卫所管辖的土地数目巨大，分布非常广泛。

隶属云南都司卫所的人口主要是军户，由正军、军余、舍丁及其家属构成。云南卫籍军户由内地遣戍而来，在各卫所长期定居，布置屯田。在非实土卫所内，军户的分布并没有明显的界限。方国瑜先生指出："军户隶属于卫所，先后设置，分布于各地，设军卫，与府、州、

---

① 顾诚：《明帝国的疆土管理体制》，《历史研究》1989 年第 3 期。

② （明）周季凤：正德《云南志》卷 2，方国瑜主编：《云南史料丛刊》第 6 卷，云南大学出版社 1999 年版，第 126 页。

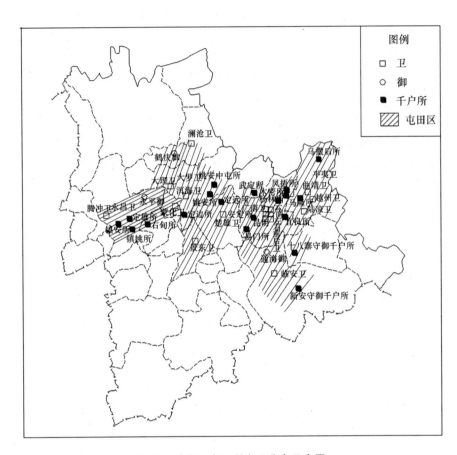

图三　明代云南卫所屯田分布示意图

　　说明：本图引自陆韧：《明代云南汉族移民定居区的分布与拓展》，《中国历史地理论丛》2006 年第 3 期。

县同地域，即所谓'府卫相兼''军民交错'。"在明代人口分类体制下，人户以籍为断，分属于不同的管理系统，"卫所屯驻之军户，大都分布在府州、县、境内，与民户错杂而居，其统治机构，军民分治，土流分设。故编籍有军户、民户、土户之别；军户隶卫所，民户隶府、州，土户隶土司，户籍不同，然非各成区域"。[①] 云南卫所军户人口在管理上属于军事系统，但其分布并不自成一个区划。

　　① 方国瑜：《中国西南历史地理考释》，中华书局 1987 年版，第 1135 页。

明代中期以后，云南都司卫所只拥有军事系统以内土地人口的管辖权。据万历初年成书的《云南通志》记载，云南都司管辖的土地有职田 155319 亩，屯田 1107880 亩，① 合计 1223199 亩。至天启三年（1623）署屯田道按察使庄祖诰统计，通省共计屯田地 1167209 亩，② 较万历初增加近 6000 亩，这还只是一个不包括职田及仅涵盖三十七卫所的不完全统计数。而云南都司有三分马步旗军 27838 名，七分屯军 34591 名，舍丁 18386 名，军余 254611 名，③ 合计军户人口 335426 人。"此所有户数，悉为汉族人户。因商贾、工艺、游宦而落籍者，尚不在其内。"④ 加上军户以外的其他人口，明末云南都司管辖的人口数目远远超出此数。和同时期云南布政司行政系统管辖的在册土地人口相较，云南都司卫所军事系统掌握的土地和人口规模是非常大的。

表三　　　　　**万历初年云南布政司与都司在册土地人口对照表**

管理系统	在册人口（口）	比值	在册土地（亩）	比值
云南布政使司	1606361	82.70%	1788450	59.40%
云南都指挥使司	335426	17.30%	1223199	40.60%
总计	1941787	100%	3011649	100%

资料来源：（明）李元阳：万历《云南通志》卷6《赋役志》、卷7《兵食志》，方国瑜主编：《云南史料丛刊》第6卷，云南大学出版社1999年版。

总而言之，明代都司卫所统辖着布政司行政系统以外的大部分土地和人口，云南的情况和全国一样，云南都司卫所掌控的土地与人口规模巨大，终明之世均发挥着重要的土地人口国家资源管理的职能，在此意义上，卫所制度也是一种土地人口管理的特殊模式。而随着清朝接管云南，卫所制度经历了长时期的调整变革，这种特殊的土地人口管理模式

---

① （明）李元阳：万历《云南通志》卷7《兵食志第四》，方国瑜主编：《云南史料丛刊》第6卷，云南大学出版社1999年版，第580页。

② （明）刘文征：天启《滇志》卷7《兵食志第五》附《厘正屯粮经制公移》，古永继点校，云南教育出版社1991年版，第270页。

③ （明）李元阳：万历《云南通志》卷7《兵食志第四》，方国瑜主编：《云南史料丛刊》第6卷，云南大学出版社1999年版，第580页。

④ 方国瑜：《中国西南历史地理考释》，中华书局1987年版，第1134页。

又继续存在了一段时间。

第二节 清初云南的撤卫并县

清朝定鼎北京后，建立起以八旗和绿营为主的地方统兵体制，卫所逐渐失去军事职能。但清朝统治者对前朝遗留下来的庞大卫所系统予以全部接收，仍然是"郡县之外，又置卫所"①，管理上延续军民分治，"民属郡县，军隶卫所，凡以军民错处，彼此相维也"②。不过卫所的军事性质既已削弱，在清代更没有发展的基础，因此清朝不断对卫所进行调整，"最后以并入或改为州县使卫所制度化作历史陈迹，从而完成了全国地方体制的基本划一"。③

云南迟至顺治末年方才纳入清朝的版图，此时清朝已经在一定范围内展开对卫所制度的改革。故从清朝在云南的统治建立之初起，便将卫所渐次裁并，至康熙中期云南卫所制度改革完成，这种军事系统的人口土地管理模式最终退出云南历史舞台。

一 清初卫所制度的变革

由于军事制度的改变，清初卫所不复作为一种军事组织形式存在。《清朝文献通考》记载："凡直省形胜要地，以次分遣八旗兵驻守，其绿旗官兵复随都邑之大小远近，列汛分营，立之将帅，授以节制。于滨海、滨江，又各设水师营以守之。凡弹压控制之道，益详且密。至于内地各卫所，递加裁减，所存者俱专司漕运，不寄以防守之责。"④ 在社会基础改变的情况下，卫所不再具有原先军事驻守的作用，于是从顺治元年（1644）"裁直隶省沈阳中屯卫，并河间、大同二卫"开始⑤，清

① 雍正朝《大清会典》卷 116《兵部武选司·都司卫所上》，《近代中国史料丛刊三编》第 77 辑，文海出版社有限公司 1994 年版，第 7509 页。

② 康熙朝《大清会典》卷 83《兵部三·都司卫所上》，《近代中国史料丛刊三编》第 72 辑，文海出版社有限公司 1992 年版，第 4145 页。

③ 顾诚：《卫所制度在清代的变革》，《北京师范大学学报》1988 年第 2 期。

④ （清）清高宗敕撰：《清朝文献通考》卷 182《兵考四·直省兵》，十通第九种，第 2 册，万有文库本，商务印书馆 1936 年版，《考》第 6425 页。

⑤ 光绪《钦定大清会典事例》卷 556《兵部·官制·卫所》，光绪二十五年石印本。

朝统治者对卫所制度进行了因时制宜的改革。

清初卫所制度的改革体现在以下几个方面：

第一，改革各省都司。清代以八旗和绿营为地方统兵体制，都指挥使司丧失了明代以来统辖卫所的军政机构的作用。顺治三年（1646）年十月，兵部奏请"凡卫所钱粮职掌及漕运造船事务，并都司、行都司分辖，皆宜照旧。从之"。①顺治五年（1648）八月，"改各省都司印文曰某省都司之印、某省行都司之印，去都指挥使名色"②。顺治十八年（1661）十一月，兵部题本指出掌印都司、行掌印都司"虽系武官，不管兵马，止司钱谷"③。至康熙十年（1671），山东巡抚袁懋功疏言，"都司一官，原为管辖卫所钱粮而设"④，都司的军事职能完全消失。

第二，改革卫所官制。明代卫设指挥、指挥同知、指挥佥事，所设正千户、副千户、镇抚、百户，"自卫指挥以下其官多世袭，其军士亦父子相继，为一代定制"⑤。清代在此基础上，顺治三年（1646）按照兵部的建议将"原设指挥、副指挥等俱裁去"⑥，"每卫设掌印官一员，兼理屯事，改为卫守备；千户改为卫千总，每所设一员，俱由部推。百户改为卫百总，每所设一员，由督抚选委"⑦。不仅调整了卫所官员设置及其职务，并且调整了委任官员的办法，将原来的世袭制改为任命制。清代卫所官员被纳入武职行列，由兵部铨选任命。顺治九年（1652），定隐匿、查解逃人功罪例，在地方行政系统内，"该管州县官，每逃人一名罚俸一月，二名罚俸两月，至十二名罚俸一年，至十三

① 《清世祖实录》卷28，顺治三年十月乙未，中华书局1985年版（影印本），第238页。

② 《清世祖实录》卷40，顺治五年八月乙卯，中华书局1985年版（影印本），第320页。

③ 《清圣祖实录》卷5，顺治十八年十一月辛巳，中华书局1985年版（影印本），第1册，第95页。

④ 《清圣祖实录》卷36，康熙十年六月己酉，中华书局1985年版（影印本），第1册，第486页。

⑤ （清）张廷玉等：《明史》卷76《职官志五》，中华书局1974年版，第1875页。

⑥ （清）清高宗敕撰：《清朝文献通考》卷10《田赋考十·屯田》，十通第九种，第2册，万有文库本，商务印书馆1936年版，《考》第4941页。

⑦ 《清世祖实录》卷28，顺治三年十月乙未，中华书局1985年版（影印本），第238页。

名降一级调用；州县官有查解逃人十二名者纪录一次，二十四名者纪录二次，三十六名者俟应转之日加升一级。"在武官的营伍之中，若"有逃人潜身冒名、充兵食粮者、不行查出"，则"其卫千总并守备、都司、游击，降罚级录、加升，照州县官例。"① 两年后重新议定窝逃之罪，失责的"卫千总、守备、都司各官俱照知州、知县例"惩罚②。可见卫所官员虽系武职，但清朝对其管理体现出向地方行政系统官员靠拢的趋势。甚至卫所官员的职责范围同行政系统的州县官也越来越接近，顺治十八年（1661）十一月，"兵部题：凡掌印都司、行掌印都司、屯局都司金书、卫守备、守御所千总、卫千总，虽系武官，不管兵马，止司钱谷，仍照旧听巡抚统辖，撰入巡抚敕内。至漕粮船沿河拨兵护送之事，撰入沿河总督提督敕内。从之。"③ 则卫所官员不仅司职止于钱谷的征收，并且在管理体制上也被划到行政系统。

第三，裁并部分卫所，或将卫所改为州县。清代卫所制度改革是从对卫所实施裁撤及合并开始的。"顺治元年，裁直隶省沈阳中屯卫，并河间、大同二卫。二年，改南京为江南省，应天府为江南府，改设知府，暂留掌印指挥、管屯指挥等官，其余指挥俱行裁汰，各卫所改为州县。"④ 较为集中的一次是顺治九年（1652）六月丁未，"裁直隶镇朔卫、营州卫归并蓟州卫，东胜右卫、宽河所归并遵化卫，涿鹿左卫、中卫、兴州中屯卫归并涿鹿卫，抚宁卫归并山海卫，卢龙卫、东胜左卫、兴州右卫归并永平卫，密云后卫归并密云中卫，营州后卫归并兴州后屯卫，通州右卫、神武中卫、定边卫归并通州左卫，天津左卫、右卫归并天津卫，神武右卫、倒马、平定二所、唐山屯归并真定卫，保定中卫归并保定左卫，保定前卫、后卫归并保定右卫；裁营州左屯卫、渤海守御

---

① 《清世祖实录》卷 65，顺治九年五月丙申，中华书局 1985 年版（影印本），第 509 页。

② 《清世祖实录》卷 86，顺治十一年九月壬辰，中华书局 1985 年版（影印本），第 677 页。

③ 《清圣祖实录》卷 5，顺治十八年十一月辛巳，中华书局 1985 年版（影印本），第 1 册，第 95 页。

④ 光绪《钦定大清会典事例》卷 556《兵部·官制·卫所》，光绪二十五年石印本。

所、白洋口后所、镇罗关所、顺德守御所。"① 在京卫所亦被裁并，京师原设有三十二卫，顺治七年（1650）裁并为十卫，由于这十卫"征收钱粮甚少，而各员俸薪甚多"，康熙三年（1664）兵部再次题请裁去四卫。② 以上例子表明，清朝在统治确立之初就对明代以来的卫所体系实施了裁撤、归并及改为州县的调整，因此顺治末年接管云南地方之后，开始裁撤云南卫所便顺理成章。

第四，改变卫所赋役制度。这包括两方面的内容：（1）改变卫所人口的身份及管理方式。顺治三年（1646）十月改革卫所官制的同时，清朝统治者批准"卫军改为屯丁"③，卫所人口脱离了军事性质。随着卫所人口身份的改变，清朝调整了对"屯丁"的赋役管理制度，顺治四年（1647）二月朝廷颁诏规定，"卫军已改屯丁，永不勾补，春秋班军，一概蠲免，永不赴班着役"；对于"官吏人等谪戍到卫者，悉放回原籍"。④ 清朝以诏书形式"正式宣布取消卫所的军事制度性质"，⑤ 并且"正式确认了卫所内部长期以来'民化'的总趋势"⑥。（2）卫所辖地钱粮照民田则例起科，纳入各省赋税总额。清朝很早就关注到卫所钱粮征收的问题，顺治二年（1645）二月，"直隶巡抚王文奎疏言：畿南各卫所地亩钱粮宜令州县就便征收，屯丁兼听管摄。凡属军宅屯庄，不拘乡村、城市，概入保甲，一人为盗，九家连坐。至于边戍既裁，军装杂派，应请禁革。下户兵二部酌议。"⑦ 翌年朝廷下诏"卫军改为屯丁"。顺治七年（1650）八月，"户部奏言：故明卫所军丁有城守、领运之责，故屯田征派较民地稍轻，今军丁既裁，凡无运粮各卫所屯田地

---

① 《清世祖实录》卷65，顺治九年六月丁未，中华书局1985年版（影印本），第509—510页。

② 《清圣祖实录》卷11，康熙三年四月戊申，中华书局1985年版（影印本），第1册，第179页。

③ 《清世祖实录》卷28，顺治三年十月乙未，中华书局1985年版（影印本），第238页。

④ 《清世祖实录》卷30，顺治四年二月癸未，中华书局1985年版（影印本），第251页。

⑤ 李巨澜：《清代卫所制度述略》，《史学月刊》2002年第3期。

⑥ 顾诚：《卫所制度在清代的变革》，《北京师范大学学报》1988年第2期。

⑦ 《清世祖实录》卷14，顺治二年二月乙卯，中华书局1985年版（影印本），第125页。

亩，俱应查照州县民田则例一体起科征解。从之。"① 到康熙八年（1669）五月，清廷命令，"各省卫所钱粮并入民粮，一体考成巡抚"②。按明朝制度，都司卫所管辖屯地征收的粮米称为籽粒，与州县征收的民粮（赋税）在赋率、征收方法和上报系统上有明显差别，而清朝取消籽粒的名称，把卫所辖地的钱粮纳入各地方行政系统的赋税总额之内。只是"由于卫所辖区征收的钱粮和人丁徭役同州县差异颇大，从基层起就加以合并相当困难，所以在征收环节上仍然保持了都司、卫、所系统"。③

通过上述四个方面的改造和调整，卫所制度在清代体现出新的演变特征，即军事性质的消减和"卫所内部的'民化'、辖地的'行政化'过程加速"。④ 这些改造和调整措施在云南纳入清朝统治之前便付诸实施，为康熙年间云南卫所改革提供了制度保障和具体措施上的准备。

二 康熙初年云南的撤卫并县

顺治年间清朝在内地实施卫所制度改革之时，云南尚处于大西军和残明势力结合的永历政权掌控之中，依旧保持着"诸卫错布于州县，千屯伦列于原野"的格局，直到清朝接管云南后才渐次开始了对卫所的变革。就卫所制度变革的时间而论，云南在全国范围内是非常滞后的。但从另一个角度看，这对于云南卫所制度的变革具有相当的便利，使云南变革卫所事宜可以参照内地的措施和经验，从而迅速做出符合社会发展情况的调整。

顺治十六年（1659）清朝军队进入云南，正式接管明代留下来的卫所体系，并按照内地各省业已实行的制度，改明代云南都指挥使司为云南都使司，"定云南省设平彝卫、大理卫、澜沧卫、腾冲卫、永昌卫、景东卫、云南左卫、云南右卫、云南中卫、云南前卫、云南后卫、

---

① 《清世祖实录》卷50，顺治七年八月癸卯，中华书局1985年版（影印本），第398页。

② 《清圣祖实录》卷29，康熙八年五月戊午，中华书局1985年版（影印本），第1册，第397页。

③ 顾诚：《卫所制度在清代的变革》，《北京师范大学学报》1988年第2期。

④ 同上。

广南卫、曲靖卫、六凉卫、越州卫、临安卫、楚雄卫、洱海卫、蒙化卫、大罗卫、新安守御所、木密守御所、马隆守御所、杨林守御所、姚安守御所、镇姚所、镇安所、右甸所、定雄所、凤梧所、安宁所、通海所、宜良所、鹤庆所、永平所、定远所、中屯所、易门所、十八寨所、武定所，设掌印都司一人，屯田都司金书一人，操捕都司金书一人。"①各卫所官员被改为守备、千总，② 云南卫所制度进入了新的变革时代。

　　虽然清朝沿袭了明代的卫所，但清朝自有一套军事制度，卫所丧失军事职能，而在地方管理方面，卫所系统不免与布政司行政系统发生抵牾。刘崐《南中杂说》曰："我国家设官，悉从旧例。虽议裁冗员，奏疏不一，卒无议及卫所者，以都司一官未便竟裁也。吾谓天下卫所未便轻议者，盖以江南、江西、浙江、湖广四省见在漕运，而直隶、山东、河南尚有秫米、城守之役，故循例而无疑。至云南之地，地处荒僻，无城守、漕运之劳，而卫所屯丁，尽是庄农。乃俨然以一守备、一千总、一经历司以领之，县卫同城，互相掣肘，县卫当差，两处追呼，徒为扰民之具，毫无益于地方。"③ 清初云南卫所制度的存在显然不合时宜。

　　顺治十八年（1661）八月，清朝开始对云南卫所系统的土地人口管理方式实施调整，将卫弁职田"各归卫所，编入户口，俱以本七折三征收。其旧系每亩一斗九升至三斗者，照军粮例起科；三斗至五斗者，概以三斗为额"。④"并编卫所军舍丁差"。⑤ 根据明代以来的制度，卫所系统的土地有职田及屯田之分，但职田归卫所官员"收租准俸，不纳税粮"，卫所实际经管并征收籽粒的土地仅限于屯田地。清朝更定职田纳粮之例，并编军舍丁差，实质是消除了卫所系统内土地及人口管理的差异化。此次改革仅是对卫所系统土地人口管理方式作局部调整，

---

① 光绪《钦定大清会典事例》卷556《兵部·官制·卫所》。

② 根据康熙《云南通志》卷15《秩官》记载，顺治十六年设云南都使司，改卫所官员为守备、千总。

③ （清）刘崐：《南中杂说》，王云五主编：《丛书集成初编》，商务印书馆1936年版，第8—9页。

④ （清）清高宗敕撰：《清朝文献通考》卷10《田赋考十·屯田》，十通第九种，第2册，万有文库本，商务印书馆1936年版，《考》第4941页。

⑤ （清）范承勋等修，吴自肃、丁炜等纂：康熙《云南通志》卷3《沿革大事考》。

但一方面扩大了卫所对其所辖土地人口的管控范围，另一方面加强了卫所对其所辖土地人口的掌控力度，从而实现云南卫所系统内土地人口管理方式的统一。

在云南卫所系统内土地人口管理趋于一致的同时，云南巡抚袁懋功提出了卫所制度改革的建议。顺治十八年（1661），袁懋功上疏曰："卫所屯田与府、州、县同城者，宜归并有司官催征，其不同城如杨林所等处，山阻路遥，难以兼摄，应照旧设卫所官管理。"① 针对云南卫所屯田分布的差异状况，袁懋功提出卫所屯田分别管理，对不与府州县同城的卫所屯田维持原来的方式，赋税仍然归卫所征收，而与府州县同城的卫所屯田则归并所在地方政府管理，赋税由地方政府催征。此提案对清代云南卫所制度改革的意义十分重大，因为将与府州县同城的卫所屯田归并有司官催征，即是取消这部分卫所对其土地的管理权，换言之，袁懋功的改革办法，志在将屯田与府州县同城的一部分卫所实施裁革。但朝廷对云南卫所屯田的管理另有考虑，"康熙元年覆准：云南屯田，越境零星，不便归并州县，且屯田赋重，民田赋轻，恐有司征收，一境异例，仍令卫弁管理。"② 但改革卫所土地人口管理方式已经是大势所趋，康熙元年（1662）十二月"裁镇姚、镇安、右甸三守御所官"③，云南开始了裁撤卫所的步伐。

从宏观的视角来看，以吴三桂叛乱为界，康熙年间云南对卫所土地人口管理方式的调整分为前后两个阶段。第一阶段是康熙七年（1668）以前，陆续将安宁、易门、宜良、定雄、通海、鹤庆、永平、定远、中屯、越州、曲靖、陆凉、临安、十八寨、洱海、大罗、蒙化、楚雄、武定等十九个卫御所的丁银和屯赋归并州县征收；第二阶段是康熙二十六年（1687），又裁云南都使司督征左、右、中、前、后、广、平彝、大理、永昌、腾冲、澜沧、景东、杨林、木密、马隆、新安、姚安、凤梧

① 《清圣祖实录》卷4，顺治十八年八月丁卯，中华书局1985年版（影印本），第1册，第85页。

② 康熙朝《大清会典》卷22《户部六·卫所屯田》，《近代中国史料丛刊三编》第72辑，文海出版社有限公司1992年版，第955—956页。

③ 康熙《云南通志》卷9《户口》、卷10《田赋》。

等十八卫御所的丁银屯赋归并州县征收。①

康熙《云南通志·建置郡县》详细记载了卫所屯赋归并州县征收的情况：

（1）云南府

昆明县，"康熙二十六年裁左、右、中、前、后五卫及广南卫分境屯赋并县"。

富民县，"康熙二十六年裁右卫分境屯赋并县"。

宜良县，"康熙五年裁宜良所，二十六年又裁左、前、中、后四卫分境屯赋并县"。

罗次县，"康熙二十六年裁右、后二卫分境屯赋并县"。

晋宁州，"康熙二十六年裁左、右、中、前、后、广六卫分境屯赋并州"。

呈贡县，"康熙二十六年裁左、前、广、中四卫分境屯赋并县"。

安宁州，"康熙五年裁安宁所，康熙二十六年裁左、前、右三卫分境屯赋并州"。

禄丰县，"康熙二十六年裁右、后二卫分境屯赋并县"。

昆阳州，"康熙二十六年裁前、广、右、中、后五卫分境屯赋并州"。

易门县，"康熙五年裁易门所屯赋并县"。

嵩明州，"康熙二十六年裁左、右、中、前、后、广六卫，杨林、木密、凤梧三所分境屯赋并州"。

（2）曲靖府

南宁县，"康熙六年裁曲靖卫，康熙二十六年又裁平彝卫分境屯赋并县"。

霑益州，"康熙二十六年裁平彝卫分境屯赋并州"。

陆凉州，"康熙六年裁陆凉卫屯赋并州"。

马龙州，"康熙二十六年裁左、前、平彝、马龙四卫所分境屯赋并州"。

罗平州，"康熙五年裁定雄所屯赋并州"。

---

① 康熙《云南通志》卷3《沿革大事考》。

寻甸州，"康熙二十六年裁平彝、木密、凤梧三卫所分境屯赋并州"。

（3）临安府

建水州，"康熙六年裁临安卫，康熙二十六年又裁新安所分境屯赋并州"。

宁州，"康熙二十六年裁左、前、广、后四卫分境屯赋并州"。

通海县，"康熙五年裁通海御屯赋并县"。

蒙自县，"康熙二十六年裁新安所分境屯赋并县"。

（4）澄江府

河阳县，"康熙二十六年裁左、前、广、后四卫分境屯赋并县"。

江川县，"康熙二十六年裁左、前、广、右、后五卫分境屯赋并县"。

新兴州，"康熙二十六年裁左、前、广、中、右五卫分境屯赋并州"。

路南州，"康熙二十六年裁前卫分境屯赋并州"。

（5）武定府

和曲州，"康熙五年裁武定所，康熙二十六年又裁右、后二卫分境屯赋并州"。

（6）广西府

弥勒州，"康熙七年裁十八寨所屯赋并州"。

（7）大理府

太和县，"康熙二十六年裁大理卫分境屯赋并县"。

赵州，"康熙二十六年裁大理、景东二卫分境屯赋并州"。

云南县，"康熙五年裁洱海御屯赋并县"。

邓川州，"康熙二十六年裁大理卫分境屯赋并州"。

浪穹县，"康熙二十六年裁大理卫分境屯赋并县"。

宾川州，"康熙五年裁大罗卫，康熙二十六年又裁大理卫分境屯赋并州"。

北胜州，初属鹤庆府，"康熙五年改隶大理府，康熙二十六年裁澜沧卫屯赋并州"。

（8）永昌府

保山县，"康熙二十六年裁永昌卫屯赋并县"。

腾越州，"康熙二十六年裁腾冲卫屯赋并州"。

永平县，"康熙五年裁永平御屯赋并县"。

（9）楚雄府

楚雄县，"康熙六年裁楚雄卫屯赋并县"。

定远县，"康熙五年裁定远所屯赋并县"。

（10）姚安府

姚州，"康熙二十六年裁姚安所屯赋并州"。

大姚县，"康熙五年裁中屯所屯赋并县"。

（11）鹤庆府

鹤庆府，"康熙五年裁鹤庆御屯赋并府"。

（12）蒙化府

蒙化府，"康熙六年裁蒙化卫并府"。

（13）景东府

景东府，"康熙二十六年裁景东卫屯赋并府"。

根据上文罗列的资料，可以概见清初云南卫所屯田在各府州县分布情形之一斑，如下表所示：

表四　　　　　　　**康熙时期云南卫所分境屯赋归并州县情况表**

卫所名称	归并州县
云南左卫	昆明县、宜良县、晋宁州、呈贡县、安宁州、嵩明州、马龙州、宁州、河阳县、江川县、新兴州
云南右卫	昆明县、富民县、罗次县、晋宁州、安宁州、禄丰县、昆阳州、嵩明州、江川县、新兴州、和曲州
云南中卫	昆明县、宜良县、晋宁州、呈贡县、昆阳州、嵩明州、新兴州
云南前卫	昆明县、宜良县、晋宁州、呈贡县、安宁州、昆阳州、嵩明州、马龙州、宁州、河阳县、江川县、新兴州、路南州
云南后卫	昆明县、宜良县、罗次县、晋宁州、禄丰县、昆阳州、嵩明州、宁州、河阳县、江川县、和曲州
广南卫	昆明县、晋宁州、呈贡县、昆阳州、嵩明州、宁州、河阳县、江川县、新兴州
安宁所	安宁州
宜良所	宜良县

续表

卫所名称	归并州县
易门所	易门县
杨林所	嵩明州
十八寨所	弥勒州
武定所	和曲州
木密所	嵩明州、寻甸州
凤梧所	嵩明州、寻甸州
大理卫	太和县、赵州、邓川州、浪穹州、宾川州
鹤庆御	鹤庆府
洱海卫	云南县
大罗卫	宾川州
临安卫	建水州
通海御	通海县
新安所	建水州、蒙自县
永昌卫	保山县
镇姚所	
镇安所	
永平御	永平县
腾冲卫	腾越州
楚雄卫	楚雄县
定远所	定远县
姚安所	姚州
中屯所	大姚县
曲靖卫	南宁县
马隆所	马龙州
定雄所	罗平州
平夷卫	南宁县、霑益州、马龙州、寻甸州
越州卫	
陆凉卫	陆凉州
蒙化卫	蒙化府
景东卫	赵州、景东府

续表

卫所名称	归并州县
右甸所	
澜沧卫	北胜州

资料来源：（清）范承勋等修，吴自肃、丁炜等纂：康熙《云南通志》卷4《建置郡县》。

根据康熙《云南通志》记载的卫所屯赋归并州县征收情况，可以看到清代云南卫所屯田的分布极其广泛，同时分布情况也甚为复杂。一些卫所屯田分布相对集中，另一些卫所屯田则分散在不同的府州县。此外，通过各卫所屯赋归并州县的情况，可以发现云南裁撤卫所前后两阶段在方式上存在着巨大差别。陆韧教授的研究指出，云南主要是以千户所作为屯田镇戍的基本单位的。[①] 卫所领属千户所数目的多少，反映出该卫所屯田数量的多少及其范围的广狭。在第一阶段裁撤的卫所中，除安宁、易门、宜良、定雄、定远、十八寨、武定、中屯等直隶千户所外，其余卫所均领辖千户所，计有越州卫（2千户所）、曲靖卫（6千户所）、陆凉卫（5千户所）、临安卫（5千户所）、大罗卫（2千户所）、洱海卫（6千户所）、蒙化卫（8千户所）、楚雄卫（5千户所）等卫，以及通海御（2千户所）、鹤庆御（2千户所）、永平御（2千户所）。众多千户所分布广泛，并不仅限于卫治所在的州县以内，但裁撤卫所时所有屯赋均被归并到设治的州县征收。如通海御，"御建于通海，屯分于河西、宁州、建水，声援相接，受制于通"[②]，其"屯粮七千石有零，有宁州境额粮三百九十石零，河西境额粮一千二百石零"[③]，但皆归并到通海县管辖。而在第二阶段裁撤的卫所中，杨林所、木密所、马隆所、新安所、姚安所、凤梧所为直隶千户所，其余各位均领属大量的千户所，计左卫（6千户所）、右卫（6千户所）、中卫（6千户

---

① 陆韧：《明代云南汉族移民定居区的分布与拓展》，《中国历史地理论丛》2006年第3辑。

② （清）魏荩臣修，阚祯兆纂：康熙《通海县志》卷7《艺文志·说·通海县通详龙火七军原案》，梁耀武主编：《玉溪地区旧志丛刊》，云南人民出版社1993年版，第120页。

③ （清）魏荩臣修，阚祯兆纂：康熙《通海县志》卷7《艺文志·说·通海县绅士呈请归并军御原词》，梁耀武主编：《玉溪地区旧志丛刊》，云南人民出版社1993年版，第117页。

所）、前卫（5 千户所）、后卫（5 千户所）、广南卫（4 千户所）、平彝卫（2 千户所）、大理卫（10 千户所）、永昌卫（10 千户所）、腾冲卫（5 千户所）、澜沧卫（5 千户所）、景东卫（5 千户所），裁并时已经按照屯田分布的具体情形，将"分境屯赋"归并到地势相近的州县分别征收，其中以云南六卫的情况最为显著。六卫的屯田不仅遍布云南府，而且在不设卫所的澄江府境内广泛分布，康熙《澄江府志》记载："省城设六卫，其余军分境屯戍，以左、前、广、后四卫分屯河阳县，左、前、广、中、右五卫分屯新兴州，前卫分屯于路南州，左、前广、右、后五卫分屯江川县，左、前广后四卫分屯阳宗县。"① 于是在废除卫所制度时，澄江府所属河阳县、江川县、新兴州、路南州得到"分境屯赋"的管理权。

比较前后两阶段裁撤的卫所，还可以得到这样的结论，即康熙七年（1668）以前土地人口陆续裁归州县管理的卫所，其屯田的分布相对集中，而康熙二十六年（1687）裁撤的卫所，其屯田大多散布在不同的州县。也就是说，在云南卫所调整的第一阶段，主要针对土地人口相对方便归并管理及处理时不存在较大技术困难的部分卫所。这一特征在很大程度上与顺治十八年（1661）云南巡抚袁懋功"卫所屯田与府州县同城者归并有司官催征"的提案相吻合。屯田分布相对集中的卫所实施改革后，其原来所属的土地和人口转入行政系统的府州县管辖，直接向国家承担赋税徭役。

与卫所土地人口管理方式改变同时，云南将部分卫所职官裁革，极大地缩减了卫所组织机构。在云南都使司中，屯田都司金书及操捕都司金书相继被革除，只剩下掌印都司一员作为机构存在的象征。部分卫所职官亦被陆续裁汰，康熙元年（1662）"十二月，裁镇姚、镇安、右甸三守御所官"；康熙五年（1666）五月，"裁操捕都司及中屯、定雄、凤梧、安宁、宜良、通海、鹤庆、永平、定远、易门守御千总，归同城州县管理；并裁曲靖、越州、蒙化、永昌、楚雄、洱海、大罗、景东卫属千总。"所千总被裁革，表示这些所一级的组织机构被取消。康熙六

---

① （清）柳正芳、李应绶等纂：康熙《澄江府志》卷3《沿革（建置郡县附）》，康熙五十八年刻本。

年（1667）闰四月，又"裁曲靖、陆凉、越州、蒙化、临安、洱海、大罗、楚雄等卫守备、经历"。[①] 卫守备的裁革，也表明这些卫一级的组织机构不复存留。

应该指出，清初云南卫所第一阶段的变革过程中，部分卫所官员的革除与卫所土地人口划归地方政府管理并不都是同步的，云南府属的左、右、中、前、后、广南六卫乃是特例。康熙九年（1670）这六卫被裁附都使司管辖[②]，但仅仅是卫所组织机构的调整，六卫所属土地人口归都使司直接管理，其本质的土地人口管理方式丝毫没有发生变化。直到康熙二十二年（1683），"因都司不便催征，复题设左、右二卫守备二员分管"[③]。左右二卫的复设只为着催征方便，更可见清初云南卫所制度的本质是一种土地人口管理模式，或者说是一种与地方行政系统相差别的土地、赋役体制。卫所组织机构的裁革不过是卫所制度变革的形式，卫所土地人口归并州县管理才是变革的实质。

此外，康熙初年云南裁撤卫所受到吴三桂专制的影响，尽管"康熙七年，前任李抚军请裁卫所一疏，殊为硕画，而一时藩臬但承望逆藩风旨，为都阃留属员之地，止略裁数处以覆，甚可惜也。"[④] 这一阶段裁撤卫所并不彻底。

三 云南撤卫并县政策的调适

康熙十二年至二十年（1673—1681）吴三桂叛乱期间，云南社会各方面的发展几乎停滞，卫所制度的变革随之中断。及至叛乱平定，清朝统治者采取一系列善后措施，以加强对云南的经营和控制。此时云南尚有大半卫所保持着异于府州县行政系统的特殊土地人口管理体制，造成云南土地、赋役制度的差异化，不利于清朝中央对云南经济和政治上的

---

① （清）范承勋等修，吴自肃、丁炜等纂：康熙《云南通志》卷3《沿革大事考》。

② （清）范承勋、张毓碧修，谢俨纂：康熙《云南府志》卷5《沿革大事考》。

③ （清）范承勋：《议裁冗员疏》，（清）范承勋、张毓碧修，谢俨纂：康熙《云南府志》卷18《艺文二·奏疏》，中国方志丛书·第26号，成文出版社1967年版，第431页。关于左、右二卫复设的时间，地方志书没有记载，此据光绪《钦定大清会典事例》卷556《兵部·官制·卫所》。

④ （清）刘崑：《南中杂说》，王云五主编：《丛书集成初编》，商务印书馆1936年版，第9页。

统一管理，裁撤卫所的要求再度被提出来。时人认为："今逆藩既除，似宜并都司等官，尽行裁去，而卫所粮差归并于附近州县，则在上可以省冗员之俸食，而在下亦可省冗员之骚扰，是亦变通之术也。"① 卫所裁撤势在必行，于是康熙二十六年（1687）二月云贵总督范承勋上疏朝廷，以裁汰冗员的名义，提出了一套系统废除云南全部卫所的方案。②

在题为"议裁冗员"的奏疏中，范承勋指出云南的都司卫所制度源自明代，在云南地方统兵体制没有改变之前，本有"寓兵于农"的特征。但"我皇朝一统，设兵置镇，在在控制，军民粮差，同其输应"，云南卫所失去原有的军事职能，而仅保留了卫所制度下的土地人口管理模式，成为云南地方赋役制度差异化的一个方面。云南社会基础及统治方式的变化，使卫所制度无法适应历史发展的要求，故"于康熙初年间先后奉裁曲靖等八卫、中屯等十一所归并各州县；又于康熙九年间奉裁在省左等六卫归并都司，尚存平彝、大理、永昌、腾冲、澜沧、景东等六卫，杨林、木密、马龙、新安、姚安等五所仍属守千等员管理"。加上后来复设的云南左卫和右卫，康熙二十一年（1682）以后云南共计存在十三个卫所机构。从卫所职能上看，"卫军既无防守之责，又无调遣之例"，卫所机构的设置不过是产生许多尸位的冗官"以靡俸食"而已。范承勋联合布政使李世昌、按察使蒋寅查议，一致认为"滇省军卫地方寄居各境，则裁卫所以归有司，允属相宜"。于是范承勋提出裁撤云南全部卫所的具体措施："将复设之左右二卫、见存之平彝等六卫、杨林等五所裁去，其田土、军余即查各附近之州、县归并管理。再照都司一官，原有通省考成职掌，今卫所既已尽裁，而留此空员，似于名实未称，亦应一并裁去。计应裁都司一员，卫守备八员，卫千总九员，经历七员，卫教授七员。虽节省俸糈不过三千六百余两，而冗员既汰，供费较省，军困稍苏，其于国计民命未必不无小补也。"③

---

① （清）刘崑：《南中杂说》，王云五主编：《丛书集成初编》，商务印书馆1936年版，第9页。

② （清）范承勋等修，吴自肃、丁炜等纂：康熙《云南通志》卷3《沿革大事考》。

③ （清）范承勋：《议裁冗员疏》，（清）范承勋、张毓碧修，谢俨纂：康熙《云南府志》卷18《艺文二·奏疏》，中国方志丛书·第26号，台北成文出版社1967年版，第431页。

此奏议获得朝廷批准，立刻付诸实施，康熙二十六年（1687）四月，云南奉裁云南都使司督征左、右、中、前、后、广、平彝、大理、永昌、腾冲、澜沧、景东、杨林、木密、马隆、新安、姚安、凤梧等十八卫所的丁银及田赋归并附近州县征收；① 并且裁革"都司一员、守备八员、千总九员、经历七员、教授一员"②。

从范承勋的奏疏及其施行结果可以明确看出，清朝云南卫所制度第二阶段的变革仍然包含"撤卫"及"并县"两项内容。其一，裁除卫所系统的全体职官，废除卫所组织机构。虽则此举的出发点是为了节省朝廷开支，但对于卫所制度而言，其实际意义非常重大——卫所系统职官的全部裁撤标志着云南都司卫所机构从此不复存在，因为清代的卫所已不具备实质的军事功能，不过凭借各种职官的设置作为都司卫所机构组织的象征而已。于是，随着都司卫所系统职官的裁革，卫所制度最终退出了云南的历史舞台。其二，卫所系统的土地及人口拨到附近的州县归并管理。这是对云南卫所系统管理土地人口的方式进行调整，在云南的土地人口管理体制上取消了军事系统管理模式，从而将这一部分土地人口归入行政系统。都司卫所军事系统土地人口管理模式的取缔，代表着清代云南地方管理体制趋向统一的历史主流。而且将"分境屯赋"归并附近州县的方法，较之第一阶段并屯时全部归入卫所设治的州县更加合理。

综观经范承勋奏准实施的"撤卫并县"改革方案，在简冗省俸的名义下裁去云南都司卫所各级官员，实际取消了卫所机构，而将卫所管辖的土地和人口归并州县管理，从根本上取缔卫所土地人口的管理方式，两方面是相辅相成、缺一不可的。通过这两方面的变革，无论形式上（机构组织）还是本质上（土地人口管理模式），云南卫所制度都走到了终点。事实上，回顾清朝云南卫所制度变革的整个过程，无不围绕着裁除卫所官员及将卫所土地人口归并州县管理展开，只是前一阶段的变革没有明确的指导方针，"并县"方式不够合理，而范承勋则将之具

---

① （清）范承勋等修，吴自肃、丁炜等纂：康熙《云南通志》卷3《沿革大事考》、卷9《户口》、卷10《田赋》。

② 《清圣祖实录》卷130，康熙二十六年四月辛未，中华书局1985年版（影印本），第2册，第394页。

体化，进一步合理化，并且系统地实施了。

第三节　撤卫并县后云南土地人口管理的深化

在康熙初年，云南裁撤了部分屯田分布相对集中的卫所，康熙二十六年（1687）复将余下的卫所全部裁撤。当时为了施行的方便，所采取的"并县"措施尚有未尽善尽美的地方，于是给后来各州县管理卫所归附土地人口造成了新的问题。

一　撤销卫所与就近归并州县①

云南自明代以来便"诸卫错布于州县，千屯伦列于原野"，卫所屯田主要以千户所为基本单位，因而随着千户所的设置呈现交错分布的态势。清初云南承袭明代卫所屯田的格局，屯田散布在各府州县，卫所土地人口也"散寄于各州各县境内"。事实上，云南卫所土地人口分布的情况甚为复杂，方国瑜先生指出，云南卫军驻屯的区域十分广阔，"凡设卫所之府州，就地开屯，其不设卫所，亦有开屯者"②。云南卫所屯田分布有的集中于设置卫所的府州县，有的散布于卫所所在府州县以外的其他区域，甚至在一些没有卫所设置的州县，其境内也存在着大量的卫所屯田，由是造成卫所置于此境而其管辖土地人口散布于别境，以及同一州县存在多个卫所屯田区域的特殊情形。

云南卫所土地人口分布的复杂性给清初"撤卫并县"改革带来极大困难，"初行裁并之时，不过以某卫某所应归某州某县，取其地势相邻，便行归附"，这也是"当日不得不然之势"。如上节已经揭示出，云南"撤卫并县"的前一阶段大抵将屯赋统归卫所同城设治的州县管理，后一阶段虽然考虑到卫所屯田的分散性，将各"分境屯赋归并州县"，但也仅仅从地理因素出发作机械性处理，而没有深入考量卫所土地人口分布的复杂性。

---

① 本小节论述多据（清）王继文：《请改正卫所就近归并疏》，（清）范承勋、张毓碧修，谢俨纂：康熙《云南府志》卷18《艺文二·奏疏》，中国方志丛书·第26号，台北成文出版社1967年版，第446页。引文除特别注出者外，皆为此疏中文字。

② 方国瑜：《中国西南历史地理考释》，中华书局1987年版，第1142页。

表五		康熙二十六年云南各府州县附征卫所屯赋一览表
府	州县	附征卫所分境屯赋
云南府	昆明县	左卫、右卫、中卫、前卫、后卫、广南卫
	富民县	右卫
	宜良县	左卫、中卫、前卫、后卫、宜良所
	罗次县	右卫、后卫
	晋宁州	左卫、右卫、中卫、前卫、后卫、广南卫
	呈贡县	左卫、中卫、前卫、广南卫
	安宁州	左卫、右卫、前卫、安宁所
	禄丰县	右卫、后卫
	昆阳州	右卫、中卫、前卫、后卫、广南卫
	易门县	易门所
	嵩明州	左卫、右卫、中卫、前卫、后卫、广南卫、杨林所、木密所、凤梧所
曲靖府	南宁县	曲靖卫、平彝卫
	霑益州	平彝卫
	陆凉州	陆凉卫
	马龙州	左卫、前卫、平彝卫、马隆所
	罗平州	定雄所
	寻甸州	平彝卫、木密所、凤梧所
临安府	建水州	临安卫、新安所
	宁州	左卫、前卫、后卫、广南卫
	通海县	通海御
	蒙自县	新安所
澄江府	河阳县	左卫、前卫、后卫、广南卫
	江川县	左卫、右卫、前卫、后卫、广南卫
	新兴州	左卫、右卫、中卫、前卫、广南卫
	路南州	前卫
武定府	和曲州	右卫、后卫、武定所
广西府	弥勒州	十八寨所

— 113 —

续表

府	州县	附征卫所分境屯赋
大理府	太和县	大理卫
	赵州	大理卫、景东卫
	云南县	洱海卫
	邓川州	大理卫
	浪穹州	大理卫
	宾川州	大理卫、大罗卫
	北胜州	澜沧卫
永昌府	保山县	永昌卫
	腾越州	腾冲卫
	永平县	永平御
楚雄府	楚雄县	楚雄卫
	定远县	定远所
姚安府	姚州	姚安所
	大姚县	中屯所
鹤庆府		鹤庆御
蒙化府		蒙化卫
景东府		景东卫
		镇姚所
		镇安所
		右甸所

资料来源：（清）范承勋等修，吴自肃、丁炜等纂：康熙《云南通志》卷4《建置郡县》。

与卫所屯田分布的复杂情形相应，屯田归并州县的情形亦极为复杂：前一阶段将卫所屯赋统归到同城设治州县，故有土地人口在别境、征输属于此境，从而导致越境管理的现象；后一阶段将"分境屯赋归并州县"，则不仅有同一卫所的土地人口分别归并到多个州县，也有同一州县管理多个卫所的土地人口，从而导致同一卫所土地人口在管理隶属上的不统一。初行裁并之时只是为了归并的方便，而没有深思归并以后如何管理，因此，卫所制度废除后土地人口管理问题随之而来，"除归并得当，官民相安者无议外，其有远近相违，统辖未便等属，未免以一县之官而追呼数邑之外，以一卫之军而分隶数境之官，以致此州纳粮，彼县征丁，官苦于呼应不灵，民困于奔走无日"。无论是政府实施管理，还是军户人口承担国家赋税义务，都存在极大的不方便。而管理技术层面的混乱最终导致了军屯赋役"逋欠日多"，军户人口"逃亡益众"，严重影响国家的经济收入。从卫所土地人口归并州县管理的合理程度来说，"并县"似乎算不上圆满成功。

对于原卫所土地人口管理的不便，一些州县官员要求政府作出合理的调整。适逢康熙二十七年（1688）全国新编《赋役全书》告成进呈，清世祖下旨："着发与各巡抚，率同经管钱粮司道官详查细阅，有无应行更正增删，务期永远可行，明白确议，毋得彼此瞻顾。"① 各府州县趁此机会向上级反映了"撤卫并县"后卫所土地人口管理失序的问题，并由巡抚石琳上报朝廷，"汇册达部在案"。② 至康熙三十年（1691）三月，继任巡抚王继文上疏朝廷，正式提出了改正卫所土地人口归并州县的请求。

除少数"归并得当、军民相安者"以外，云南大部分州县以"就近归并"为原则，对管理卫所土地人口的范围作了调整。其中云南府各卫所屯田分布交错，调整的力度也较大，十一个州县中只有宜良县管理宜良所及左、前、中、后四卫分境屯赋甚为得宜，未作改动，其余十州县都有改归别州县或从别州县改归附征的情形。③ 又如楚雄府，楚雄卫屯赋原裁归楚雄县征收，后亦将楚雄卫左、前二所分归镇南州管辖。④

一般而言，改正归并的主要内容是卫所土地以及人口赋役归属的调整，每一类调整又分为本州县改归彼州县和彼州县改归本州县两种情

① 光绪《钦定大清会典事例》卷 177《户部·田赋·赋役全书》。

② （清）王继文：《请改正卫所就近归并疏》，（清）范承勋、张毓碧修，谢俨纂：康熙《云南府志》卷 18《艺文二·奏疏》，中国方志丛书·第 26 号，成文出版社 1967 年版；（清）王清贤、陈淳纂修：康熙《武定府志》卷 2《户口》、《田赋》，杨成彪主编：《楚雄彝族自治州旧方志全书·武定卷》，云南人民出版社 2005 年版。

③ （清）范承勋、张毓碧修，谢俨纂：康熙《云南府志》卷 7《赋役志·屯赋·屯丁》，中国方志丛书·第 26 号，成文出版社 1967 年版。

④ （清）陈元、李犹龙纂修：康熙《镇南州志》，杨成彪主编：《楚雄彝族自治州旧方志全书·南华卷》，云南人民出版社 2005 年版，第 9 页。

形，武定府的例子代表了改正归并的一般范式：

（一）卫所人丁的改正归并。据康熙《武定府志》，武定所军舍土军人丁 202 丁，康熙五年（1666）裁归和曲州管理，征收丁银，"因相距和曲州辽远，康熙二十八年（1689），知府王清贤于遵旨编辑等事案内详请具题，俯从民便，就近改归各该州、县征解"。具体为和曲州照旧征收 133 丁，其余改归禄劝州 22 丁、安宁州 1 丁、禄丰县 6 丁、罗次县 28 丁、富民县 12 丁。可见对于同一千户所辖属的人口，不必皆由设治的州县管理，而是按其地理分布因素及管理便利进行调整归附。和曲州还附征云南右、后二卫军舍人丁 156 丁，亦"因相距和曲州辽远"而"俯从民便，就近各改归本州县征解"，将之改归禄劝州 22 丁，改归罗次县 100 丁。这是从此州县改正到别州县。同时，武定府邻近的罗次县、安宁州附征云南右、左、前三卫军丁 15 丁，"因住居和、禄二州"，所以"俯从民便，就近改归本州征解"，分别改归和曲州 7 丁，改归禄劝州 8 丁。[①] 这是从彼州县改正到此州县。

（二）卫所土地的改正归并。武定所"原额屯官田地" 22575 亩零，康熙五年（1666）裁归和曲州管理，征收屯赋，"因田地辽远，隶别辖，不在本属之内"，乃"照田亩所隶各该州县，改归各本辖"。具体为和曲州依旧管理 7510 亩零，其余改归禄劝州 1489 亩零，改归安宁州 100 亩零，改归禄丰县 603 亩零，改归罗次县 11062 亩零，改归富民县 1708 亩零。和曲州还附征云南右、后二卫分境屯赋，计有"原额官田" 690 亩零，亦"因田地辽远，隶别辖，不在本属之内"，乃"照田亩所隶各该州县，改归各本辖"。后和曲州"实在田" 255 亩零，改归罗次县"实在田" 107 亩零。[②] 和曲州、罗次县改正归并的"实在田"较之"原额官田"数目大幅度减少，亦可见改正归并之前因管理不便而造成田亩抛荒情形之一斑，王继文《请改正卫所就近归并疏》所指出的"逋欠日多，逃亡益众"，殆非虚词。

武定府个案清晰地体现了"改正卫所就近归并"调整原则及其措

---

① （清）王清贤、陈淳纂修：康熙《武定府志》卷 2《户口》，杨成彪主编：《楚雄彝族自治州旧方志全书·武定卷》，云南人民出版社 2005 年版，第 63—66 页。

② 同上书，第 73—78 页。

施，即按照卫所屯田所在地及人丁居住地各归并本州县，充分考虑到地方政府行政管理的地理便利因素及管理的有效性。王继文认为，实施改正归并之后，各卫所土地人口"归辖得宜"，对于百姓承担赋役及政府管理都有极大便利，"将见小民出入皆有自得之安，官吏征输更得统摄之便，实为地方永远之利也"。史料中虽然没有关于本次卫所土地人口归并州县合理化调整影响的直接记载，但改正归并之后，卫所土地人口管理结构趋于合理，云南地方行政管理有效性得到提升，清朝对卫所土地人口的管控力度得到加强，其积极意义显而易见。

此外，也有的卫所土地人口管理没有执行就近归并，如通海御"屯粮七千石有零，有宁州境额粮三百九十石零，河西境额粮一千二百石零"，改正归并的命令颁下州县，"宁州、河西俱认真详请归并"，但通海县士绅呈请曰：通海御"奉裁归县，历今二十七载，相安无患。倘通海之屯赋在宁州境河西者，可以零星归并，则二年分裁御之日，即行归并矣。从来图治安者，先查郡邑之形势，善便民者，必审开创之规划。归并屯赋一案，必因其地之冲僻，酌其民之多寡，一一自上权衡之，非一概施行也。"由于通海的形势"所关独重"，难于归并，希望维持现状统归通海县管辖。① 最后获得批准，"以通海地当冲要，凡附近各州县屯田，不准分割，仍属通海，永著为例"②。但通海特例毕竟不能代表一般的情形，大体上较多地区还是从实际出发，将不便管理的卫所土地人口作了就近归并州县的调适。

应该指出，"改正卫所就近归并"虽然是针对卫所土地人口管理而进行的调整，但不属于云南改革卫所制度的范畴。云南的卫所制度在康熙二十六年（1687）便已被废除，"卫所既裁，军即是民"③，原来卫所

---

① （清）魏荩臣修、阚祯兆纂：康熙《通海县志》卷7《艺文志·说·通海县绅士呈请归并军御原词》，梁耀武主编：《玉溪地区旧志丛刊》，云南人民出版社1993年版，第117—118页。按：关于通海御裁撤的时间，本书卷1《沿革事考》、卷2《兵赋》及康熙《云南通志》皆记载为康熙五年五月。

② （清）魏荩臣修、阚祯兆纂：康熙《通海县志》卷1《沿革事考》，梁耀武主编：《玉溪地区旧志丛刊》，云南人民出版社1993年版，第117—118页。

③ （清）石文晟：《请减屯粮疏》，（清）鄂尔泰等修、靖道谟等纂：雍正《云南通志》卷二十九之四《艺文·奏疏》，国家清史编纂委员会编：《文津阁四库全书清史资料汇刊》，商务印书馆2006年版，第465页。

辖属的土地与人口已经成为正式政区府州县行政系统管理的对象，因而"改正卫所就近归并"实质上是正式政区府州县行政系统土地人口管理体制的内部调适，也是原卫所土地人口与正式政区府州县行政管理体制的相互适应及融合的过程。通过改正归并，原卫所土地人口进一步融入正式政区府州县行政管理体制之中，云南地方行政统一化的趋势得到巩固加强。

二　平彝卫改置平彝县[①]

康熙二十六年（1687）云南卫所制度完全废除，原各卫所裁归州县，但八年之后清朝在平彝废卫的基础上建置平彝县（今富源县），这在"撤卫并县"后云南地方治理中是一个特别的现象。

平彝卫，本平夷千户所，洪武二十一年（1388）十一月置，洪武二十三年（1390）四月改为卫，后废；永乐元年（1403）复置卫。其下领辖左、右两个千户所，左所即洪武时期所置之卫，在罗山县故址[②]；右所乃"原曲靖卫之中、右所地也，散布南宁、霑益、马龙、寻甸之间"[③]。从地理位置上看，平彝卫"当贵州西入之冲，东有峦冈，西有定南岭，北有豫顺关、宣威关"，[④] 是建置在滇黔边界控扼交通干线的重要卫所。

在明代云南卫所体系中，平彝卫是唯一的实土卫所，其管辖的境域独立成区。平彝卫区域内无任何州县行政机构及行政长官的建置，其土地和人口均由卫指挥代行管理职权。明朝灭亡后的十余年间，平彝卫一仍旧制。至顺治十三年（1656）二月，"永历帝至云南，署百官，改平

---

① 以下论述多据（清）王继文：《请设平彝县治疏》，（清）任中宜纂辑：《平彝县志》卷10《艺文志·奏疏》，康熙四十四年刊本，中国方志丛书·华南地方·第251号，台北成文出版社1974年版，第316—321页。引文除特别注出者外，皆为此疏中文字。

② （清）任中宜纂辑：《平彝县志》卷首《图说》，康熙四十四年刊本，中国方志丛书·华南地方·第251号，台北成文出版社1974年版，第31页。

③ 同上。

④ （清）张廷玉等： 《明史》卷46《地理志七·云南》，中华书局1974年版，第1174页。

彝卫为平彝县"。① 但不久复置平彝卫。顺治十六年（1659）清朝平定
云南，"六月，设总督、巡抚、布政、按察等衙门，平彝卫所世袭指挥
使等官易守备、千总。"② 随着卫所职官的改易，平彝卫进入了清朝卫
所制度改革的行列。康熙二十六年（1687）二月，云贵总督范承勋奏
请革除全滇卫所，平彝卫被裁革，其屯赋丁役分别归附南宁县、马龙
州、寻甸州及霑益州管辖，而徙曲靖府通判驻卫城左所地。③ 在清代的
职官体系中，府通判是知府的佐贰官，"分掌粮运、督捕、水利、理事
诸务，均各量地置员，以佐知府之政治"。④ 曲靖府通判移驻平彝卫城，
足见"撤卫并县"以后清朝对平彝地方的土地人口已经实现了直接
管控。

　　然而，卫所裁撤以后，平彝地方的管理模式遽尔改变，一些社会问
题呈现出来。于是经"士民董陈策、陈王前等吁请"，巡抚石文晟、总
督王继文上疏朝廷，遂于康熙三十四年（1695）十一月建置了平彝县。

　　平彝县的建置由多种因素促成，一方面，平彝"地故遐荒，壤属
夜郎，西通滇户，东锁黔关，北连彝，南距苗，千山攒聚，一线羊肠，
滇之喉舌也"⑤，地理位置十分特殊。并且，"滇黔两省乃极边之重地"，
而"平彝为滇黔接壤，四外蛮薮，而中则要道也"，是交通滇黔的重要
途径，境内滇南胜境哨（胜境关）自元朝以降便是从中原进入云南的
第一个重要关隘。明代设平彝卫，便是为了控扼交通干线，加强边疆防
务，清朝卫所既已裁革，鉴于平彝"滇黔锁钥"的特殊地理区位，必
须设置政府机构以控制弹压。另一方面，平彝地方辽阔，少数民族众
多，"狡彝出没不常，奸民往来最杂"，社会情况殊为复杂。但卫所裁
撤之后，"自平彝上至滇之霑益州，下至黔之普安州，共计四站，约远
二百七十余里，竟无印官居中分守，凡军需、政务、饷鞘、逃人等项，

　　① （清）任中宜纂辑：《平彝县志》卷2《沿革志·沿革大事考》，康熙四十四年刊本，
中国方志丛书·华南地方·第251号，台北成文出版社1974年版，第102页。
　　② 同上书，第104页。
　　③ 同上书，第109页。
　　④ （清）清高宗敕撰：《清朝通典》卷34《职官十二·府州》，王云五主编《万有文库》
第2集，商务印书馆1935年版，《典》第2210页。
　　⑤ （清）任中宜纂辑：《平彝县志》卷3《地理志·险要》，康熙四十四年刊本。

需员接应，每委曲靖府通判赴彼料理，顾此失彼，究非印官专任其责者可比"。对此民族构成复杂、日常行政事务繁多的"黔界所分，滇疆首邑"之区①，清朝没有设置专门机构进行管理，从而造成地方治理的薄弱，在地方行政上十分不便。此外，"普安等处界联平彝，向食滇盐，或可无分彼此。今蒙皇恩远播，改食川盐。若无印官督率捕役于冲僻路径分头巡缉，则滇盐味苦价贵，川盐味厚价贱，小民喜贱恶贵，私相买食，不特川省私贩乘间入卖，即滇省私贩亦将乘间出买。兼恐附近蛮彝勾引生事，渐成聚讼之场。问之弁兵，则防守难周；问之州县，则稽查甚远。滇省黑井数万课额，较前更恐难销。"在朝廷现行的食盐政策下，平彝接壤普安的特殊区位和滇川食盐的优劣等因素极容易引发私盐买卖，以致影响云南食盐的销售，而这一问题的出现与平彝地方行政管理薄弱密切相关。针对上述情况，王继文认为，"此平彝县治之亟宜请设也彰明较著矣"，为了调适平彝地方的管理以适应新的行政需要，平彝县的设置势在必行。

平彝县主要在废卫的基础上建置，"以平彝废卫、亦佐废县，及析霑益州之久安、长治二里、寄庄、余家堡，为治于故平彝卫城"②；建官分职，"设知县一员，典史一员，训导一员，铸印铨补"。平彝城内原有多罗驿，则"将驿丞裁去，归县管理"。文教方面，"平彝县学照依中学进取文武童生各十二名，以为育才广教之治"。赋役方面，原平彝卫所属土地人口在裁撤卫所时已经归并南宁县、马龙州、寻甸州及霑益州管辖，则"将平彝旧额仍旧归还"，"并将附近罗平、霑益二州征收之亦佐（中下伍两营）、勋庄余家堡等处改归，共征夏税秋粮正耗麦米一千七百六十四石五斗八升零，共征丁差等银一千三百二十九两七钱七分零，商税银一十四两九分零"。通过一系列的规划建制，平彝地方成为一个县级行政区划，实现了从卫所屯戍区向实际政区的转变。

综观裁撤平彝卫及设置平彝县的整个过程，清初平彝地方的土地人口管理体制发生了根本的变迁，从裁撤平彝卫到徙曲靖府通判驻守，清朝实现了平彝地方管理体制的行政化，或者说，平彝地方土地人口的国

---

① （清）任中宜纂辑：《平彝县志》卷3《地理志·形势》，康熙四十四年刊本。
② （清）任中宜纂辑：《平彝县志》卷2《沿革志·沿革大事考》，康熙四十四年刊本。

家行政直接统治模式得以确立。平彝县的设置是清朝国家行政直接统治在平彝地方的深化，进一步加强了平彝地方与中央的联系。

　　总而言之，清初废除卫所制度以后，为更方便土地人口的管理，云南地方行政系统内部管理体制作出了合理的调适。无论是大范围进行的"改正卫所就近归并州县"，还是平彝地方改置为县，都促进正式政区府州县行政系统土地人口管理一体化的协调发展，在此过程中清朝国家行政直接统治得以普遍建立和巩固。尤其平彝地方由卫到县的发展历程，透射出清朝中央与地方关系变迁的一个重要层面。

第四章　撤卫并县后云南政区调整与土地人口管理体制的统一

　　清初云南"撤卫并县"，卫所系统的土地人口划归地方行政系统管辖，由于卫所土地人口分布的广泛性和复杂性，归并以后在管理技术层面存在诸多困难。"撤卫并县"一方面是卫所裁撤以后，原属卫所军事系统的土地人口归并到州县统一管理；而针对归并以后出现的问题，"并县"的另一方面却是带动了云南行政区划的调整，一些行政区划按照"邑小则裁并，地大则添设"的原则实施了变革。并且伴随着行政区划的变动，云南正式政区府州县行政系统的土地人口管理体制发生了巨大变化。这是"撤卫并县"在云南行政区划及行政管理体制演进方面的重要推动。

第一节　康熙时期撤卫并县后云南行政区划的调适

　　清朝征服云南之初，为稳定对云南的统治局面，基本继承了原有的行政区划体系。作为高层政区的云南省的建立，标志着云南成为清朝版图中的一个行政区域。同时，鉴于云南僻处西南，为边疆险远之地，少数民族交错杂居，清朝特命平西王吴三桂留镇云南。吴三桂在云南"开藩建制"，被授予极大的统治权力，从而形成了云南省正式政区府州县以外的另一个行政管理系统。

　　从顺治十六年（1659）至康熙十二年（1673），清朝虽在云南设置了郡县体制，但吴三桂独霸一方，造成云南郡县制与藩王镇守并行的地方行政格局。吴三桂叛乱的八年中，清朝对云南省的统治完全失效。康熙二十年（1681）叛乱平定后，清朝恢复了对云南省的行政管理权力，清朝真正实现了对云南地方的有效行政管理。顺治、康熙年间是清朝统治权力在云南巩固和初步发展时期，这一时期清朝奠定了治理云南的行政模式，形成了云南行政区划体系的基本架构。

一　清初对明代云南行政区划体系的继承

顺治十五年（1658），清军分三路大举进攻云南，十二月会师曲靖。李定国、沐天波等扈从永历帝奔迤西。顺治十六年（1659）正月初三日乙未，清军占领昆明。① 靖寇大将军信郡王多尼令尚善、吴三桂、赵布泰继续追击李定国等残余势力，经腾越州磨盘山一战，李定国等"从三宣六慰路遁去"，清军"班师回省"。② 至此，云南正式纳入清王朝的统治之下。

清朝将云南纳入版图，使云南地方与中央王朝的关系进入一个全新的时代，此时如何根据新形势制定适宜的政策，为以后有效地统治云南打下基础，成为云南地方行政制度建设的关键。和内地制度一样，清朝在平定云南的过程中逐步完成了省一级的地方行政机构建置。

清朝既定云南，便在明代基础上"置承宣布政使司，为云南省，设巡抚，治云南府"。③ 关于清朝设置云南省的时间，史籍中没有明文记载，但从派遣和任命官员的过程看，清军"三路大师，俱入省城"后，筹建云南省的工作就已经开始。顺治十六年（1659）正月初八日庚子，清军攻占昆明的捷报传至北京，十一日癸卯，清朝依从五省经略洪承畴的疏请，"起降调原任湖广巡抚林天擎为都察院右佥都御史，巡抚云南，赞理军务"。④ 二十一日癸丑，"谕吏部：云贵地方初辟，节制弹压，亟需总督重臣。贵州巡抚赵廷臣久历岩疆，堪胜此任，着即升云贵总督"。⑤ 总督"掌釐治军民，综制文武，察举官吏，修饬封疆"，兼管两省或三省的地

---

① （清）倪蜕：《滇云历年传》，李埏校点，云南大学出版社1992年版，第516页。

② 《清世祖实录》卷125，顺治十六年四月甲寅，中华书局1985年版（影印本），第973页。

③ 赵尔巽等：《清史稿》卷74《地理志二十一·云南》，中华书局1977年版，第2321页。

④ 《清世祖实录》卷123，顺治十六年正月癸卯，中华书局1985年版（影印本），第950页。

⑤ 同上书，第952页。

方事务；而巡抚"掌宣布德意，抚安齐民，修明政刑，兴革利弊，考核群吏，会总督以诏废置"，[①] 是负责一省全面领导工作的职官。云贵总督的设置与云南巡抚的任命，标志着云南正式成为清朝的一个省。

随着多尼、吴三桂、赵布泰等在云南军事行动的深入，清朝对云南的统治逐渐扩大。顺治十六年（1659）年二月下旬，清朝又以"分巡苍梧道佥事李本晟为云南按察使司副使，管按察使事"，[②] 云南按察使司建立起来。八月乙未，"起降调陕西右布政使萧时彦，以原官管云南布政使司左布政使事；升湖广上湖南道参议彭而述为云南按察使司副使，管云南布政使司右布政使事；衡州府知府李光座为云南按察使司副使，提调学政"。[③] 至此，云南布政使司、云南按察使司的官员均已派出，虽然左、右布政使尚无专员担任，但通过"设官分职"，云南省行政系统基本建构起来。

清初云南省行政系统是在明代基础上建立起来的，既承袭了原有的重要制度，同时进行了极大的变革。一方面，"清朝省一级的地方行政制度，是采取对明中叶以后由总督、巡抚统领省政予以事实上的承认的做法，并明确规定为正式制度"。[④] 清朝在控制云南核心地区昆明以后，即最先设置巡抚、总督，对云南行使综理、节制的职权，确立云南为中央政府管辖的省一级地方行政区划。另一方面，由于清代特殊的军事制度，云南不再设都指挥使司，省级行政机构的建置只有布政使司和按察使司。并且云南布政使司和按察使司的官员不再是本省的主要负责人，这从初设两司时的职官派遣便已露出端倪——按察使司仅任命副使，布政使司左、右使都以他省官员兼任。总督、巡抚成为云南最高级的行政长官，而布政使和按察使已经下降为督抚的属官了。

清初云南基本继承了明代的行政区划体系，为云南省，治云南府，领府八：云南府、大理府、临安府、楚雄府、澄江府、广南府、广西

---

① 赵尔巽等：《清史稿》卷 116《职官志三》，中华书局 1977 年版，第 3336 页。

② 《清世祖实录》卷 123，顺治十六年二月癸未，中华书局 1985 年版（影印本），第 956 页。

③ 《清世祖实录》卷 127，顺治十六年八月乙未，中华书局 1985 年版（影印本），第 988 页。

④ 韦庆远主编：《中国政治制度史》，中国人民大学出版社 1989 年版，第 394 页。

府、顺宁府；军民府八：曲靖府、姚安府、鹤庆府、武定府、寻甸府、丽江府、元江府、永昌府；土府五：蒙化府、景东府、镇沅府、永宁府、孟定府；直隶州一：北胜州；土直隶州三：镇康州、威远州、湾甸州。此外，云南省还直辖一批土司政区，如下表：

表六　　　　　　　　　　清初云南省直属土司政区表

类别	名称	备注
宣慰司	车里宣慰司	顺治十八年（1661）改属元江府
宣抚司	干崖	顺治十七年（1660）改属永昌府
	陇川	顺治十七年（1660）改属永昌府
	南甸	顺治十七年（1660）改属永昌府
	耿马	顺治十七年（1660）改属永昌府
安抚司	蛮莫	顺治十六年（1659）改为猛卯安抚司，属永昌府
	芒市	顺治十七年（1660）改属永昌府
长官司	孟连	顺治十七年（1660）改属永昌府
	者乐甸	雍正四年（1726）改置恩乐县，隶镇沅府

资料来源：（清）范承勋等修，吴自肃、丁炜等纂：康熙《云南通志》卷4《建置郡县》；（清）尹桑阿等纂修：康熙朝《大清会典》卷19《户部三·州县二·云南等处承宣布政使司》，《近代中国史料丛刊三编》第72辑，台北文海出版社1992年版；赵尔巽等：《清史稿》卷74《地理志·云南》，中华书局1977年版。

此外，在各府州还分布着大量的土司。土司制度是清朝在少数民族地区实行的一种特殊统治制度，"当然这一制度与汉族地区实行的州县制还有很大区别，但已经是朝着正式行政制度的方向迈进了一大步，经过再进一步的改土归流，土司制度就变成正式的州县制了"。[①]　土司行政区域因而是一种准政区的形态。

二　康熙撤卫并县后行政区划的调整

清初在承袭明代云南行政区划体系的同时，也根据实际情况的变

---

① 周振鹤：《中国行政区划通史·总论》，复旦大学出版社2009年版，第131页。

化，对云南行政区划有所调整。康熙《云南通志》记载："我朝奄有遐荒，历监前代，法期尽善。邑小则裁并，地大则添设，事权划一，繁简得宜。"① 表明清初行政区划制度在继承明代的基础上进行了完善，一切因革损益，目的在于加强和便利地方行政管理。顺治、康熙时期，云南省分府行政区划沿革详情如下：

（1）云南府

康熙七年（1668），裁归化县归并呈贡县。②

康熙八年（1669），裁三泊县入昆阳州。③

（2）曲靖府

康熙八年（1669），裁亦佐县入罗平州。

康熙八年（1669），改寻甸府为散州，归曲靖府管辖。④

康熙三十四年（1695），以旧平彝卫地设平彝县，隶曲靖府。⑤

（3）临安府

康熙五年（1666），裁新化州归新平县。⑥

（4）澄江府

康熙八年（1669），裁阳宗县入河阳县。⑦

（5）广西府

康熙八年（1669），裁维摩州，其地析归广西、广南、开化三府。⑧

康熙八年（1669），设三乡县，九年（1670）省，其地入师宗州。⑨

---

① （清）范承勋等修，吴自肃、丁炜等纂：康熙《云南通志》卷4《建置郡县》。

② 《清圣祖实录》卷26，康熙七年八月己卯，中华书局1985年版（影印本），第1册，第367页。

③ （清）范承勋等修，吴自肃、丁炜等纂：康熙《云南通志》卷4《建置郡县》。

④ 《清圣祖实录》卷31，康熙八年八月己丑，中华书局1985年版（影印本），第1册，第419页。

⑤ 《清圣祖实录》卷168，康熙三十四年九月丁丑，中华书局1985年版（影印本），第2册，第825页。

⑥ （清）范承勋等修，吴自肃、丁炜等纂：康熙《云南通志》卷4《建置郡县》。

⑦ 同上。

⑧ 同上。

⑨ 赵尔巽等：《清史稿》卷74《地理志·云南》，中华书局1977年版，第2342页。

（6）元江府

顺治十八年（1661），元江军民土府改土设流，为元江府，领车里宣慰司。① 同年省恭顺、奉化二州入府。②

（7）大理府

康熙五年（1666），降北胜直隶州为散州，隶大理府。③

（8）楚雄府

康熙八年（1669），裁碌嘉县入南安州。④

（9）鹤庆府

康熙八年（1669），裁府属顺州，其地入府。⑤

（11）永昌府

顺治十六年（1659），省凤溪、施甸二长官司地入府。⑥ 降镇康、湾甸二直隶土州为土州，改隶永昌府。省属蛮莫安抚司更名为猛卯安抚司，改隶永昌府。⑦

顺治十七年（1660），省孟定土府入永昌军民府。芒市安抚司、孟连长官司及耿马、干崖、南甸、陇川四宣抚司改属永昌府。⑧

康熙四十八年（1709），改孟连长官司为宣慰司。⑨

以上行政区划调整的区域几乎都有明代卫所屯田的分布，换言之，上述行政区划在康熙年间的调整是和"撤卫并县"的区域相吻合的。其中变迁幅度较大的是新建置了平彝县，以及降寻甸府为州，兹将此二政区调整情形略作考说如下：

寻甸州。明代为寻甸军民府，清初因之，康熙八年（1669）降为

---

① （清）范承勋等修，吴自肃、丁炜等纂：康熙《云南通志》卷4《建置郡县》。

② 赵尔巽等：《清史稿》卷74《地理志·云南》，中华书局1977年版，第2347页。

③ （清）尹桑阿等纂修：康熙朝《大清会典》卷19《户部三·州县二·云南等处承宣布政使司》，《近代中国史料丛刊三编》第72辑，台北文海出版社1992年版。

④ （清）范承勋等修，吴自肃、丁炜等纂：康熙《云南通志》卷4《建置郡县》。

⑤ 《清圣祖实录》卷26，康熙七年八月己卯，中华书局1985年版（影印本），第1册，第367页。按：康熙《云南通志》卷4《建置郡县》载为康熙八年。

⑥ 赵尔巽等：《清史稿》卷74《地理志·云南》，中华书局1977年版，第2330页。

⑦ （清）刘毓珂等纂修：光绪《永昌府志》卷37《土司》，光绪十一年刊本。

⑧ 同上。

⑨ （清）朱占科修，周宗洛纂：光绪《顺宁府志》卷23《土司》，光绪三十年刊本。

州，改隶曲靖府。① 治所在今寻甸回族彝族自治县城仁德镇。其境界"东至马龙州界七十五里，西至武定州禄劝县界三百里，南至云南府嵩明州界六十里，北至东川府界七十里，东南至马龙州界五十里，西南至嵩明州六十里，东北至东川府界一百一十五里，西北至东川府界一百八十里。"② 即今寻甸县。

平彝县。明代为平彝卫，清康熙二十六年（1687）裁平彝卫入霑益州，三十四年（1695）复置为县，"以平彝废卫、亦佐废县，及析霑益州之久安、长治二里、寄庄、余家堡，为治于故平彝卫城"。③ 治所在今富源县城。其境界"东至贵州普安厅界四十里，西至南宁县界四十里，南至罗平州界二百二十里，北至霑益州界十五里，东南至罗平州界四十里，西南至南宁县界一百一十里，东北至霑益州界六十七里，西北至马龙州界一百七十里。"④ 即今富源县。

表七　　　　　清康熙年间完成撤卫并县后云南政区建置表

府	州	县
云南府	嵩明州	
	晋宁州	呈贡县
	安宁州	禄丰县
		罗次县
	昆阳州	易门县
		昆明县
		富民县
		宜良县

---

① 《清圣祖实录》卷31，康熙八年八月己丑，中华书局1985年（影印本），第1册，第419页。

② 《嘉庆重修大清一统志》卷484《云南省·曲靖府·寻甸州》，《四部丛刊续编》本，商务印书馆1934年版。

③ （清）任中宜纂辑：《平彝县志》卷2《沿革志·沿革大事考》，康熙四十四年刊本。

④ 《嘉庆重修大清一统志》卷484《云南省·曲靖府·平彝县》，《四部丛刊续编》本，商务印书馆1934年版。

续表

府	州	县
大理府	宾川州	
	云龙州	
	北胜州	
	赵州	云南县
	邓川州	浪穹县
		太和县
临安府	建水州	
	石屏州	
	阿迷州	
	宁州	
		河西县
		嶍峨县
		蒙自县
		通海县
		新平县
楚雄府	南安州	
	镇南州	
		楚雄县
		广通县
		定远县
		定边县
澄江府	新兴州	
	路南州	
		河阳县
		江川县
广西府	师宗州	
	弥勒州	
广南府	富州	
顺宁府	云州	

续表

府	州	县
永昌军民府	腾越州	
	镇康州	
	湾甸州	
		保山县
		永平县
曲靖军民府	霑益州	
	陆凉州	
	马龙州	
	罗平州	
	寻甸州	
		南宁县
		平彝县
鹤庆军民府	剑川州	
姚安军民府	姚州	
		大姚县
武定军民府	和曲州	
	禄劝州	
元江军民府		元谋县
丽江军民府	通安州	
	宝山州	
	巨津州	
	兰州	
开化府		
蒙化土府		
景东土府		
永宁土府		
镇沅土府		
威远直隶土州		

资料来源：（清）范承勋等修，吴自肃、丁炜等纂：康熙《云南通志》卷4《建置郡县》；（清）尹桑阿等纂修：（康熙朝）《大清会典》卷19《户部三·州县二·云南等处承宣布政使司》，《近代中国史料丛刊三编》第72辑，台北文海出版社1992年版。

　　根据上列行政区划调整过程，可知从顺治末年全盘接受云南行政区
划体系开始，至康熙末年，云南行政区划体系经历了裁并、增置和调整
层级及隶属关系的种种变迁，其中又以裁并州县及建置府州县为最重
要。康熙时期云南的撤卫并县包含两个层面，一是撤销卫所，卫所土地
人口就近归并州县，由州县管理，实现了明代赋税土地人口管理二元体
制在清代的一体化，州县的行政长官和机构代表国家层面管理控制辖境
内的土地人口，即"掌土治民"；二是通过区域内卫所土地人口的撤并
改属，进而对明代不合理的辖境过小的部分县级政区进行调整。

　　这一时期行政区划调整有两个显著特点，其一，进行调整的原则是
"邑小则裁并，地大则添设"。如康熙八年（1669）"罢亦佐县，以小县
例省入罗平州……十三年正月，伪设亦佐县……二十一年，释滇民之隶
逆籍者为民，仍以亦佐县附罗平州。"① 亦佐县置而旋裁的反复，正是
"邑小则裁并"的体现。康熙三十四年（1695）则"因彼地辽阔，狡彝
出没不当，奸民往来最杂，自平彝上至滇之霑益州，下至黔之普安州，
共计四站，约远二百七十余里，竟无即官居中分守"，故此建置平彝
县，② 是为"地大则添设"。其二，行政区划调整的归宿是"事权划一，
繁简得宜"，方便和强化地方行政管理。乾隆《广西府志》载："旧维
摩州，成化二年设流，辖曲部、蒲安、阿母、大小维摩五乡。州初建，
阿母迁曲部。土官资高、资金相继作乱，州官不能历其境。资氏故绝，
各夷窃据八十余年，至万历二十八年始得恢复。于崇祯四年借邱北为维
摩州城。至国朝康熙八年，因粮赋不满千石奉裁，以曰者乡归弥勒，以
维摩乡归广南、开化，以四嶂、三乡之地设三乡县。九年，又裁三乡
县，总归师宗。"③ 维摩州的裁撤与三乡县的旋置旋撤，正是清初行政
区划调整"事权归一、繁简得宜"宗旨的典型体现。又，道光《寻甸
州志》载："我朝定鼎以来，邑小则裁并，以省冗员；地大则添设，以
重守土。莫不经营尽善，制与时宜。寻甸于康熙八年改府为州，而规模

---

　　① （清）任中宜纂辑：《平彝县志》卷首《图说》，康熙四十四年刊本。
　　② （清）王继文：《请设平彝县治疏》，（清）任中宜纂辑：《平彝县志》卷10《艺文志·奏疏》，康熙四十四年刊本。
　　③ （清）周埰：《广西府志》卷3《建置》，乾隆四年刊本。

称允协焉。"① 可见行政区划的调整，是以加强和便利地方行政管理需要为依归的。

第二节 清代赋税土地人口管理体制的一体化

"撤卫并县"后清朝对云南卫所土地人口的处置经历了曲折的过程，其主要目的是逐步消除卫所土地人口赋役征收差异化的特征。探讨清朝云南卫所土地人口赋役制度演变的历程，有助于深化对云南土地人口管理体制一体化本质的认识。

一 撤卫并县初军民赋役的差异化

清初云南着手对基本废弛的卫所制度进行变革，最终将明初以来三百余年独立于正式政区府州县行政系统之外的卫所土地人口归并州县管理，"合军民一之"。②"撤卫并屯"完成以来，云南"军民一体，照额作贡"③，实现了正式政区府州县行政系统管理体制的一体化。然所谓"照额作贡"者，乃是卫所土地人口依旧按照明代卫所体制的赋役制度向云南地方政府输纳赋役，其赋役义务和正式政区府州县系统的"编民"存在较大的差异。

清初云南的赋役制度基本沿袭了明代的内容，自顺治末年"归入版籍，其赋役大概准诸明朝之制而因袭之"④。按明代制度，"军自为耕，而自为食，田粮额例迥不与民里同"⑤。加之吴三桂镇滇，"刚愎自用，拥兵加赋"，将卫所赋役"按昔日之租额改为正供之粮额，相沿至

---

① （清）孙世榕修辑：道光《寻甸州志》卷4《建置》，云南省图书馆藏清道光八年刻本。

② （清）魏荩臣修，阚祯兆纂：康熙《通海县志》卷首《凡例》，梁耀武主编：《玉溪地区旧志丛刊》，云南人民出版社1993年版，第2页。

③ （清）张仲信：《云南通志序》，载康熙《云南通志》卷首。

④ （清）石琳：《进呈编辑全书疏》，（清）鄂尔泰等修，靖道谟等纂：雍正《云南通志》卷二十九之四《艺文·奏疏》，国家清史编纂委员会编：《文津阁四库全书清史资料汇刊》，商务印书馆2006年版，第462页。

⑤ （清）魏荩臣修，阚祯兆纂：康熙《通海县志》卷4《赋役志·地亩钱粮》，梁耀武主编：《玉溪地区旧志丛刊》，云南人民出版社1993年版，第45页。

今"。于是，"撤卫并屯"以后，卫所土地人口的赋役征收并没有改变，仍然与民籍土地人口有所差别，主要表现为赋额轻重不同，"计官屯田地每亩科租自二斗至四五斗不等，较民赋之每亩三四合至五六七八升不等者，则十数倍矣"。①

卫所系统沉重的赋役在明代就已成为军户逃离、屯田荒芜的一个重要原因，至清初云南社会动荡，军逃屯荒的势头有加无已，吴三桂"变乱之时，罔恤民艰，任意坐派，使各军纷纷逃散"②。康熙中期云南虽然完成"撤卫并屯"，但卫所土地人口已非昔日之旧。据乾隆十二年（1747）编纂的《云南民屯赋役全书》统计：云南原额屯地 205 369 亩，原额屯田 893 939 亩，屯田地总数约为 1 099 308 亩，这大致是以明代万历年间的统计为依据的。然而屯田地大量抛荒，其中有荒芜屯地 78 974 亩，荒芜屯田 301 902，合计 380 876 亩。可见清初云南"撤卫并屯"时，归并到正式政区府州县行政系统的实在屯田数量只有 718 432 亩，与万历年间的卫所土地数量相比，缩减了约 35% 。③ 卫所土地人口日益减少，屯赋数额却不会随之下降，强行摊派，则导致剩余卫所人户赔累不堪，"典鬻赔纳，苦难殚述"，"本以最重之粮又复包赔逃户，日复一日，重复更重"。④ 而重额与卫所人户逃亡恶性循环，"屯粮既重，屯军愈逃"⑤。

清初卫所土地人口的差异化赋役制度显然不能与云南省管理体制一体化发展相适应，其带来最直接后果是屯赋无法按时如数征收。"滇省每年额粮通共米、麦等项二十六万余石，而屯粮实居其半，历年供拨兵

---

① （清）石琳：《进呈编辑全书疏》，（清）鄂尔泰等修，靖道谟等纂：雍正《云南通志》卷二十九之四《艺文·奏疏》，国家清史编纂委员会编：《文津阁四库全书清史资料汇刊》，商务印书馆 2006 年版，第 462 页。

② （清）石文晟：《请减屯粮疏》，（清）鄂尔泰等修，靖道谟等纂：雍正《云南通志》卷二十九之四《艺文·奏疏》，国家清史编纂委员会编：《文津阁四库全书清史资料汇刊》，商务印书馆 2006 年版，第 465 页。

③ 陈曦：《清朝对明代云南卫所屯田的处置》，《云南民族大学学报》2006 年第 4 期。

④ （清）石文晟：《请减屯粮疏》，（清）鄂尔泰等修，靖道谟等纂：雍正《云南通志》卷二十九之四《艺文·奏疏》，国家清史编纂委员会编：《文津阁四库全书清史资料汇刊》，商务印书馆 2006 年版，第 465 页。

⑤ （清）魏荩臣修，阚祯兆纂：康熙《通海县志》卷 4《赋役志·地亩钱粮》，梁耀武主编：《玉溪地区旧志丛刊》，云南人民出版社 1993 年版，第 45 页。

糈，关系甚钜。但屯田一亩之科几纳民田十倍之征，是以拖欠逃荒，年甚一年。"① 累年积逋数额越来越多，"计自康熙二十一年起至二十六年止，新旧带征共计未完丁折银六万二千九百八十余两，未完米麦谷豆一十三万四千五百七十余石"②。屯赋的拖欠，既加重了剩余卫所人户的负担，也给地方行政造成极大的困难。并且，赋役制度的差异化使卫所土地人口难以完全同行政系统的管理体制相融合，甚至影响云南边疆社会的稳定。云南按察使许弘勋认为，清初"滇人大半军籍"，土田大半为军屯，其管理"关滇省之得失，即系其治乱，乃为治滇者之纲领"，故而"法屡变而宜防，事相沿而须慎"。③ 卫所土地人口管理不啻清初云南治理的关键。

究诘卫所土地人口管理存在的问题，云南地方大员多半认为症结在于赋役制度的不统一，卫所屯赋较民赋太过沉重。早在康熙二十八年（1689），云南巡抚石琳就指出："差檄交催，法尽计穷，究竟完报无几。岂真官吏罢玩，军余抗逋者乎？总缘屯官田地与民田接壤相搀，其地利高下，天时雨泽，人力播种，事势皆同，而粮赋轻重各异。况云南原系山土瘠薄之区，刀耕火种之地，较之苏松膏腴田地所称财赋半天下者，额重亦不至此，大为官民交困。"④ 康熙三十四年（1695）巡抚石文晟同样认为："计恢复之后，自康熙二十一年至二十七年，屯银、米、谷等项历年拖欠，此非军户敢于顽抗，亦非各官不善催科，总因粮额太重，血比难完。"⑤ 因此，强化卫所土地人口管理必须调整云南省

① （清）王继文：《筹请屯荒减则贴垦疏》，（清）鄂尔泰等修，靖道谟等纂：雍正《云南通志》卷二十九之四《艺文·奏疏》，国家清史编纂委员会编：《文津阁四库全书清史资料汇刊》，商务印书馆 2006 年版，第 464 页。

② （清）石琳：《进呈编辑全书疏》，（清）鄂尔泰等修，靖道谟等纂：雍正《云南通志》卷二十九之四《艺文·奏疏》，国家清史编纂委员会编：《文津阁四库全书清史资料汇刊》，商务印书馆 2006 年版，第 462 页。

③ （清）许弘勋撰：《云南通志序》，载康熙《云南通志》卷首。

④ （清）石琳：《进呈编辑全书疏》，（清）鄂尔泰等修，靖道谟等纂：雍正《云南通志》卷二十九之四《艺文·奏疏》，国家清史编纂委员会编：《文津阁四库全书清史资料汇刊》，商务印书馆 2006 年版，第 462 页。

⑤ （清）石文晟：《请减屯粮疏》，（清）鄂尔泰等修，靖道谟等纂：雍正《云南通志》卷二十九之四《艺文·奏疏》，国家清史编纂委员会编：《文津阁四库全书清史资料汇刊》，商务印书馆 2006 年版，第 465 页。

行政系统差异化的赋役制度,"果得军民一例,俾屯田无偏重之累,则滇人大半军籍,熙熙遂生,乐有恒产"①,其关键在于减轻卫所土地人口的赋役负担。

二 从石琳到石文晟:卫所遗留问题的解决

康熙二十六年(1687)云南全面实施"撤卫并屯"后,卫所系统屯田与正式政区府州县系统民田赋税制度差异化导致的问题日渐呈现,直至康熙三十四年(1695)卫所屯田与民田科则初步统一,中间经历了石琳、范承勋、王继文、石文晟四位督抚大员的努力。石琳等人的改革措施互有异同,具体实施情形及成效也大相径庭,代表了清初云南卫所遗留土地赋税制度调整的四个阶段。

第一阶段,云南地方正式向清朝中央反映卫所土地赋税制度差异化问题,提出改变屯田租额的建议。康熙二十八年(1689)五月,云南巡抚石琳借"详察细阅"新编《赋役全书》"有无应行更正增删"的机会上疏指出,"全滇屯官田亩之粮过重宜减"。屯田是明代卫所"征租以养军"的土地;官田是"给指挥等官为俸食,听其招佃收租"的职田,已于顺治十八年(1661)归并卫所,照军粮例起科。虽然"迨我朝开滇以来,兵威震迭,将明时指挥等官裁为废弁,军余改为编民",但总体说来,卫所土地的租额较民田为重,以致积逋甚多,"大为官民交困"。石琳设计了改革的方案,提议"将新旧裁并,屯赋钱粮除草场、地租、马场、人丁、学租照旧征收外,其实在田地照分归州县民赋上则例起科"。②

根据石琳奏疏所言,卫所土地既然归并到各州县管辖,其赋税便应该依照各州县的民田科则征收;并且按照最高的赋额起科,朝廷仍能获得巨大的经济利益。但正是由于卫所土地高额的屯赋,"清廷是不愿意放弃军屯剥削制度的",故而石琳的请求未获朝廷批准。③ 然石琳议案

---

① (清)张仲信:《云南通志序》,载康熙《云南通志》卷首。

② (清)石琳:《进呈编辑全书疏》,(清)鄂尔泰等修,靖道谟等纂:雍正《云南通志》卷二十九之四《艺文·奏疏》,国家清史编纂委员会编:《文津阁四库全书清史资料汇刊》,商务印书馆2006年版,第462页。

③ 尤中:《云南民族史》,《尤中文集》第1卷,云南大学出版社2009年版,第377页。

已经指明云南省行政系统赋税制度差异化改革的思路，即取消卫所系统赋税制度，将卫所屯田纳入正式政区府州县行政系统的"民田"赋役体系之中。

第二阶段，清廷没有采纳卫所"实在田地照分归州县民赋上则例起科"的意见，为减轻卫所土地人口的经济负担，云贵总督范承勋于康熙二十八年（1689）九月"奏请二十一年至二十七年逋欠屯粮分年带征"，清朝统治者"念滇民困苦，悉行蠲免"。① 所谓分年带征，不过是将积欠的屯粮分散到后来的年份中渐次征收，对于负担屯粮的广大军户而言，目前的赋税压力暂时得以缓解，但日后的负担更加沉重。范承勋的奏请实际上毫无意义，至于朝廷将云南逋欠多年的屯粮悉行蠲除，说明云南沉重的屯赋已经引起清朝统治者的关注。同时，蠲免积欠本身就说明屯赋征派与军户的负担能力之间存在过大的差距。②

云南卫所土地多年积欠钱粮的蠲免使压在广大军户身上的重负得以减轻，一定程度上起着稳定民心的积极作用，但是治标不治本，屯赋过重的情况仍旧未能解决。云南粮储道张仲信指出："军田之科亩较多，军粮之额数不减，比年逃亡，难免逋欠。故议蠲议贷，诚不若比照民田起科画一也。"③ 消除赋役制度的差异化，仍然是解决卫所土地人口管理问题的必由途径。

第三阶段，康熙二十九年（1690）十月，"巡抚王继文奏请卫所荒田照民粮上中起科，听民开垦"。④ 王继文奏疏指出，云南省每年屯粮达到通省额粮的一半，"屯田一亩之科几纳民田十倍之征"，沉重的科则使"屯田一项最为滇民苦累"。尽管朝廷已将吴藩叛乱平定以来累年积欠的屯赋钱粮尽行蠲免，"一时老幼咸怀再生，从前重困始得暂释，但额赋岂容再宽，输将已无遗力"。为了增加收入，"藉补亏悬"，王继文与布政使于三贤等人商议，提出将卫所荒芜田土减则贴垦的主张。具

---

① （清）范承勋等修，吴自肃、丁炜等纂：康熙《云南通志》卷3《沿革大事考》。又，《清圣祖实录》卷160"康熙三十二年八月甲戌"条载："云南省康熙二十七年以前屯地积欠钱粮，俱经次第蠲豁。"（中华书局1985年版，第2册，第752页）

② 陈支平：《清代赋役制度演变新探》，厦门大学出版社1988年版，第77—78页。

③ （清）张仲信：《云南通志序》，载康熙《云南通志》卷首。

④ （清）范承勋等修，吴自肃、丁炜等纂：康熙《云南通志》卷3《沿革大事考》。

体办法是将屯荒田地招人承种，"凡系连年见纳军粮之人承垦者，将屯田地之上、中二则，六年后悉改为民田地之下则起科；屯田地之下则十年后改为民田地之下则起科，以补赔累之苦。其不系见纳军粮之人承垦者，六年后将屯田地之上、中、下则悉改为民田地之上、中、下则起科。仍令地方官量借牛种及出陈米石，务使力耕有成。"并且"承垦后即为己业"，令承垦者得到土地的所有权。①

　　按照王继文的意见，屯荒田地招人垦种之后，不但完全融入民田的赋税体系，并且土地所有制也发生了改变。因在卫所系统内，耕种屯田的军户对土地没有所有权，只有占有权和使用权。王继文提出"承垦后即为己业"，则是促进了部分屯荒田地的私有化。但是，清朝仅采纳王继文招徕垦荒的建议，而在具体措施上进行了较大的更张。康熙二十九年（1690），"定云南垦荒地纳粮之例：云南老荒田地，见纳军粮之人承垦者，上、中二则照民田下则纳过五年，再照民田上、中二则起科；下则照民田下则减半纳过三年，再照民田下则起科；其非见纳军粮之人，悉照民田下则纳过五年，粮加十分之五起科。"② 总体说来，以王继文为首的云南地方政府想用减等减则征收田赋的办法来鼓励复垦抛荒军田，但经过朝廷制定政策，实际颁行时已大打折扣，没有达到预期的效果，最终还是报垦无几，不能从根本上解决问题。

　　第四阶段是康熙三十四年（1695），巡抚石文晟上疏请"将此屯粮悉照河阳县则例起科"。石文晟继承之前历任督抚减轻卫所土地赋税科则的思想，并明确提出应该取消卫所系统遗留的差异化赋役制度，一方面，"卫所既裁，军即是民"，"况此军系沐氏带来官兵，并非发遣有罪之军，所纳正供似应与民一体矜恤。"另一方面，"各卫所久经裁归有司，是在前日犹存军户之名，在今日则无军民之别，一切徭役自应一视同仁。"石文晟指出云南"撤卫并屯"后原卫所土地人口在管理体制层

---

① （清）王继文：《筹清屯荒减则贴垦疏》，（清）鄂尔泰等修，靖道谟等纂：雍正《云南通志》卷二十九之四《艺文·奏疏》，国家清史编纂委员会编：《文津阁四库全书清史资料汇刊》，商务印书馆 2006 年版，第 464—465 页

② （清）清高宗敕撰：《清朝文献通考》卷 2《田赋考二·田赋之制》，十通第九种，万有文库本，商务印书馆 1936 年版，《考》第 4867 页。

面业已纳入正式政区府州县行政系统，但却保留着原来卫所制度下的差异化赋役制度。卫所制度既然废除，"军民无别""军即是民"，则应该统一赋税及徭役制度，实行统一的经济管理。①

这一次上疏终于得到清朝中央允准，康熙三十四（1695）年九月颁旨："云南屯田钱粮较民田额重数倍，民人苦累。嗣后屯田额赋，着照河阳县民田上则征收。"② 而且"三十五年，复议云南屯地钱粮亦照屯田则例"③。河阳县上则田地的科粮在云南全省民田地中属于最重，屯田地科粮改照其则例征收，虽然比较先前有所削减，但"由于屯田、屯地的肥瘠程度各有不同，对于绝大多数垦种屯田的军民来说，河阳县民田、民地的科则仍是极重的负担，他们所受剥削仍未得到本质上的减轻"④。然而，从清代云南土地赋税制度调整的层面看，这是云南"撤卫并屯"以来关于卫所遗留土地赋税制度的根本变革，屯田地均按照民田地则例起科，标志着明代以来卫所系统差异化赋税制度的终结，卫所土地终于完成了并入正式政区府州县行政系统的根本变迁。

清初云南卫所遗留土地赋税制度调整四个阶段是相互联系、依次渐进的。第一阶段，"石琳抚滇时，曾于奉旨编辑《全书》案内将此屯粮重困叙入沥陈，未经部复"，但是正式提出了调整的要求，并确立了按照民田地科则征收的改革思路。第二阶段，卫所土地赋额太重，"浮粮过重，仍困输将"，范承勋因此上疏题请将康熙二十一至二十七年（1682—1688）积欠钱粮分年带征，"随蒙皇恩特颁上谕蠲免，钦遵在案。则彼时题请带征，早蒙皇上睿鉴中矣"。本阶段虽然没有触及问题的根本，但促使清朝统治者对云南卫所遗留赋税制度开始有所反应。第三阶段，"以后督抚臣未敢复请者，盖以国用浩繁，岂容遽议轻徭；况各省屯粮皆重，尤不便独为请减。是以前抚臣王继文不得已于康熙二十

---

① （清）石文晟：《请减屯粮疏》，（清）鄂尔泰等修、靖道谟等纂：雍正《云南通志》卷二十九之四《艺文·奏疏》，国家清史编纂委员会编：《文津阁四库全书清史资料汇刊》，商务印书馆 2006 年版，第 465 页。

② 《清圣祖实录》卷 168，康熙三十四年九月乙酉，中华书局 1985 年版（影印本），第 2 册，第 826 页。

③ （清）清高宗敕撰：《清朝通典》卷 4《食货四·田制·屯田》，王云五主编《万有文库》第 2 集，商务印书馆 1935 年版，《典》第 2037 页。

④ 陈曦：《清朝对明代云南卫所屯田的处置》，《云南民族大学学报》2006 年第 4 期。

九年有'屯荒减则贴垦'之请也"。王继文从屯荒田地开垦后照民田则例起科入手，既不与"国用浩繁""各省屯粮皆重"的情势相抵牾，又可局部改变卫所土地的赋税制度，采取的是局部改革的折中办法。最后阶段，石文晟提出卫所制度久经废除，已不存有"军民之别"，同在正式政区府州县行政系统管理体制之下，"军即是民"，则赋役制度也理应统一。此外，"将此屯粮悉照河阳县则例起科"并不会损害清朝国家的经济利益，因为"不特现在军余易于输纳，即未垦荒产，臣自鼓励各地方官加意劝垦，亦无有不踊跃乐垦者也。仍将垦过数目随即具报，按年科征，是减赋于今日，安知不增赋于将来也"。石文晟的《请减屯粮疏》是石琳以来历代督抚大员调整卫所遗留土地赋税制度思想、经验的总结和升华。

康熙中期云南卫所田地照民田地则例起科的实现，对于清代云南地方管理体制演进的重大意义是显而易见的，其不仅使云南省行政系统的经济制度趋于划一，更标志着明初以来三百余年卫所系统特殊土地管理体制最终退出历史舞台，卫所土地完全纳入正式政区府州县行政系统的管理体系之中，云南地方管理体制的差异化特征进一步消泯。同时，云南卫所田地照民田地则例起科也符合清朝的相关制度，顺治七年（1650）裁汰卫军，规定"凡卫所屯田，从前分给军丁承种者，归并州县；其有运粮卫所，屯粮仍旧派征；其无运粮卫所，屯田俱照民田起科"[①]。在内地省份，河南于顺治十三年（1656）、四川于顺治十六年（1659）依民地征粮；另外，"福建屯地亦因'领于县官，照民则征收'；康熙三年，直隶大名府各县并入卫所屯地，其'科则一视民田'"[②]。云南诸卫所没有漕运职能，其田地照民田地则例起科，在体制上达到和内地一致，推进了云南边疆与内地一体化的发展进程。

卫所土地与民田地在赋税制度上趋于统一以后，两者已经没有实质性的差异，由于卫所土地可提供高额的赋税，清朝保留了卫所屯田地这一名目，仍然申明军民之别，但民间买卖卫所土地逐渐兴起。雍正九年

---

① （清）清高宗敕撰：《清朝通典》卷4《食货四·田制·屯田》，王云五主编《万有文库》第2集，商务印书馆1935年版，《典》第2037页。

② 郭松义：《清朝政府对明军屯田的处置和屯地的民地化》，《社会科学辑刊》1986年第4期。

（1731）题准，"屯卫田亩，准典与军户，不得私典与民。违者将田归卫，典价入官，仍照例治罪"。① 实际上清廷无法阻挡卫所土地的民化趋势，"自清顺治、雍正间，即军屯亦已归并于州、县，虽仍称屯田，然公许买卖，故实际亦与民田无异矣"②。

三　清代云南赋税土地人口的分籍管理与摊丁入亩

清代的户口种类繁多，有民户、军户、匠户、灶户、回户、番户、羌户、苗户、猺户、夷户等，而在户口管理和户籍分类上也实行"人户以籍为定"的办法，其户口种类主要按职业以及民族进行划分，故清代户籍主要有四类，一曰民籍，二曰军籍，三曰商籍，四曰灶籍。各类户籍在分别登记造册时严格区分，"察其祖寄，辨其宗系，区其良贱。冒籍者，跨籍者，越边侨籍者，皆禁之"。其中的军户乃"原编屯卫或归并厅、州、县，或仍隶卫所官，其屯丁皆为军户。凡充发为军者，其随配之子孙及到配所生之子孙，亦为军户"。军户编入户籍，即是对应的军籍，"军户即为军籍，亦有注称卫籍者"。③ 可知军户主体由卫所系统的人口构成。云南卫所于康熙二十六年（1687）全部裁撤，原编卫所屯丁归并附近府州县管辖，成为云南省行政系统的一个重要"军户"类别。

清初云南废除卫所制度以后，"军户"归于正式政区府州县行政系统管辖，在管理制度上发生了巨大变迁。其一，云南军户编入保甲。和以往历代王朝一样，清朝很重视作为人口管理的保甲组织，顺治元年（1644）入关伊始，即下令"制编置户口保甲之法"④。其具体办法是："州县城乡，十户立一牌头，十牌立一甲头，十甲立一保长。户给印牌一张，备书姓名丁数，出则注明所往，入则稽其所来。其客店亦令各立一簿，每夜宿客姓名、人数、行李、牲口几何，作何生理，往来何处，

---

① 光绪《钦定大清会典事例》卷165《户部·田赋·屯田》，光绪二十五年石印本。

② 《新纂云南通志》卷138《农业考一》，第7册，牛鸿斌等点校，云南人民出版社2007年版，第2页。

③ 光绪《钦定大清会典》卷17《户部》。

④ 席裕福、沈师徐辑：《皇朝政典类纂》卷30《户役一·编查保甲》，《近代中国史料丛刊续编》第88辑，台北文海出版社1982年版。

逐一登记明白。至于寺观,亦给印牌,备书僧道口数、姓名,稽查出入。"① 编排保甲的范围非常广泛,"各省府、厅、州、县所属城、厢、市、镇、乡、村、屯、所,土著军民,自缙绅以至商贾、农工、吏役、兵丁,皆挨户编审"②。保甲制是清代户口管理的基本组织形式,通过编置保甲,清代加强了云南卫所人口的管理。

其二,云南军户进入清朝人丁编审的范畴。"编审制度,是在保甲的基础上编制《赋役全书》,也要清查户口,但内容更包括土地资产。"③ 顺治三年(1646),清廷制定了人丁编审制度,规定:"三年一次编审天下户口。责成州县印官,照旧例攒造黄册。以百有十户为里,推丁多者十人为长,余百户为十甲。城中曰坊,近城曰厢,在乡曰里,各设以长。每遇造册时,令人户自将本户人丁,依式开写,付该管甲长。该管甲长将本户并十户,造册送坊、厢、里各长。坊、厢、里各长将甲长所造文册攒造送本州县。该州县官将册比照先次原册,攒造类册,用印解送本府。该府依定式别造总册一本,书名画字,用印申解本省布政使司。造册时,民年六十岁以上者开除,十六岁以上者增注。"人丁编审制度规定甚为严格,清廷虽欲藉此"周知天下生民之数",然事实上所掌握的只是承纳赋役的"人丁",归根结底是为了催征赋税。故而顺治十一年(1654)补充规定:"每三年编审之期,逐里逐甲,查审均平,详载原额、新增、开除、实在四柱,每名征银若干,造册报部。如有隐匿捏报,依律治罪。"至顺治十三年(1656)改为"五年编审一次",此后成为定例。④ 康熙七年(1668)七月清廷下令停止攒造黄册⑤,人丁编审制度最终确立。清代人丁编审制度以编排保甲为基础,"保甲行于平时,而编审则丁赋之所由出也"。⑥ 卫所人口归并州县管理以后,和民户一样承担国家赋役,也纳入人丁编审的行列。清代

---

① 光绪朝《大清会典》卷17《户部》。

② 光绪《钦定大清会典事例》卷158《户部·保甲》,光绪二十五年石印本。

③ 路遇、滕泽之:《中国人口通史》,山东人民出版社1999年版,第772页。

④ 光绪《钦定大清会典事例》卷157《户部·户口·编审》,光绪二十五年石印本。

⑤ 康熙朝《大清会典》卷24《户部八·赋役一》,《近代中国史料丛刊三编》第72辑,文海出版社有限公司1992年版,第1049页。

⑥ 赵尔巽:《清史稿》卷120《食货志一·户口》,中华书局1977年版,第3485页。

"编审之制，州县官造册上之府，府别造一总册上达于省。凡军、民、匠、灶四籍，各分上中下三等。丁有民丁、站丁、土军丁、卫丁、屯丁。总其丁之数而登黄册。督抚据册报达之户部，汇疏以闻。"① 对于人丁编审制度核心的"人丁"，何炳棣先生指出其实质乃是一种纳税单位，而与人口无关。② 具体说来，"人丁，按照清政府的规定，包括两个含义，具有双重的属性：一个含义是指十六岁至六十岁的成年男子，是指具体的人头，这是它的自然属性；另一个含义是指赋役——丁税的抽象的承担者，是计税的单位与尺度，它代表一份税额，反映一种社会关系，这是它的社会属性。"但"清政府编审和统计的人丁，并不是实际的人头，仅只是赋税的单位和尺度"。③ 因此，清代人丁编审的财政意义更为明确。卫所人丁之纳入编审，代表卫所系统人口进入清朝行政系统的赋役体制，标志着卫所系统人口管理体系的崩溃和消泯。

康熙二十六年（1687）以后，云南的军户隶属府州县管辖，通过编置保甲和人丁编审制度，完全融入正式政区府州县行政系统的人口管理体制之中，成为清朝中央直接管控的编民。从管理体制上看，屯丁实际与民丁已无区别，但征银科则彼此不同，故而在户类划分及户籍上仍保留了军户及军籍的名目，军丁银单独进行编征。

清初继承了明代的丁银制度，丁银"亦国家惟正之供，与田赋并列者也"④，而不同户籍的人丁，其丁银征收的科则各不相同，大体上军丁银科则要比民丁银重得多。清代初期，"云南民丁，每丁科银八分，至二钱五分六厘七毫不等；土军丁，每丁科银八分，至五钱五分不等；鱼户，每丁科银八分，至二钱五分不等；军丁，每丁科银二钱八分，至一两不等；废弁，每丁科银二钱八分，至六钱二分不等"⑤。土军丁科银已经较民丁为高，军丁银更是高出三至四倍。云南卫所人口虽

① 赵尔巽：《清史稿》卷120《食货志一·户口》，中华书局1977年版，第3485页。
② ［美］何炳棣：《明初以降人口及其相关问题：1368—1953》，葛剑雄译，三联书店2000年版。
③ 潘喆、陈桦：《论清代的人丁》，《中国经济史研究》1987年第1期。
④ （清）清高宗敕撰：《清朝文献通考》卷19《户口考一》，十通第九种，商务印书馆1936年版，《考》第5023页。
⑤ （康熙朝）《大清会典》卷22《户部七·户口》，《近代中国史料丛刊三编》第72辑，台北文海出版社1992年版，第1015—1016页。

然归入正式政区府州县行政系统管辖，但丁银征收的科则犹存在较大差异。

康熙五十一年（1712）二月，清圣祖谕"令直省督抚，将现今钱粮册内有名丁数，毋增毋减，永为定额。嗣后所生人丁，不必征收钱粮。编审时，止将增出实数查明，另造册题报"①。翌年，清廷颁诏："嗣后编审增益人丁，止将滋生实数奏闻。其征收办粮，但据五十年丁册，定为常额，续生人丁，永不加赋。"② 这一措施把征收丁税总额固定下来，进一步推动了摊丁入亩的施行。雍正二年（1724），云南巡抚杨名时提出摊丁入亩的要求③，雍正三年（1725）二月得到朝廷批准。根据杨名时的奏请，"滇省丁银有民丁、军丁之分，民丁请照直隶例，摊入田粮完纳。至军丁之额，自二钱八分起，有重至六钱二分者，难与轻额民丁一概均摊。应俟查出吴逆平后隐匿田土，量加增摊"④。但云南正式实行摊丁入亩是在雍正四年（1726），"云贵总督仍管云南巡抚事杨名时疏言：'通省丁银，请于通省成熟田地内按亩摊征，自雍正四年为始，永为定例。其屯军丁银，将无主影射田土清查，渐次抵补。'从之"⑤。至此，法令层面云南民籍人口不再有丁银之征，但屯军丁银并未取消。

尽管"卫所奉裁，则军即为民，军即为民，均属朝廷赤子"⑥，但云南摊丁入亩赋役制度改革仍体现出了巨大的差异。事实上，云南"丁银额重，小民苦于输将"，而屯军丁银之重更甚于民丁，雍正四年（1726）摊丁入亩的推行"将民丁丁银摊入地粮完纳"，民户劳动者人

---

① 《清圣祖实录》卷249，康熙五十一年二月壬午，中华书局1985年版（影印本），第3册，第469页。

② 光绪《钦定大清会典事例》卷157《户部·户口·编审》，光绪二十五年石印本。

③ （清）鄂尔泰等修，靖道谟等纂：雍正《云南通志》卷9《户口》，国家清史编纂委员会编：《文津阁四库全书清史资料汇刊》，商务印书馆2006年版，第108页。

④ 《清世宗实录》卷29，雍正三年二月丙申，中华书局1985年版（影印本），第1册，第440页。

⑤ 《清世宗实录》卷43，雍正四年四月丁亥，中华书局1985年版（影印本），第1册，第638页。

⑥ （清）王清贤：《屯赋请照民田起科议》，（清）王清贤、陈淳纂修：《康熙武定府志》卷5《艺文下·议》，杨成彪主编：《楚雄彝族自治州旧方志全书·武定卷》，云南人民出版社2005年版，第280页。

身不再成为赋役征发的依据，对于军籍人丁却只是"查无主影射者，将军丁之最重者量加摊除"。经清查，"滇省山多田少，无主影射田土寥寥无几，以之摊抵军丁，尚属不敷"。① 以无主影射田地抵补屯军丁银，不过是部分减轻了军丁的赋役承担，在赋役制度上军丁并未获得与民丁一体化的管理。

在云南通省民丁丁银摊入地亩的同时，清朝统治者也注意到军丁银的改革问题，主要是鹤庆府、邓川州、腾越州、嵩明州及太和县、浪穹县的部分白土军丁。云贵总督高其倬上疏指出，以上六府州县的九百零五名土军丁情况极其特殊："太和县白土军丁一项，系前明万历年间，因宾川州铁锁箐夷人作乱，暂令宾川州、赵州、云南县、太和县四处民人拨防大理府城池，遂立太和所名色。至我朝顺治十六年，已将宾川州、赵州、云南县三处土军俱准复归民籍，惟太和县土军二百五十二丁，又邓川州土军二十六丁、浪穹县土军二十五丁，每丁派银一两，报入征册。嵩明州土军一百二十一丁，因嘉靖间安酋作乱，挑拨州民协帮寻甸守城，名为凤梧所。编出土军一百二十一丁，每丁纳银一两，俱系州民，并非承种军田之丁。再查鹤庆府土军一百零八丁，亦因铁锁箐夷人作乱，将太和县民拨守鹤庆御，又分防剑川、浪穹，随编为鹤庆土军。伊等在剑川、浪穹开挖久荒田地，纳粮编丁，御官复科使费一百零八两。裁御归府，竟将一百零八两之私派编作人丁一百零八丁，每丁纳银一两，载入正赋。是伊等已纳钱粮丁差，复纳此额外土军之丁银，重累难堪。至腾越州土军丁三百七十三丁，上纳丁银三百七十三两，其立名受累，情由与鹤庆土军事同一例。以上太和县、嵩明等六府州县，共编土军丁九百零五丁。查屯丁每丁纳银六钱二分、二钱八分不等，独此项土军每丁纳银一两，其赋重倍于屯军。且军民各有一差，独此军既当民差，又当军差，是役之重，又加倍于军民。"② 这些白土军丁原本不是军籍，并非承种军田的军丁，裁撤卫所之后，此905丁身兼军、民二赋，与一般的卫所军丁明显差别。故高其倬向朝廷请求免除这六府州县

---

① （清）高其倬：《请题免白土军丁银疏》，雍正《云南通志》卷二十九之五《奏疏》，国家清史编纂委员会编：《文津阁四库全书清史资料汇刊》，商务印书馆2006年版，第467页。
② 同上书，第467—468页。

的白土军丁银。雍正四年（1726）二月经户部议准，将此项白土军丁银905两"永行豁免"。① 而一般卫所屯丁仍继续负担着沉重的丁银，俟"将无主影射田土清查，渐次抵补"。

从雍正四年（1726）起，云南军丁银部分以查出影射民屯田地的科征条粮进行抵补，然诚如高其倬所指出云南无主影射土地寥寥无几，并不能充抵多少军丁银，直至乾隆初年尚有大量丁银在应征之列。清高宗即位，"因各省军屯额粮过重，密谕各省督抚确查"，结果云贵总督尹继善奏称"滇省军丁一项从前未曾摊入地亩，原议俟查有欺隐军屯田地，陆续抵补。每丁自二钱八分至六钱二分不等，共应纳银一万五千三百八十两。内除自雍正四年至十一年抵去银三千余两外，尚有应徵丁银一万二千二百七十余两。历年惟按册载老丁名字征收，或已无寸土，而追比无休，或已绝后嗣，而波及同伍"。于是清高宗于乾隆二年（1737）下令"免云南军丁银"，谕曰："滇省军丁一项，从前既未曾摊入地亩，而现在完纳丁银之人又系无田之户，边地屯民，未免输纳维艰，深可悯恤。着将应征军丁银一万二千二百七十余两，自乾隆三年为始，概予豁免。俾无业屯民，永释苦累。该督抚等即通行晓谕，务使均沾实惠，以副朕加惠边氓之至意。"②云南军丁银全部豁免，缩小了军丁与民丁赋役义务的差异；清高宗所谓"均沾实惠"，既有军丁一体取消人头税的含义，也表明军丁和民丁在赋役制度层面更加趋于统一。

随着雍正年间云南民丁银摊入地亩，以及乾隆初军丁银全部豁免，云南正式政区府州县赋税制度差异逐渐缩小，"清初以来已在泯灭的屯丁和民丁之间的界线，进一步趋向消失"③，体现在人口管理层面为云南人口调查中军丁一项的取消。据道光《云南通志稿》所引《案册》，从乾隆六年（1741）起便笼统记载"实在民屯口"数，至乾隆四十二年（1777）"奉旨分别民、屯，各列一册"，但其中"屯"不能区分军

---

① 《清世宗实录》卷41，雍正四年二月壬申，中华书局1985年版（影印本），第1册，第606页。

② 《清高宗实录》卷53，乾隆二年闰九月己卯，中华书局1985年版（影印本），第893—894页。

③ 郭松义：《论摊丁入地》，中国社会科学院历史研究所清史研究室编：《清史论丛》第3辑，中华书局1982年版。

屯抑或民屯，说明户籍分类中军与民的分野已经不很明显，军户和民户之间的差异基本消泯。①

　　综上所述，清代云南废除卫所制度以后，卫所土地人口归并正式政区府州县行政系统管辖，但在相当长的一段时期内，云南省行政系统仍以军屯田地、军丁等名目对卫所土地人口施行与民田地、民丁相区别的管理制度，主要表现为军与民赋役制度的差异化。对此清政府采取措施，一方面调整军屯田地的赋税科则，使之按民田地则例一体征收，另一方面将卫所人口编入保甲及进行人丁编审，并实行屯丁银摊入地粮，从而使明代以来军户和民户、军地和民地之间的差异事实上趋于泯灭。当然，有清一代云南的土地人口管理"仍保留有屯地、屯丁等名目，这主要是因为在税则税目上还多少有一些区别，目的不是要严格两者的界线"②。

四　康熙时期云南撤卫并县的实质

　　从洪武十五年（1382）明朝置云南都指挥使司始，至康熙二十六年（1687）裁除云南都使司止，卫所制度在云南存在了三百余年。清初云南卫所制度改革起始较晚，但成效卓著，走在清代卫所制度改革的前列，是清代最早完成卫所制度改革的省份之一。③

　　云南卫所制度的改革最终以"撤卫并县"成功结束，这是清代卫所职能变化的结果，也是云南地方行政化改制的要求。一方面，"撤消卫所，将屯地并入州县，消除了同一地域内卫所与州县相互并立的双轨制行政机构，使清朝政府在管理上更加方便简单了。"④ 清朝统治云南

---

① （清）阮元、伊里布等修，王崧、李诚等纂：道光《云南通志稿》卷 55《食货志一·户口》。

② 郭松义：《论摊丁入地》，中国社会科学院历史研究所清史研究室编《清史论丛》第3辑，中华书局 1982 年版。

③ 据光绪《钦定大清会典事例》卷 556《兵部·官制·卫所》记载，云南是清代第三个完成卫所制度改革的省份，在此之前只有广西于康熙四年、福建于康熙十一年裁撤了全部卫所。

④ 郭松义：《清朝政府对明军屯田的处置和屯地的民地化》，《社会科学辑刊》1986 年第 4 期。

后，"革前明卫所，设藩兵、标兵、镇兵"①，云南诸卫所失去军事职能，其"卫军既无防守之责，又无调遣之例"②，只保留一套独立于府州县行政系统的组织机构和土地人口管理方式。卫所系统特殊的土地与人口管理造成了云南地方赋役制度的差异化，既不利于云南社会经济的恢复和发展，也不便于政治上的统一管理。卫所职能的变化使之不能再适应云南历史的发展要求，而进行改革以至最终废除，是清初云南地方行政建设的重要组成部分。另一方面，清初卫所制度历经改革，"凡掌印都司、行掌印都司、屯局都司金书、卫守备、守御所千总、卫千总，虽系武官，不管兵马，止司钱谷，仍照旧听巡抚统辖，撰入巡抚敕内。"③清朝建置云南都使司以后，云南卫所同样只管理钱谷之事，和民政官员无异。同时，卫所管辖的人口"论其籍虽有军民之殊，而承佃输赋，则屯户与民户无异。"而卫所武官在民政管理上却存在不便之处，"卫所官弁，类皆武夫，其抚恤屯军，必不能如牧民之吏"，并且"文武各相统辖，词讼交涉兼多袒护掣肘之弊"。伴随着地方行政管理一体化发展的趋势，卫所体系土地人口管理差异化必须消除，从而实现地方行政管理体制的统一，因此"卫所改隶州县，为因时从宜之良法也"。④云南"撤卫并县"的迅速成功，正是在上述背景下实现的。

以康熙二十六年（1687）"撤卫并县"的完成为标志，云南废除了历史上长期存在的卫所制度，具有重要的历史意义：

第一，"撤卫并县"包括两方面的内涵，"撤卫"即裁撤卫所机构，"并县"即将卫所系统的土地和人口归并地方行政系统管理，故卫所制度的废除代表明初以来军事系统特殊土地人口的管理模式在云南地方的终结。这是清初云南地方管理体制的巨大变革，三百年来独立于正式政区府州县行政系统的庞大土地和人口归入地方政府管理控制，成为清朝

---

① （清）江濬源纂修：嘉庆《临安府志》卷10《兵防》，光绪八年补刻本。

② （清）范承勋：《议裁冗员疏》，（清）范承勋、张毓碧修，谢俨纂：康熙《云南府志》卷18《艺文二·奏疏》，中国方志丛书·第26号，成文出版社1967年版，第431页。

③ 《清圣祖实录》卷5，顺治十八年十一月辛巳，中华书局1985年版（影印本），第1册，第95页。

④ （清）清高宗敕撰：《清朝文献通考》卷10《田赋考十·屯田》，十通第九种，第2册，万有文库本，商务印书馆1936年版，《考》第4942页。

中央直接掌控的经济资源，既加强了清朝在云南地方的经济力量，也使中央对云南边疆的政治统治更加巩固。

第二，卫所制度的废除加速了云南地方管理体制一体化的进程。"撤卫并县"的实施将原来卫所系统的土地人口纳入正式政区府州县行政系统，在管理上和国家的"民田地""编民"属于同一个体系，原来"军民两分，征输各别"的情况彻底改变，实现了"军民归一"。① 军、民管理体制差异化的消除，不仅促进了云南社会内部整合的步伐，也加强了清朝国家对云南边疆的有效统治。

第三，云南率先实施"撤卫并县"，成为清朝废除卫所制度的前驱，为后来的卫所制度改革提供了经验，一定程度上产生了示范的作用。清代云南参照国家制度对卫所进行改革，虽然起步较晚，但执行迅速，仅仅通过两个阶段便取得巨大成功。此后清朝的卫所制度改革仍然继续，但进展缓慢，雍正二年（1724）朝廷内再次提出"改并卫所归州县管辖"的议案。兵部认为"军民户役不同，归并未便"，清世宗立即指出："滇蜀两省曾经裁并，未闻不便。今除边卫无州县可归，与漕运之卫所民军各有徭役，仍旧分隶外，其余内地所有卫所悉令归并州县，令直省督抚分别区画具奏。"② 从清世宗的谕旨可以得到这样的信息：云南的例子为清代"改并卫所归州县管辖"提供了可行性证明，既然云南废除卫所制度后在行政管理上没有不便之处，那么也可能在更大的范围内推行这一改革。可见云南撤卫并屯的成功在清朝卫所制度改革史上具有典型意义，因而受到统治者高度重视。云南废除卫所制度三十七年后还被清世宗特别提及，其对雍正年间大规模改革卫所归并州县活动的借鉴作用不言而喻。

清初云南通过"撤卫并县"的实施彻底废除了卫所制度，卫所土地人口归并州县管辖，卫所系统特殊的土地人口管理模式被取消了，云南赋税土地人口的二元管理体制实现了一体化，云南地方行政管理体制

---

① （清）王继文：《请改正卫所就近归并疏》，（清）范承勋、张毓碧修，谢俨纂：康熙《云南府志》卷18《艺文二·奏疏》，中国方志丛书·第26号，台北成文出版社1967年版，第446页。

② （清）清高宗敕撰：《清朝文献通考》卷10《田赋考十·屯田》，十通第九种，第2册，万有文库本，商务印书馆1936年版，《考》第4942页。

进一步得到统一。"撤卫并县"的成功不仅是云南地方土地人口管理体制一体化演进的重要阶段，也为清朝后来的卫所制度改革提供了可资借鉴的先行经验。

总结本章所论，清代初年云南在接受明代遗留卫所制度的基础上沿袭了卫所系统的土地人口管理模式，从顺治末至康熙二十六年（1687）的近三十年间，云南卫所系统还掌控着大量的土地和人口，清朝统治者"仍然按照过去的档册把军屯田地登记起来，把军屯户仍然束缚在土地上，与'民户'仍有区别而不改变其国家农奴的地位。"①然而随着卫所制度的变化，清朝统治者逐渐对云南卫所制度进行改革，最终于康熙二十六年（1687）将云南卫所全部裁撤，卫所系统的土地人口归并"有司"即府州县管辖，云南卫所制度成为历史陈迹。

清初云南"撤卫并县"的实施取消了明初以降云南地方长期存在的卫所系统土地人口管理模式，将卫所系统的土地人口归入正式政区府州县行政系统管理，实现了土地人口管理体制的一体化，使云南地方行政管理体制基本划一。"撤卫并县"以后，卫所土地人口由各府州县管理，军屯税粮由有司征收，军户被编入保甲，由有司进行人丁编审，统计数字汇集到省，最终上达户部，卫所土地人口成为清代中央直接管控的国家资源。但由于历史上军、民分别管理的制度，卫所土地人口所承担的赋役义务与正式政区府州县系统的民田地及民户存在较大差异。总体而言，云南卫所土地人口承担的赋役远比民田地及民户沉重得多。"撤卫并屯"以后"军即为民，均属朝廷赤子"，云南地方行政管理体制基本划一，但赋税制度还延续了以往的差异。

针对云南省行政系统内部军民土地人口赋役制度差异化的情形，清朝统治者逐步采取措施加以调整。首先，将裁撤卫所时归并有司不太合理的部分卫所土地人口改归附近州县管辖。通过"改正卫所归并附近州县"，解决了有司管理卫所土地人口技术层面的困难。其次，调整卫所土地税粮科则。云南卫所土地税粮较民田地高出数倍，承种之人不堪重负，康熙二十八年（1689）云南巡抚石琳正式向清朝中央提出改变屯田租额的建议，直至六年之后清廷下令云南军屯田地照河阳县上则民

---

① 尤中：《云南民族史》，《尤中文集》第1卷，云南大学出版社2009年版，第376页。

田地则例征收，卫所系统遗留的土地赋税制度终于革除，卫所土地完成了并入正式政区府州县行政系统的根本变迁。再次，雍正四年（1726）以后云南军丁银一部分以查出影射无主土地的科额进行抵补，其余丁银亦在雍正、乾隆年间陆续予以豁免。军丁银的摊入地亩弱化了屯丁与民丁之间的界限，进一步消泯了云南省系统赋税制度的差异化特征。通过各种调整措施的施行，清代云南"撤卫并屯"后原卫所土地人口完全融入正式政区府州县行政管理体制之中。

综观康熙中期"撤卫并县"以后云南正式政区府州县行政系统对卫所土地人口管理制度的演进历程，其主要的发展大势是逐步消除卫所土地人口赋役征收差异化的特征，使云南正式政区府州县行政系统内赋役制度进一步趋向统一。同时，经过一系列的改革，云南省行政系统实行与内地一致的土地人口管理及赋役制度，促进了清代云南行政管理体制与内地一体化发展的进程。

第五章　改土归流与清代云南
掌土治民的深化

清代"改土归流"政策包含两个层次的内容，其一是"改土"，即废除土司；其二是"归流"，即将废除土司的少数民族地区纳入流官管辖范畴。改土归流并非只是地方行政管理官员的一般改换，事实上，"改土"是将有碍于朝廷对少数民族地区直接统治的土司地方政权革除，取消土司的世袭领地，"归流"的内涵乃是中央政府将全国统一的政治统治制度在少数民族地方推广实施，以实现对少数民族地区的直接管理。两方面是相辅相成，缺一不可的。周振鹤先生指出，"在中国体现中央对地方实行直接行政管理的制度是郡县制"，从这一视角出发，改土归流的实质就是"采取各种策略与办法，将土司制度逐渐改造成正式的郡县制"的过程①。郡县制作为正式行政区划制度，代表着清朝统一的行政管理体制，于是随着改土归流的推进，云南少数民族地区逐渐被纳入清朝的管理体制，中央政府对边疆少数民族地区的土地及人口的管理方式发生根本变迁。可以说，清代云南改土归流的直接结果，便是在少数民族地区建立起国家统一的行政区划制度，在此基础上清朝中央对云南边疆少数民族地区"掌土治民"管控力量不断深入，从而缩小云南边疆少数民族地区与内地的差异，促进了云南边疆与内地一体化发展趋势。

---

① 周振鹤：《中国行政区划通史·总论》，复旦大学出版社 2009 年版，第 18、134—135 页。

第一节 清代云南土司制度与边疆民族地区管理

经过明代大规模的移民入滇活动后，清代汉族在人口数量上已然成为云南的主体民族，聚居在经济较为发达的腹里地区，并向山区和边疆拓展，在经济、文化上占有重要的地位。但各少数民族广泛分布在云南全省各地，大多数仍在相对封闭的状态下缓慢发展，民族社会的发展极不平衡。清朝欲有效治理云南，必须从多民族交错杂居的实际出发，康熙中期云贵总督蔡毓荣指出："滇省汉土交错，最称难治。"① 与内地省份相比，复杂的民族构成及特殊的社会发展情况使云南呈现出较大的差异性，于是清朝对云南的统治除实施全国统一性的政策之外，还采取了一些适应地方民族情况的特殊措施。根据边疆少数民族地区地方治理的需要，清朝继续在云南推行土司制度，使少数民族特权阶层控制的区域构成了一个与正式政区府州县相区别的行政管理系统。

一 清初云南土司政治格局的形成

清朝入关后，为快速实现对西南少数民族地区的统治，清朝对土司采取宽容的政策，主要有两方面内容：

第一，招抚土司，归顺者准许照旧袭封。顺治五年（1648）清世祖制定了招抚土司的方略："各处土司，原应世守地方，不得轻听叛逆招诱，自外王化。凡未经归顺，今来投诚者，开具原管地方部落，准与照旧袭封。有擒执叛逆来献者，仍厚加升赏。已归顺土司官，曾立功绩及未经受职者，该督抚按官通察具奏，论功升授。"② 顺治十年（1653），清朝开始准备进军西南地区，世祖任命洪承畴为太保兼太子太师、内翰林国史院大学士、兵部尚书兼都察院右副都御史，经略湖广、广东、广西、云南、贵州等处地方，总督军务兼理粮饷，并特别申

---

① （清）蔡毓荣：《筹滇十疏·制土人》，（清）鄂尔泰等修，靖道谟等纂：雍正《云南通志》卷二十九之四《艺文·奏疏》，国家清史编纂委员会编：《文津阁四库全书清史资料汇刊》，商务印书馆 2006 年版，第 450 页。

② 《清世祖实录》卷 41，顺治五年十一月辛未，中华书局 1985 年版（影印本），第 330 页。

明对土司的招抚政策："湖南、两广地方虽渐底定，滇、黔阻远，尚未归诚，朕将以文德绥怀，不欲勤兵黩武，而远人未喻朕心，时复蠢动。若全恃兵威，恐玉石俱焚，非朕承天爱民本念……各处土司，已顺者加意绥辑，未附者布信招怀，务使近悦远来，称朕诞敷文德至意。"① 在向云南用兵的过程中，清世祖敕谕多尼、吴三桂、赵布泰等人："所有土司等官及所统军民人等，皆朕远徼臣庶，自寇乱以来，久罹汤火，殊可悯念。今大兵所至，有归顺者，俱加意安抚，令其得所，秋毫无有所犯，仍严饬兵丁勿令掠夺。其中有能效力建功者，不靳高爵厚禄，以示鼓劝。王等即刊刻榜文，遍行传谕，使土司等众知朕轸恤遐陬臣民至意。"② 通过不对投诚土司地区进行掠夺，并且以"高爵厚禄"加以劝诱，着意拉拢土司。因此，在清军平定云南过程中，绝大多数土司"先后归诚，亦既震慑于天威，而罔有越志矣"。③ 这使得边疆地区的抗清势力孤立无援，清军迅速控制了云南局面。

第二，对土司采取"从其旧俗"方针。顺治十年（1653）六月，使任户部右侍郎的永昌府人王弘祚上疏言："滇黔土司，宜暂从其俗，俟平定后，绳以新制也。"④ 六年后清军进入云南，王弘祚再次向朝廷提出了安置土司、从其旧俗的建议："滇省土司种类不一，俗尚各殊，有以布缠头椎髻者，有以绳编发长披者，投诚之初，心怀疑畏，若一概绳以新制，恐阻向化之诚。除汉人士庶衣帽、剃发遵照本朝制度外，其土司暂令各从旧俗，俟地方大定，然后晓以大义，徐令恪遵新制，庶土司畏威怀德，自凛然共奉同伦同轨之式矣。"⑤ 清廷听取了王弘祚的意见，未曾强制云南边疆少数民族易服剃发，遵从其民族习惯，而使其归

① 《清世祖实录》卷75，顺治十年五月庚寅，中华书局1985年版（影印本），第595—596页。

② 《清世祖实录》卷122，顺至十五年十二月己丑，中华书局1985年版（影印本），第948页。

③ （清）蔡毓荣：《筹滇第二疏·制土人》，（清）鄂尔泰等修，靖道谟等纂：雍正《云南通志》卷二十九之四《艺文·奏疏》，国家清史编纂委员会编：《文津阁四库全书清史资料汇刊》，商务印书馆2006年版，第450页。

④ 《清世祖实录》卷76，顺治十年六月乙卯，中华书局1985年版（影印本），第599页。

⑤ 《户部尚书王弘祚揭帖》（顺治十六年正月十八日到），中研院历史语言研究所编：《明清史料》甲编第5本，1930年版，第442页。

顺朝廷，与中央政府保持隶属关系。

清军统一云南过程中，由于招抚得宜，土司纷纷投诚，如顺治十六年（1659）云南腹里地区平定，"景东、蒙化、丽江、姚安、北胜、鹤庆、定远、楚雄、永昌、镇沅并四川乌撒、东川、乌蒙、镇雄等土司悉后先归附。遂设院、司、道等衙门。"① 顺治十七年（1660）清军深入边疆地区，"吴三桂请准土司世袭，悉给印札。蒙化左星海、景东陶斗、永宁阿镇麟、丽江木懿、镇沅刀允中俱仍土知府。蒙化、景东、永宁设流官同知掌印。南甸刀呈祥、陇川多绍宁、干崖刀建勋、盏达刀思韬俱仍袭宣抚。耿马罕闷抚仍袭安抚。镇康刀闷达、湾甸景文智、威远刀汉臣俱仍袭土知州，猛缅奉国珍仍袭长官司。"② 另外，车里宣慰司土司刀木祷投诚，清朝立即铸给"车里宣慰使司印"，准予世袭。康熙元年（1662），"平西王吴三桂疏言：云南土司，倾心向化，大则抒忠献土，小则效职急公，勤劳既著，劝励宜先。查滇志可据，忠悃有凭者，文职五十六员，武职十六员。请敕部给与号纸。下部议。"③ 足见经清朝招抚并承认的土司具有相当数量和规模。

通过招抚土司归顺投诚及"从其旧俗"政策的实施，清朝平定了云南边疆民族地区，土司制度也被延续下来。从清朝初年国内整体形势来考察，清朝之所以沿袭明代土司制度，主要从统一云南、稳定边疆的需要出发，是与当时的政治形势密切相关的。

清朝在笼络土司投诚的同时，对抗拒清军的土司厉行取缔。顺治十六年（1659）南明永历帝逃入缅甸，李定国在孟艮继续抗清活动，"号召诸土司起兵"，④ 因"以印札招元江土司那嵩"⑤。那嵩为元江土知府，其原本已经归附，乃"与降将高应凤举兵应定国，三桂督兵自石屏进围元江，逾月，击斩应凤，嵩自焚死，收其地为元江府"。⑥ 又有

① （清）倪蜕：《滇云历年传》，李埏校点，云南大学出版社1992年版，第517页。
② 同上书，第518页。
③ 《清圣祖实录》卷7，康熙元年九月丙戌，中华书局1985年版（影印本），第1册，第121页。
④ 赵尔巽等：《清史稿》卷224《李定国传》，中华书局1977年版，第9172页。
⑤ 赵尔巽等：《清史稿》卷236《卓罗传》，中华书局1977年版，第9495页。
⑥ 赵尔巽等：《清史稿》卷474《吴三桂传》，中华书局1977年版，第12839页。

广南土知府侬鹏投诚，缴印，改设流官知府，授侬氏为土同知。^① 顺治十七年（1660），"五月，奏设元江府流官，并设元江副将"。^② 元江土府被改土归流。

总体而言，清朝"底定西南，土司奉命者世袭，有罪者革除，靡不服教畏神，洗心涤虑。"^③ 顺治时期对云南土司的招抚政策，奠定了清代云南土司政治的基本格局。

二　清初云南的土司制度

清初统一中国后，因袭明朝旧制，在云南少数民族地区实行"以夷治夷"的统治方针，继续实行土司制度，对于少数民族上层"不惜予之职，使各假朝廷之名器，以慑部落而长子孙"^④。清朝在云南少数民族地区实施土司制度的前提是，中央王朝已经在这些地区确立实际的统治权力，只是在统治的方式上不是由中央王朝直接进行管理，而是通过少数民族上层土司来实现对地方的治理。土司制度是中央政府通过土司对少数民族地区实行间接统治的地方行政模式。

清朝土司制度基本内容与明朝大体相仿，所谓"土司者，一曰土官，古封建诸侯之遗法也"^⑤。清代土司名目一承旧制，"其土官衔号，曰宣慰司，曰宣抚司，曰招讨司，曰安抚司，曰长官司。以劳绩之多寡，分尊卑之等差，而府、州、县之名亦往往有之。"^⑥ 少数民族土官有文职和武职的区分。云南武职土官有宣慰使、宣抚使、副宣抚使、安抚使、长官司、副长官司、土游击、土守备、土千总、土把总等，其秩品为宣慰使从三品，宣抚使从四品，副宣抚使从五品，安抚使从五品，

①　（清）清高宗敕撰：《清朝通典》卷96《州郡七·云南省》，王云五主编《万有文库》第2集，商务印书馆1935年版，《典》第2727页。

②　（清）倪蜕：《滇云历年传》，李埏校点，云南大学出版社1992年版，第518页。

③　（清）鄂尔泰等修、靖道谟等纂：雍正《云南通志》24《土司》，国家清史编纂委员会编：《文津阁四库全书清史资料汇刊》，商务印书馆2006年版，第386页。

④　（清）蔡毓荣：《筹滇第二疏·制土人》，（清）鄂尔泰等修，靖道谟等纂：雍正《云南通志》卷二十九之四《艺文·奏疏》，国家清史编纂委员会编：《文津阁四库全书清史资料汇刊》，商务印书馆2006年版，第450页。

⑤　（清）王崧：《道光云南志钞》卷7《土司志上》，刘景毛点校，云南省社会科学院文献研究所1995年版，第297页。

⑥　赵尔巽等：《清史稿》卷512《土司一·序》，中华书局1977年版，第14206页。

长官司正六品，副长官司为正七品，土游击从三品，土守备正五品，土千总正六品，土把总正七品；文职土司为土知府、土同知、土通判、土经历、土知州、土州同、土州判、土知县、土县丞、土主簿、土巡检等，其秩品"自知府、同知以下至巡检等官，俱与直省官品同"。① 文武土司均必须得到朝廷的认可与任命，"凡土官之袭职，皆给以号纸，土府、厅、州、县则加以印"②，以表示为清朝的命官。文职土司由吏部任命和管辖，在省由布政司领之，武职土司由兵部任命和管辖，在省则由都指挥使司领之，但文武土司实际上没有严格的界限。有论者又称武职土司为抚慰型土司，文职土司为政务型土司；清代抚慰型土司数量较大，品级较高；文职土司数量较少，其内部结构与功能和流官区域的府州县十分接近。③

　　清代云南不仅土司总数和职衔比明代为多，且土司制度进一步完备，各项规定更加明确具体。土司承袭次序更加严格，顺治初年规定："凡承袭之土官，嫡庶不得越序。"④ 康熙十一年（1672）题准："土官子弟，年至十五方准承袭。未满十五岁者，督抚报部，将土官印信事务，令本族土舍护理；年满十五，督抚题请承袭。每承袭世职之人，给予钤印号纸一张，将功次支派及职守事宜填注于后，遇子孙替袭，本省掌印都司验明起文，或由布政司起文，并号纸送部查核无异，即与应请袭替，将袭替年月顶辈填注于后，填满换给。如遇有水火盗贼损失者，由所在官司告给执照送部，查明补给。如有犯罪、革职、故绝等事，都司布政司开具所由，将号纸缴部注销。如宗派冒混，查出参究。"⑤ 清代土司承袭制度较之明代更为严密，反映出中央政府对土司的控制强

　　① （清）清高宗敕撰：《清朝通典》卷40《职官十八·秩品》，王云五主编《万有文库》第2集，商务印书馆1935年版，《典》第2236页。

　　② （清）光绪朝《大清会典》卷12《吏部·验封清吏司》，沈云龙主编：《近代中国史料丛刊》第13辑，文海出版社1967年版，第82页。

　　③ 成臻铭：《清代土司研究——一种政治文化的历史人类学考察》，中国社会科学出版社2008年版，第14—15页。

　　④ （清）昆冈、李鸿章等纂：光绪朝《钦定大清会典事例》卷145《吏部·土官·土官袭职》，光绪二十五年石印本。

　　⑤ （清）昆冈、李鸿章等纂：光绪朝《钦定大清会典事例》卷589《兵部·土司·土司袭职》，光绪二十五年石印本。

化了。

在土司制度下，土司在其管辖范围内拥有土地和人民，"食其土，领其民"，中央政府不直接向少数民族地区征收赋税，而由土司向朝廷缴纳贡赋，"凡土司贡赋，或比年一贡，或三年一贡，各因其土产，谷米、牛马、皮、布，皆折以银，而会计于户部"①。土司拥有自己的军队，土兵平时负有保境安民之责，有重大战事则听从政府调遣出征。土司的职责，统而言之是"催办钱粮、抚戢夷众"②。清政府并且实行"有功则叙，有罪则处"的政策，③ 强化了对土司的控制。

清人指出："天下惟滇夷最多，种类色目殆数十余"，④ 故而云南是清代实行土司制度的主要区域之一。雍正《云南通志》说"明初土司犹三百二十余人，末年存者不及其半"。清朝"底定西南，土司奉命者世袭，有罪者革除，靡不服教畏神，洗心涤虑"，所保留者绝大多数是在平定云南过程中投诚的土司。⑤ 同时，清朝为了深入和加强对边远民族地区的控制，从顺治末年迄光绪年间，在边远民族地区先后设置了一些小的土司和土弁。清代云南旧袭与新设大小土司其数目达到二百一十余家之多⑥。云南众多土司在自己的辖境内"各君其地，各子其民"⑦，有至高无上的权力，在政治、经济、社会、文化诸方面有自治权，不啻一个个独立王国。土司制度的实行，使云南地方行政管理体制呈现极其鲜明的差异化特征。

三　土司制度与云南地方管理体制的差异性

清朝在云南边疆少数民族地区实行"因俗而治""以夷治夷"的统

---

① 赵尔巽等：《清史稿》卷512《土司一·序》，中华书局1977年版，第14207页。

② （清）曹春林：《滇南杂志》卷21《土司中》，清嘉庆十五年刊本影印，王有立主编：《中华文史丛书》之110，华文书局股份有限公司1969年版，第747页。

③ 有关清代土司的奖惩制度，详参龚荫：《中国土司制度》，云南民族出版社1992年版，第124—129页。

④ （清）刘彬：《永昌土司论》，（清）师范：《滇系》9《土司系上》，光绪丁亥云南通志局刊本，第35册。

⑤ （清）鄂尔泰等修，靖道谟等纂：雍正《云南通志》卷24《土司》，国家清史编纂委员会编：《文津阁四库全书清史资料汇刊》，商务印书馆2006年版，第386页。

⑥ 龚荫：《中国土司制度》，云南民族出版社1992年版，第462页。

⑦ （清）师范：《滇系》9《土司系下》，光绪丁亥（1887）云南通志局刊本，第36册。

治政策，继续实行土司制度，利用土司来帮助中央王朝稳定对少数民族地区的统治。与任用流官管理地方的郡县制度相比，土司统治的特点非常显著。

其一，土司在其管辖区域有自己的治所。土司设置以后修建衙署或衙门，作为办公理政的地方。衙署由大堂、招待所、办公处所、寝宫四部分组成，总体而言，土司衙署的规模相对流官衙门为小，且相对简陋。但土司衙署所在地往往是民族经济文化交流的中心，从而形成土司城；土司城按照"法天而治"的原则区分为内城、外城与及城郊，并有一些功能性的分区。土司衙署是经过中央政府认可的地方政权机构。①

其二，土司职位世袭罔替，经朝廷承认即终身任职。与朝廷任命的流官的制度不同，"土官以世系承袭，不由选举"②，土司一经朝廷委任，就终身为官，父死子继，世代承袭。土司职务的终身制和世袭制具有较大的落后性，一方面，土司世袭其职使中央王朝弱化了对任职者能力及品格等素质的考察，无论贤愚不肖，符合承袭条件即可任职，于是"其祖父势利相传，其子弟恣睢相尚，不知诗书礼义为何物，罔上虐下，有由然矣"③。另一方面，土司世袭其职并终身任职，致使土司骄纵暴虐，无所底止。清人倪蜕分析曰："世每谓土官家争杀淫纵，悉属边蛮渗气，天固不与之以善性者，芟夷而刈杀之宜也。虽然，世禄之家，鲜克有礼。春秋二百四十年，《左传》所载诸侯、卿大夫家事，岂不有甚于今日土官家所为者。齐、鲁、郑、卫，岂是边蛮？而其骄纵杀夺，无所不有。盖非太公、康叔贻谋之不善，亦封建世官之流弊必至于此极者也。"④ 师范亦指出："盖各土司之喜人怒兽，皆世职有以致之。"⑤ 再一方面，世官世职的特权导致土司不必和流官一样尽忠职守，

---

① 成臻铭：《清代土司研究——一种政治文化的历史人类学考察》，中国社会科学出版社 2008 年版，第 19 页。另，龚荫《中国土司制度史》对云南土司的治所有较为详细的罗列。

② （清）蔡毓荣：《筹滇第二疏·制土人》，（清）鄂尔泰等修，靖道谟等纂：雍正《云南通志》卷二十九之四《艺文·奏疏》，国家清史编纂委员会：《文津阁四库全书清史资料汇刊》，商务印书馆 2006 年版，第 451 页。

③ 同上。

④ （清）倪蜕：《土官说》，（清）师范：《滇系》9《土司系上》，光绪丁亥云南通志局刊本，第 35 册。

⑤ （清）师范：《滇系》9《土司系上》，光绪丁亥（1887）云南通志局刊本，第 35 册。

"彼固有所恃而不恐，岁时馈献，不过差目具文，一有提调，则闭匿深藏，负嵎以待。其洋洋然山头望廷尉，良以平日无事，宽容太过。及其有事，虽有遣罚之名，曾无惩创之实，彼固视为故事。自谓土官世职，莫可如何。以致骄纵滋蔓，尾大不掉，所由肆屠虐而不悛，玩法纪若罔闻者。"① 朝廷任命流官必须经过选拔，且有一定的任期，土司则世袭而终身任职，这是其区别于流官的重要特点，也是土司制度最大的弊端。

其三，土司自署职官，有一套职官体系。清朝云南文武土司均由朝廷统一授予官职，为朝廷任命的官员，但土司之下的各属官并不经过朝廷任命，乃是土司自行设置和委派的员属。刘崑《南中杂说》记载，云南各郡县皆有"土司杂处其中，其酋之掌印者曰太爷，其下曰招把，曰把目，曰火头，皆属官也"。② 这一类土司属官不在清朝政府职官体系之内，因此不是朝廷经制官员，而是"属于土司辖内有职衔的职官，具有一定的管事权及小范围的财权和人事权"③。土司自署的职官直接向土司负责，而对于朝廷的义务相当薄弱，朝廷也不能对其进行直接的管理和控制。

其四，土司不入考成。清朝一定程度上加强了对土司的管理和控制，"凡土官，有功则叙，有罪则处，覃恩则封，死事则恤，治之皆如流官焉"，④ 事实上并不能如同流官一体加以管理。虽然清初土司有大计考核之例，但并不和流官同一标准。康熙五年（1666）覆准："四川、广西、云南、贵州各土司，系边方世职，其钱粮完欠，不必照流官例考成。"⑤ 甚至后来由于土司制度的种种弊病，清廷取消了土司考核

---

① （清）刘彬：《永昌土司论》，（清）师范：《滇系》9《土司系上》，光绪丁亥云南通志局刊本，第35册。

② （清）刘崑：《南中杂说》，王云五主编：《丛书集成初编》，商务印书馆1936年版，第18—19页。

③ 成臻铭：《清代土司研究——一种政治文化的历史人类学考察》，中国社会科学出版社2008年版，第18页。

④ （清）光绪朝《大清会典》卷12《吏部·验封清吏司》，沈云龙主编：《近代中国史料丛刊》第13辑，台北文海出版社1967年版，第82页。

⑤ （清）昆冈、李鸿章等纂：光绪朝《钦定大清会典事例》卷165《户部·田赋·土司贡赋》，光绪二十五年八月石印本。

之法。嘉庆《吏部处分则例》载："土司皆系世袭之员，必遇贪酷不法等罪，始行斥革另袭，例无升迁降调，无庸入于大计考核。"① 土司考核的取消，减弱了朝廷对土司的控制，土司更加骄纵无所顾忌。诚如清初蔡毓荣所说："我国家八法计吏，三年考绩，土官皆不预焉。不肖者无惩，间有一二贤者，亦无以示劝，欲其奉职守法也得乎？"② 蔡毓荣于吴三桂叛乱之后治理云南，洞晓土司制度的弊端，所言极有见地。清朝没有严格土司考成，无疑是一大失策。

其五，土司有自己所管辖的领地，管控辖境内的土地和人口。中央王朝对于土司地区拥有确定的主权，然不能直接管理土司地区的土地与人口。土司拥有其管辖范围内的一切土地和人民，既不由地方政府丈量土地，也不编审人丁。这种特殊的土地人口管理模式是由土司对中央王朝的赋役义务决定的。土地赋税方面，王弘祚指出："滇省土司，有土知府、知州、知县，有宣慰、宣抚、安抚、长官等司，名目不一。明初开辟，因投诚有功，授官锡土，令其自耕而食，所纳钱粮名曰差发银，较民地甚轻。"③ 清政府参照明代制度，由土司自报认纳一定的钱粮，或者参考明代赋额制定"照纳"的数目。清初少数民族归附，朝廷规定："云南苗渠求附，田土编入新添卫所，照例科粮，不得仍称土司。"④ 少数民族地区的田土丈量起科，归入新添卫所管理，则该土司实际上已被取消了。人口方面，人丁编审是清代赋役征收的重要基础，而少数民族人口由土司管理，例不编丁，不承担中央政府制定的丁银。"由于土司'世其土，即世其民'，所以土民在经济上被迫依附于土司，形成土司对土民的人身占有关系。而且，这种'主仆之分，百世不移'。"⑤ 少数民族人口对土司有沉重的经济义务，在土司地区，"彼之

① （清）嘉庆《吏部处分则例》卷6《考绩下》。
② （清）蔡毓荣：《筹滇第二疏·制土人》，（清）鄂尔泰等修，靖道谟等纂：雍正《云南通志》卷二十九之四《艺文·奏疏》，国家清史编纂委员会编：《文津阁四库全书清史资料汇刊》，商务印书馆2006年版，第451页。
③ 《户部尚书王弘祚揭帖》（顺治十六年正月十八日到），中研院历史语言研究所编：《明清史料》甲编第5本，1930年版，第442页。
④ （清）鄂尔泰等修，靖道谟等纂：雍正《云南通志》卷10《田赋》，国家清史编纂委员会编：《文津阁四库全书清史资料汇刊》，商务印书馆2006年版，第115页。
⑤ 李世愉：《清代土司制度论考》，中国社会科学出版社1998年版，第20页。

官世官也，彼之民世民也，田产子女，唯其所欲，苦乐安危，惟其所主，草菅人命若儿戏，莫敢有咨嗟叹息于其侧者。以其世官世民，不得于父，必得于子于孙，且数倍蓰，故死则死耳，无敢与较者。"① 土司地区的土地人口不归地方政府管理，故而在地方政府的赋役册籍中，土司区域土地人口数据大多空缺。根据清朝典制，云南人丁编审一般只针对汉族人口，"至番疆苗界，向来不入编审"。② "番疆苗界"统指汉族以外少数民族居住地区，即少数民族并不在清朝人丁编审的范围之内。因此，清代相关文献在记载云南的户口时，少数民族聚居地区往往从缺。康熙《云南通志》载广西府、元江府、丽江府、镇沅府、孟定府等"原系夷方，原未编审人丁"，或"原系彝方，并无人丁"。这些区域并非无人居住，而是当地世居少数民族人口不列为中央政府人丁编审的对象。直至道光《云南通志稿》中，广南府、普洱府、东川府、昭通府、元江府、镇沅直隶州等少数民族聚居地区的"户口"一项仍然因"旧系夷户，并未编丁"而呈现空白状态。少数民族既然不预编审，清朝中央政府便不能明了土司地区的人口情况，但这并不代表土司自己也没有统计。据"殉难腾冲，流落十载，滇中山川跋涉者十六七，彝汉人情阅历颇熟"的刘崐记载，云南土司"其钱粮计人而不计地"③。既然按照人口征取钱粮，则土司对其境内少数民族人口情况的了解是极为清晰的，土司必定掌握登载境内人口数目的册籍，只是不上交到地方政府而已。

综合土司制度的内容及其特点，土司制度是一种特殊的地方政权形式，土司是世袭的朝廷命官，土司政府是王朝国家体制之下的一级政府，土司区为国家政区，实行的是"因俗而治"的民族地方统治。在地方行政管理上，土司制度与郡县制有根本的区别，宣统三年（1911）民政部奏各省土司拟请改设流官，略称："西南各省土府、州、县及宣

---

① （清）刘彬：《永昌土司论》，（清）师范：《滇系》9《土司系上》，光绪丁亥（1887）云南通志局刊本，第35册。

② （清）昆冈、李鸿章等纂：光绪朝《钦定大清会典事例》卷157《户部七·编审》，光绪二十五年石印本。

③ （清）刘崐：《南中杂说》，王云五主编：《丛书集成初编》，商务印书馆1936年版，第19页。

慰、宣抚、安抚、长官诸司之制，大都沿自前明，远承唐宋，因仍旧俗，官其酋长，俾之世守，用示羁縻，要皆封建之规，实殊牧令之治。"① 从实质上来说，土司统治是一种半割据状态，其落后性显而易见。②

随着清代云南土司制度的发展，土司作为地方政权的代表，与中央政权体制不一，其与内地政治制度的不协调性越来越突出，影响着多民族国家的统一和巩固。一方面，"土司各有土地、人民，而其性各不相下，往往争为雄长，互相仇杀，一不禁而吞并不已，叛乱随之"③。土司之间互相仇杀，征战不休，如"云南广南一府，山深瘴重，汉少彝多，土目人等，往往因私嫌小忿仇杀不已。"④ 土司的存在使云南地方行政体制不一，不利于地方的稳定。另一方面，土司势力膨胀，对多民族"大一统"政治形势的发展构成严重的威胁。刘彬《云南土司论》指出，云南土司势大骄纵，为恶最深，"往者滇省常受其害……一夫作难，全省震荡"。⑤ 况且"蜀粤皆有土司，而滇之土司与他省异，非有披坚执锐之功，拓土开疆之绩，不过据地以献，愿当差发，当事者锡之号纸，聊示羁縻而已。且土司弱则为边之盗，强则为国之敌，麓川、乌蒙其明征也。"⑥ 云南作为清朝的西南边疆，土司无论强弱，都影响着统一国家的长治久安。

总之，土司制度是一种特殊的民族地方政权形式，清代土司制度的

---

① 刘锦藻：《清朝续文献通考》卷136《职官考二十二·直省土官》，王云五主编：《万有文库》，第2集，商务印书馆1936年版，《考》第8964页。

② 龚荫：《明清云南土司通纂》，云南民族出版社1985年版，第21页；龚荫：《中国土司制度》，云南民族出版社1992年版，第163页；成臻铭：《清代土司研究——一种政治文化的历史人类学考察》，中国社会科学出版社2008年版，第3页；周振鹤：《中国行政区划通史·总论》，复旦大学出版社2009年版，第134页。

③ （清）蔡毓荣：《筹滇第二疏·制土人》，（清）鄂尔泰等修，靖道谟等纂：雍正《云南通志》卷二十九之四《艺文·奏疏》，国家清史编纂委员会编：《文津阁四库全书清史资料汇刊》，商务印书馆2006年版，第451页。

④ 《云贵总督高其倬谨奏请调补将备折》（雍正元年五月十二日），张书才主编：《雍正朝汉文朱批奏折汇编》第1册，江苏古籍出版社1989年版，第380页。

⑤ （清）刘彬：《永昌土司论》，（清）师范：《滇系》9《土司系上》，光绪丁亥（1887）云南通志局刊本，第35册。

⑥ （清）曹春林：《滇南杂志》，清嘉庆十五年刊本影印，王有立主编：《中华文史丛书》之110，华文书局股份有限公司1969年版，第7页。

推行，在云南边疆少数民族地区构成了郡县制以外的一种地方行政管理系统，使云南行政管理体制呈现出差异化的特征。土司统治与清朝"大一统"政治局面存在着尖锐的矛盾，严重削弱了统一国家的整体性。随着清朝国家势力向西南边疆的推进，废除土司制度，实现云南地方行政管理体制一体化，必然成为清朝统治者对云南边疆民族地区的施政内容。

第二节　清代云南改土归流与土司政治区域的变动

顺治末年平定云南后，为了稳固其统治，清朝延续了明代的土司制度，对少数民族地区实行政治上的间接统治。但是随着多民族国家"大一统"政治形势的发展，土司对云南少数民族地区的间接统治与中央集权的矛盾日益突出，于是清政府采取了改土归流的措施。云南在顺治末年及康熙年间已小范围实施了改土归流，然而大规模的改土归流到雍正年间方才正式开展。云南边疆民族地区的改土归流一直持续到清朝末年，与云南向内地政治一体化的发展进程相始终。

一　康熙年间土司政策与云南土司政治区域的变动

与多尼、吴三桂等人率军挺进西南地区同时，清朝开始了针对土司子弟进行儒学教育的改革。顺治十五年（1658）题准："土司子弟，有向化愿学者，令立学一所，行地方官，取文理通明者一人充为教读，以司训督，岁给饩银八两，膏火银二十四两，地方官动正项支给。"[1] 云南甫经平定，这一政策便得到切实的执行，顺治"十八年，令滇省土官子弟就近各学立课教诲"[2]，将投诚归附的土司子弟纳入国家儒学教育体系之中。

清代初年，中央政府通过土司来实现对云南边疆民族地区的统治，土司制度得到一定程度的恢复和发展。但这一趋势很快被吴三桂叛乱的

---

[1] （清）昆冈、李鸿章等纂：光绪朝《钦定大清会典事例》卷396《礼部·学校·各省义学》，光绪二十五年石印本。

[2] （清）清高宗敕撰：《清朝文献通考》卷69《学校七》，"十通"第9种，第1册，万有文库本，商务印书馆1936年版，《考》第5489页。

爆发打断，从康熙十二年（1673）年底至二十年（1681），清朝失去了控制云南土司的能力。三藩之乱平定以后，清朝再次面临处理云南土司政治势力问题。云贵总督蔡毓荣认为："滇省汉土交错，最称难治。治滇省者，先治土人，土人安而滇人不足治矣。然非姑结之以恩而能安，亦非骤加之以威之所得治也。查土人种类不一，大都喜剽劫，尚格斗，习与性成。其土目擅土自雄，争为黠悍，急之则易于走险，宽之乃适以生骄。故从来以夷治夷，不惜予之职，使各假朝廷之名器，以慑部落而长子孙。"① 中央政府还没有足够的人力、物力来实现对少数民族地区的直接统治，唯一可行的办法仍然是保留土司制度。

但在吴三桂叛乱期间，清朝初步建立起来的土司制度遭到极大破坏，"自吴逆构叛，悉征土兵，滥加土秩，伪总兵、副将、伪参游、都守遍及诸蛮，甚或充伪将军、伪监军，狂逞无忌。"尽管清朝军队第二次平定云南，各土司先后归诚，然"骄纵既久，驯服为难，如马之既轶而复归也，如鹰之久飏而初附也，则所以谨其衔策，制其饥饱者，不可不亟讲也。"蔡毓荣针对云南土司制度的实际情形，提出了相应的"制土人"的办法，其中一项与清朝初定云南时令"土官子弟就近各学立课教诲"相呼应，建议朝廷"著为定例，嗣后土官应袭者，年十三以上，令赴儒学习礼，即由儒学起送承袭，其族属子弟有志上进者，准就郡邑一体应试，俾得观光上国，以鼓舞于功名之途。古帝舜敷文德，以格育苗，由此志也。"② 这一建议得到清圣祖的认同，③ 遂派遣库勒纳到西南"区画土司事宜"，康熙二十二年（1683）十一月，"库勒纳疏请如蔡毓荣言。寻礼部议：'云、贵二省应各录取土生二十五名，其土司隶贵州者，附贵阳等府学，隶云南者、附云南等府学，不准科举，亦不准补廪出贡'。从之。"④ 虽然朝廷没有允准土司子弟参加科举考试，

---

① （清）蔡毓荣：《筹滇第二疏·制土人》，（清）鄂尔泰等修，靖道谟等纂：雍正《云南通志》卷二十九之四《艺文·奏疏》，国家清史编纂委员会编：《文津阁四库全书清史资料汇刊》，商务印书馆2006年版，第450页。

② 同上书，第451页。

③ 《清世祖实录》卷106"康熙二十一年十二月癸未"条载："九卿会议云南贵州总督蔡毓荣条奏土司事宜，上谕大学士等曰：'此内土司承袭事宜，似属有理。'"

④ 《清世祖实录》卷113，康熙二十二年十一月癸酉，中华书局1985年版（影印本），第2册，第106页。

但从此接受汉文化便成为承袭土司职位的重要标准。

有论者认为，"清朝新的土司承袭制度和针对土司的教育政策的制定，实际已将明代的土司看作是忠诚于清朝的边疆官吏"，甚至顺治、康熙时期"土司制度最根本的变化是清朝官员们已将土司看作是朝廷竭力推进西南边疆与内地一体化的重要组成部分"。① 虽然中央政府与土司的关系日益密切，但当土司政治势力与朝廷发生严重抵牾时，清朝仍然毫不犹豫地将其改土归流。

康熙四年（1665）三月，云南发生一次声势浩大的土司叛乱，新兴土酋王耀祖、宁州土知州禄昌贤纠合迤东诸土司，"窃据新兴，僭号大庆，谋犯省城。分遣贼党王义、齐正陷易门，攻昆阳、河西；宁州土酋禄昌贤陷宁州，攻江川、通海、宜良，窥澂江府；嶍峨县土酋禄益陷嶍峨；伪开国公赵印选攻弥勒，龙韬等攻石屏，谋犯广西；王朔、李世藩等攻临安府城。滇南震动。"总督卞三元、巡抚袁懋功、提督张国柱发兵征讨，当时吴三桂在贵州征剿水西土司安坤，得讯后遣王辅臣援弥勒、赵得胜援石屏。四月，吴三桂返回云南，分兵平乱。七月，"卞三元、张国柱、吴三桂分剿蒙自、新兴、邱北等处，擒禄昌贤、王耀祖、王朔、张长寿、李世藩、沈应麟、龙元庆等，悉诛之。余党李世屏、普率等悉率众投诚"。王、禄叛乱历时五个月，终于被平定。②

王、禄之叛平定后，对于虽然参与叛乱，但清军平定过程中主动投降的土司，如纳楼茶甸副长官普率，清朝采取赦免政策，依然保留了土司之职。其余土司多被废除，主要有：

（1）宁州土知州。土知州禄昌贤，清初平定云南时投诚，仍授世职，顺治十七年（1660）降为州同。次年因为举发梅道人等谋逆之事，恢复土知州原职。康熙四年（1665）禄昌贤反叛被杀，宁州改设流官知州。

（2）嶍峨县土知县。土知县禄益，清初平滇时投诚，仍授世职。康熙四年（1665）与禄昌贤等反，后逃匿，职除。嶍峨县改设流官

① John E. Herman：《帝国势力深入云南：清初对土司制度的改革》，于晓燕译，陆韧主编：《现代西方学术视野中的中国西南边疆史》，云南大学出版社2007年版，第179—180页。
② 《清圣祖实录》卷15，康熙四年六月，中华书局1985年版（影印本），第1册，第232页。

知县。

（3）嶍峨县土主簿。土主簿王扬祖，清初平滇时投诚，仍授世职。康熙四年（1665）与禄昌贤等反，被清军擒杀，职除。

（4）蒙自县土县丞。土县丞李世藩，康熙四年（1665）同禄昌贤反，职除。

（5）新平县南峒土巡检。土巡检易象极，清初平滇时投诚，仍授世职。康熙四年（1665）三月王、禄叛，象极附逆，官兵捕斩之，职除。

（6）溪处甸副长官司。副长官赵恩忠，清初平滇时投诚，仍授世职。康熙四年（1665）王、禄叛，恩忠附逆，官兵捕斩之，职除。其地入临安府。

（7）王弄山副长官司。王弄山副长官王朔，兼掌安南副长官司之地，清初平滇时投诚，授世职。康熙四年（1665）王朔与禄昌贤等反，官兵攻破之，朔自焚死。康熙六年（1667）以王弄山、安南二副长官司之地设置开化府。①

（8）教化三部长官司。明初设副长官，"一在八寨，又名阿雅；一在枯木；一在教化山，合三部为一，故曰三部"②。顺治十六年（1659），副长官张长寿（又名龙升）投诚，授世职。康熙四年（1665）王、禄叛，长寿附逆，捕诛之，土司废除。其地并入开化府。

本次改土归流，清朝还废除了一些小的土司，如新平县摩沙土巡检普承勋因各土司叛，遁去，土司职被废除。③ 康熙五年（1666）五月，削除新兴州铁炉关土巡检④。上述土司革除以后，其辖地大多被归并所在府、州、县。唯教化三部、王弄山、安南三副长官司地界相邻，境域广阔，康熙六年（1667）二月，"以临安府属教化、王弄、安南三长官

---

① 以上根据（清）范承勋等修，吴自肃、丁炜等纂：康熙《云南通志》卷27《土司》。

② （清）王崧：《道光云南志钞》卷7《土司志上》，刘景毛点校，云南省社会科学院文献研究所1995年版，第441页。

③ （清）王文韶等修，唐炯等纂：光绪《续云南通志稿》卷79《武备志·戎事·改土归流事略》，清光绪二十七年刊本。

④ （清）倪蜕：《滇云历年传》卷10，李埏校点，云南大学出版社1992年版，第525页。

司地置开化府，设流官，建儒学。并拨忠勇中、左二营为开化镇。"①

吴三桂叛乱平定后，清政府采取各种措施治理云南，使中央对云南地方的统治稳固下来。至康熙末年，云南又废除了几家土司。

（1）阿迷州原有土目李氏。顺治十八年（1661）李阿侧纳款，得州东土司札。康熙四年（1665）迤东土司王朔等反，李阿侧不从，并与子协助官兵平叛；康熙五年（1666）以讨叛之功题授土知州，世袭其职。②传至李廷枢，康熙三十年（1691）廷枢故，无子，知州王来宾"遂详上宪，革去世职，地土、钱粮悉归流官管辖，可谓拨乱反正之一时也。"③

（2）新平县扬武坝土巡检。康熙二十九年（1690）十月，"新平县扬武坝土巡检李尚义诱集土夷叛，总督范承勋檄临元镇总兵王洪仁、游击刘师周率兵往剿。三十年正月，擒李尚义正法。遂除扬武坝土巡检，改设流官。"④

（3）永宁土府。康熙三十七年（1698）十月己酉，吏部等衙门议覆："云南北胜州逼近蒙番，与永宁府接壤。查永宁府并无城郭市廛，止设掌印同知一员，未立衙署，该地土司无人管摄。请将永宁府裁去，以北胜州改为永北府。"⑤从之，裁永宁土府，并入永北府。

（4）蒙自县土县丞。康熙四年（1665）年，蒙自土酋李世屏附从禄昌贤叛乱，投诚以后被安置于大理。"吴三桂反，给世屏伪总兵札，复滇后，世屏投诚，授蒙自土县丞，不予世袭。"⑥至康熙四十三年

---

①　（清）倪蜕：《滇云历年传》卷10，李埏校点，云南大学出版社1992年版，第525页。

②　《清圣祖实录》卷19"康熙五年七月乙酉"条："叙助剿土酋禄尚贤功，授云南阿迷州土目李阿侧为阿迷州土知州，准其世袭。"

③　（清）陈权修，顾琳纂：雍正《阿迷州志》卷11《沿革·土司始末》，《中国方志丛书》第258号，台北成文出版社1967年版，第534页。

④　（清）王文韶等修，唐炯等纂：光绪《续云南通志稿》卷79《武备志·戎事·改土归流事略》，清光绪二十七年刊本。

⑤　《清圣祖实录》卷190，康熙三十七年十月己酉，中华书局1985年版（影印本），第2册，第1017页。

⑥　（清）王崧：《道光云南志钞》卷7《土司志上》，刘景毛点校，云南省社会科学院文献研究所1995年版，第387页。

（1704）李世屏死，废除蒙自县土县丞。①

纵观康熙一朝，王朔、禄昌贤等叛乱引发的废除迤东诸土司乃是唯一具备规模和施行相对彻底的改土归流事件。从此可以看出，康熙时期的改土归流是较为被动的，所改流的多是对抗中央或已形成割据威胁的土司。正如有论者所指出，康熙朝极力保持中央政府与云南土司之间的稳定关系，并没有既定的改土归流方针。②

康熙时期对待云南土司的策略，实际上还是"螳怒者芟刈略尽，而革面者仍予宽大之典，授彼故秩"。③ 这与清初统治者的边疆政策是相吻合的，康熙二十五年（1686）云贵督抚及四川广西巡抚俱疏请征剿土司，清圣祖没有批准，其谕大学士等曰："朕思从来控制苗蛮，惟在绥以恩德，不宜生事骚扰……朕惟以逆贼剿除，四方底定，期于无事。"可见清初统治者的边疆政策是力争安定、期于无事。在这样的政策下，"九卿等会议：'土司劫掠，应敕该督抚，剿抚并用，请颁上谕，通行晓谕'。从之。"④ 清初对于土司"绥以恩德"及"剿抚并用"思想的贯彻，决定了康熙年间在云南改土归流的被动与毫无规划。就此看来，康熙年间对云南的改土归流，是服从于当时治理边疆的大局的，适应了客观现实的需要。

二 雍正年间大规模改土归流与云南土司政治区域的变动

清朝初年在西南地区实行土司制度是权宜之计，试图通过土司对少数民族地区的管理达到稳定边疆的目的。但"其时土司既各拥有土地人民，复多储甲械，高筑堡寨以自固，不受中央王朝之节制，则与分土称王何以异？"⑤ 土司制度作为一种特殊的地方政权形式，与中央集权

---

① （清）王文韶等修，唐炯等纂：光绪《续云南通志稿》卷79《武备志·戎事·改土归流事略》，清光绪二十七年刊本。

② John E. Herman：《帝国势力深入西南：清初对土司制度的改革》，于晓燕译，陆韧主编：《西方学术视野中的中国西南边疆史》，云南大学出版社2007年版。

③ （清）范承勋等修，吴自肃、丁炜等纂：康熙《云南通志》卷27《土司》。

④ 《清圣祖实录》卷124，康熙二十五年二月庚子，中华书局1985年版（影印本），第2册，第319页。

⑤ 王钟翰：《清史新考·雍正西南改土归流始末》，辽宁大学出版社1990年版，第195页。

无法长期并存。到雍正年间,随着多民族"大一统"政治形势的发展,中央政府对西南地区统治日益深入,土司制度与中央集权制的矛盾凸显出来。同时,土司之间及土司内部暴力事件不断升级,[①] 土民与土司的关系日益紧张,土司与清王朝中央政权的矛盾日趋尖锐,各种社会问题层出不穷,土司制度的发展已被历史证明不适应多民族国家的统一和巩固,改流成为客观需要。[②] 于是雍正年间清朝政府转变了对土司制度的基本态度,开始在西南地区推行大规模的改土归流。

经过清初数十年的经营和治理,雍正年间云南与内地的联系日益密切,已然成为清朝多民族统一国家不可分割的一部分,而众多土司半割据状态的存在严重阻碍了多民族"大一统"政治局面的发展。云南地方的大患在于土司,"云南土官多半豪强,所属苗众悉听其指使,残暴横肆,无所不为。其土官懦弱者,凶恶把目,为害尤甚,不但目无府州,亦并心无督抚。及至事大经官,或欲伸理,彝等暗行贿赂,捏详结案。上司亦不深求,以为镇静。而刁抗不法,任拘不到者,又复不可奈何,隐忍了事。"[③] 在土司势力对地方治理造成极大障碍的形势下,云南不可避免地成为改土归流的主要地区。

雍正元年(1723)云南即已开始改土归流,至雍正四年(1726)云贵总督鄂尔泰上疏朝廷,分析了土司的危害,"苗倮逞凶,皆由土司;土司肆虐,并无官法,恃有土官土目之名,行其相杀相劫之计,汉民被其摧残,彝人受其荼毒,此边疆大害,必当剪除者也"。鄂尔泰认为,治理云南的关键在于解决土司问题,"若不尽改土归流,将富强横暴者渐次擒拿,懦弱昏庸者渐次改置,纵使田赋、兵刑尽心料理,大端终无头绪。稍有瞻顾,必不敢行,稍有懈怠,必不能行。"因此,势必将强梁顽梗的土司改土归流,"统计滇黔,必以此为第一要务。""改归

---

① 有论者认为,康熙朝对土司承袭及教育制度的改革,导致了土司内部的分化,由此引发暴力事件。参 John E. Herman:《帝国势力深入西南:清初对土司制度的改革》,于晓燕译,陆韧主编:《西方学术视野中的中国西南边疆史》,云南大学出版社 2007 年版。

② 李世愉先生对雍正时期改土归流条件和时机有深入的研究,详见《试论清雍正朝改土归流的原因和目的》,《北京大学学报》(哲学社会科学版)1984 年第 3 期。

③ 《管云南总督事鄂尔泰奏谢御赐人参等物并陈愚悃恭缴朱批十件折》(雍正四年十一月十五日),张书才主编:《雍正朝汉文朱批奏折汇编》第 8 册,江苏古籍出版社 1989 年版,第 444 页。

之法，计擒为上策，兵剿为下策，令自投献为上策，勒令投献为下策。"①鄂尔泰的建议得到清世宗的支持，云南大规模改土归流活动正式展开。

雍正时期云南的改土归流，从地理区域上可大体分为滇西、滇南和滇东北三个大区：

(1) 滇西地区

雍正时期云南首先在丽江府拉开改土归流的序幕。丽江木氏土司，自明初以来世任丽江土知府职，明清鼎革，土知府木懿投诚，仍给土知府印。康熙五十九年（1720）川滇同时出兵西藏，木氏率军随征，土知府木兴染病，于十一月初九日病故。应袭土司职的木崇随师进军，"在边餐雪宿露，亦染寒湿，遂成浮肿之症，及至回师，不可医治"。雍正元年（1723）朝廷乃准木兴之弟木钟继任土知府职。木钟管理土府事务"仅四十余日，远支族人阿知立等因兴、崇继亡，心生觊觎，首众为谋，捏控胞兄任内五虎十四彪头人指公摊派事案，诋云贵总督高与川督年公有旧，受嘱复巴松之恨，因此具题改设归流，以土府易流府，流通判换土通判。"② 事实上，木氏与年羹尧的私人恩怨不是丽江府改土归流的决定性因素，土民对木氏的控诉仅是改土归流的导火索，丽江府改土归流是由清王朝加强中央集权统治需要与木氏自身势力的衰弱及腐败苛暴决定的。③ 丽江土府革除后，改设流官知府，"一辖府事，

① 《云南巡抚鄂尔泰奏报剪除彝官清查田土折》（雍正四年九月十九日），张书才主编：《雍正朝汉文朱批奏折汇编》第 8 册，江苏古籍出版社 1989 年版，第 115 页。

② 以上据《木氏宦谱》。又（清）高其倬：《丽江府改设流官疏》："前承袭丽江土知府木兴病故，以侄木崇为嗣，未及请袭，又复病故。今以木崇之叔木钟请袭……木兴在日……累派土人，至今告诉不已，木钟在地方亦不能管辖。木兴前罪未惩，木钟又不能胜任，不但法宪未允，且恐贻误地方。丽江府原设有土知府一员，流官通判一员，今照云南姚安等府之例，将知府改为流官，将通判改为土官，一转移间，实有裨益。"《清世宗实录》卷 33 "雍正三年六月戊辰"条："云贵总督高其倬题：云南丽江府土知府木兴病故，臣以其胞弟木钟声名平常，不能管辖土人，将丽江土知府奏请改流，以流通判改为土通判在案。今查木钟之外，悉皆远族，请将木钟改袭丽江府土通判。下部知之。"

③ 周琼：《从土官到缙绅：高其倬在云南的和平改土归流》，《中国边疆史地研究》2004年第 3 期。另外，伍莉《清代丽江府和平改土归流原因新议》（《思想战线》2012 年第 2 期）一文认为，清代丽江木氏土知府丧失了对康南藏区的控制权，并且随着清朝逐渐直接、稳固地控制康南藏区，木氏"屏藩西北""镇御蕃鞑"的战略地位和作用进一步下降，兼之家族矛盾导致木氏统治基础动摇，一系列因素促成了丽江府的改土归流。

一切制度，焕然维新"。①丽江府从此成为"正府"。②

丽江府改土归流完成后，云贵总督高其倬又着手对姚安府土同知高氏的改土归流。高氏是高泰祥的后裔，世居姚安，明初授土同知职，清朝平定云南，高奣映投诚，仍授世职。传至高厚德，"以与土民争讼左却十马地营求事发"，雍正三年（1725）年底被高其倬参奏，仍请革袭。③案件审理长期拖延，至雍正五年（1727）八月，"刑部议覆：'云南巡抚杨名时疏参姚安府土同知高厚德，占夺民田，欺隐庄地，请革其世职，改设流官，迁其家口于省城。应如所请。'从之。"④雍正七年（1729）四月二十日，高厚德奉旨安置江南省城。

雍正四年（1726），高其倬又将纵贼殃民的阿迷州土司李氏改土归流。阿迷原有土知州，清顺治十六年（1659）土知州阿尚爕归附，仍授世职。传至李思敬时，吴三桂叛乱爆发，"李思敬助逆，经吴三桂伪授制胜将军。迨后恢复云南，李思敬不出，而令伊子李廷枢投诚，仍授为土知州。后廷枢病故，冒宗之子李廷正妄请承袭，经本州民夷控告，随具题革袭，改土归流。"后来，"知州王来宾捏详各寨皆系夷民，钱粮难催，彼时李廷枢之父李思敬尚在，复详准委为土催"，可见康熙年间改土归流并不彻底。李氏"名为代催钱粮其实卖与人民，正额银米一倍，硬收三倍。此外随时随事之苛派不一而足，纵用头人，虐害夷户……自李纯替管以来，苛虐更甚，派累愈多。抗欠正课，任催不应，反累知州赔垫"。李纯还"暗胁夷人不许完课交官，伊尽暗收，又加杂派。屡次抗欠各项银共二千七百余两，数次提拘，负固不出。是旁甸乡之一百九十八寨系早经归流之土，竟为李纯抗占。是李纯一日不拿，钱

① （清）朱凤英：《丽江府志略序》，（清）管学宣修，万咸燕纂：《丽江府志略》，乾隆八年刻本。

② 清朝中央将流官管理的府称为"正府"，以与土府、军民府相区别。《清朝通典》曰："丽江府，旧为军民土府，雍正元年改设流官，为正府。"［（清）清高宗敕撰：《清朝通典》卷96《州郡七·云南省》，王云五主编《万有文库》第2集，商务印书馆1935年版，《典》第2727页。］

③ （清）倪蜕：《滇云历年传》卷12，李埏校点，云南大学出版社1992年版，第579—580页。

④ 《清世宗实录》卷60，雍正五年八月甲申，中华书局1985年版（影印本），第1册，第912页。

粮一日不完，民害一日不去"。高其倬于是将李纯拿获，并搜获李氏私藏的枪炮、甲械、火药等物。为防后患，将李氏家口移置省城，李氏土司被彻底革除。[①]

此外，雍正二年（1724），裁户撒、腊撒二长官司[②]。雍正五年（1727），永平县土县丞马燕以父子同恶相济，革职。[③] 雍正九年（1731），土州判赵元丽以遗失号纸被革职。[④]

总计从雍正元年至九年（1723—1731），滇西地区共革除土司七家，为土府、土府同知、土州判、土县丞、土催各一家，长官司二家。七家土司的改土归流均以和平方式完成。

（2）滇南地区

滇南地区地域辽阔，山深箐大，为彝族、傣族、基诺族、哈尼族等多个少数民族的聚居区。清代在滇南的改土归流，首先从鲁魁山一带彝族地区开始。

雍正元年（1723）十月，"鲁魁贼目"方景明、普有才纠众骚乱，与彝族头目施和尚互相攻杀。施和尚携带家小逃到元江知府张家颖家中，方、普等人围攻元江城。元江城势危，守城副将吴开圻无奈将施和尚一家驱出城外，方、普等人斩杀施和尚一家，并将其所管寨房焚烧一空。此事震动云南地方，总督高其倬及参议李卫立即部署追剿，方景明遂潜入深山密林，绕小路投奔彝族头目陈哈巴寨内。高其倬等地方大员采取了剿抚兼施的策略，方景明走投无路，便和方四、普白赊、李篾巴至元江投诚。普有才由镇沅逃入威远土州地方，土知州刀光焕隐匿不报。高其倬一面严檄威远土州、镇沅土府，令将普有才查拿解送，一面令元江文武招谕陈哈巴投降。陈哈巴不肯投降，又逃入里先江外土司地方，纠合方景明家余党六七百人往车里宣慰司所属茶山一带抢掠。雍正

① 赵尔巽等：《清史稿》卷514《土司三·云南》，中华书局1977年版，第14260页。

② 《嘉庆重修大清一统志》卷498《云南省·腾越直隶厅》，《四部丛刊续编》本，商务印书馆1934年版。

③ （清）鄂尔泰等修，靖道谟等纂：雍正《云南通志》卷24《土司》，国家清史编纂委员会编：《文津阁四库全书清史资料汇刊》，商务印书馆2006年版，第391页。

④ （清）王崧：《道光云南志钞》卷8《土司志下》，刘景毛点校，云南省社会科学院文献研究所1995年版，第417页。

二年（1724）八月，官兵会集威远，将土知州刀光焕擒拿；普有才携幼子逃出外夷之地；陈哈巴率众逃入蛮先小寨，于八月二十三日中枪自刎，骚乱基本平定。方景明原为结白巡检司土巡检，普有才为了味巡检司土巡检，隶元江府新平县。雍正三年（1725）高其倬上疏，"土官方、普二姓纠众骚扰，所有二姓土巡检承袭之处，应永远停止。"①

在平乱过程中，高其倬认识到，鲁魁、哀牢山向来为逋逃之薮，"历来野贼事急，必逃入鲁魁，若鲁魁又存站不住，必逃入哀牢。贼入鲁魁，攻擒犹易，贼入哀牢，剿捕即难。"鲁魁山一带之所以难以控制，并不由于"林深箐密，搜捕难施"，关键乃在于威远州。因为，"哀牢一山，各州县营汛环其三面，其西南一面则系威远土州、镇沅土府及车里宣慰司之地，而威远尤当冲要。贼人无事之时，与土司及其子弟头人皆结婚姻，或拜为父子，或盟为兄弟。一经有事，官兵三面围攻，贼即从土司一面逃出。土司即行护庇藏匿，或纵出境外烟瘴之地，令官兵难以前往查捕。"土司管辖下的威远州实为清政府控制薄弱的一个缺口，"云南形势，亦必须于哀牢西南一面安住官兵，则野贼巢穴四面皆成内地，如在掌握之中，动即成擒，无处可走"。欲稳定鲁魁山一带少数民族地区，必须严格管控威远土州，所以高其倬提出将威远改土归流。② 按照高其倬的筹划，"威远土州，应请改土归流，一则云省门户坚完，再则夷民如出水火。其地请设抚夷清饷同知一员，兼管盐井；经历一员，兼管司狱事；井大使二员，分管按板、抱母及各处土井，煎办盐斤。"③ 出于滇南地区"永远宁谧"的需要，雍正三年（1725）四月，朝廷批准高其倬的奏请，改威远御夷州为威远直隶厅。

雍正四年（1726）鄂尔泰抵达云南，出任云南巡抚管云贵总督事，他"凡遇彝情，无不细心访察"，至本年六、七月间，即形成系统改土

---

① 《清世宗实录》卷31，雍正三年四月乙未，中华书局1985年版（影印本），第1册，第482页。

② 《云贵总督高其倬奏报野贼情形并参土司四姓归流不职折》（雍正二年四月十九日），张书才主编：《雍正朝汉文朱批奏折汇编》第2册，江苏古籍出版社1989年版，第842—843页。

③ （清）高其倬：《筹酌鲁魁善后疏》，（清）鄂尔泰等修，靖道谟等纂：雍正《云南通志》卷二十九之五《艺文·奏疏》，国家清史编纂委员会编：《文津阁四库全书清史资料汇刊》，商务印书馆2006年版，第468页。

归流的思想。① 鄂尔泰认为："滇黔大患，莫甚于苗倮；苗倮大患，实由于土司。"② 因此治理云南的关键在于改土归流。诚如《雍正西南夷改流记》所说，云南"恒视土司为治乱"；"欲安民，必先制夷；欲制夷，必改土归流。"③ 鄂尔泰先从势力较小、残虐害民的土司入手"改土归流，为惩一儆百之计"④。经过察访，镇沅土知府刀瀚"势重地广，尤滇省土司中之难治者也。查刀瀚人本凶诈，性嗜贪淫，自威远盐井归公，长怀不法。强占田地，阻挠柴薪，威吓灶户，擅打井兵，流毒地方，恐贻后患"。乃于六月十九日将刀瀚擒拿，"并撤取印信号纸，押至临安转解"。⑤ 结束了镇沅土府统治的历史。

在筹划滇南形势时，鄂尔泰亦发现，"附近镇沅之者乐甸地方，与元江、新平、景东接壤，四面皆邻汉土，一线紧逼哀牢，素为野贼出没门户。其江形山势，尤为险阻，且当按板各井驼盐要道"。者乐甸"原系世袭土长官司管辖，该长官司刀联斗昏庸乖戾，受汉奸把目主使，为害地方，民彝怨恨，若不一并改流，终难善后"。这对滇南的稳定极为不利，只有将其改土归流，才能真正在哀牢山四周形成流官知府控制势力，从而实现地方的安靖。因此，鄂尔泰"即委杨国华同刘洪度止带兵一百名，径至者乐甸质审案拟，相机行事。而刀联斗自知罪无可逃，随即出迎，投献印信号纸，但求免死，情愿归流"。者乐甸改土后，"但收其田赋，稽其户口"，对于刀联斗则"仍量予养赡，授予职衔冠带终身，以示鼓励"。⑥ 雍正五年（1727），于原者乐甸长官司地设恩乐

① 鄂尔泰改土归流思想形成的时间，魏源《圣武记·雍正西南夷改流记》以为是雍正四年春，其后《清史稿》等书沿袭其说，影响甚巨。然经刘本军研究，鄂尔泰提出改土归流始于雍正四年六月二十日的奏折，其改土归流思想形成的时间是六、七月间。参刘本军《震动与回响：鄂尔泰在云南》，博士学位论文，云南大学，1999年。

② 《云南巡抚鄂尔泰奏擒制镇沅窝益积恶土官折》（雍正四年七月初九日），张书才主编：《雍正朝汉文朱批奏折汇编》第7册，江苏古籍出版社1989年版，第632页。

③ （清）魏源：《圣武记》卷7《雍正西南夷改流记》，韩锡铎、孙文良点校，中华书局1984年版，第383—384页。

④ 《云南巡抚鄂尔泰奏苗寨防御事宜折》（雍正四年六月二十日），张书才主编：《雍正朝汉文朱批奏折汇编》第7册，江苏古籍出版社1989年版，第493页。

⑤ 《云南巡抚鄂尔泰奏擒制镇沅窝益积恶土官折》（雍正四年七月初九日），张书才主编：《雍正朝汉文朱批奏折汇编》第7册，江苏古籍出版社1989年版，第632页。

⑥ 《云南巡抚鄂尔泰奏报剪除彝官清查田土折》（雍正四年九月十九日），张书才主编：《雍正朝汉文朱批奏折汇编》第8册，江苏古籍出版社1989年版，第115—116页。

县，归新改流的镇沅府管辖。①

镇沅府废除傣族土司后，以威远同知刘洪度署理流官知府，"夷民既苦汉法繁委，洪度又方信用颇张，私谓：'丈量虽未遽行，而归流新府，田土宜清。'故山陬水澨，寸寸而量之。且谕：'三月为期，照亩上价。逾限不上，入官变卖。'又洪度不修廉隅，不饬仆隶，暴虐夷庶。甚至沿路索夫，兼要折贴水火夫供应。上下先纳班钱，背送薪炭菜蔬，亦有费用。冤愤难堪，激发思变。"②雍正五年（1727）正月十七日，原土司家族中的刀如珍率众攻占镇沅府衙门，杀害刘洪度及大小官吏。鄂尔泰派出大兵镇压，二月十四日，清兵四面进攻镇沅，刀如珍等寡不敌众，纷纷逃散。原土知府刀瀚之母，命其孙刀辅宸带领土目刀沛等十余人迎于军前，各投缴印信、关防，官军遂入府城。三月初四日，刀如珍和其他主要首领陶正纪、刀西明、刀廷贵等人均被官军捕获，招回逃散民众三千余户。刀如珍等被处斩，刀瀚家属及土目遣往他省安置。

雍正五年（1727）四月镇沅甫经平定，茶山发生麻布朋劫杀客商事件，普威营参将邱名扬、茶山守备李定海檄知车里宣慰使刀金宝协同擒拿，刀金宝派刀正彦等前来会商剿抚，刀正彦却谋夺取宣慰使之职。在滇南地区各种矛盾并发之际，鄂尔泰乘机用兵车里宣慰使所辖之茶山、孟养、橄榄坝等地。六年三月，刀正彦在勐腊被官军捉获，不久处死。在大兵深入孟养、攸乐、橄榄坝、九龙江等处的同时，鄂尔泰"必欲将六茶山千余里地，尽行查勘，安设营防……务期将各巢穴尽行搜遍，将各要隘尽行查明。不论江内江外，其逼近外国，应示羁縻之地，仍着落车里土司，以备藩篱。凡应安营设汛，并可建立州县之处，一一斟酌妥确，以为一劳永逸之举，庶滇省边彝可永无后患"。③已经有了将澜沧江下游傣族聚居区域改土归流的规划，凡"应安营设汛，

---

① （清）鄂尔泰等修，靖道谟等纂：雍正《云南通志》卷4《建置》，国家清史编纂委员会编：《文津阁四库全书清史资料汇刊》，商务印书馆2006年版，第52页。

② （清）倪蜕：《滇云历年传》卷12，李埏校点，云南大学出版社1992年版，第592页。

③ 《云南总督鄂尔泰奏陈滇南地方安设营汛管见折》（雍正六年二月初十日），张书才主编：《雍正朝汉文朱批奏折汇编》第11册，江苏古籍出版社1989年版，第659页。

并可建立州县之处"即应改流，只是与外国接壤的地方，仍应由车里宣慰司管辖，以备藩篱。车里宣慰司属于武职土司，具有护国捍边的作用。可见鄂尔泰对于这一区域的改土归流，是从安靖地方和保卫边疆两方面来考虑的。于是在大兵的威逼下，"民彝皆愿内附，而车里宣慰司刀金宝自知年幼，不能约束，业经具呈，情愿将江内各版纳归流官管辖。"江内版纳的改土归流，"实滇省大局所关，似无庸再计"。① 鄂尔泰上疏朝廷，提出："车、茶十二版纳，原俱隶宣慰司管辖，该土司刀金宝自以不能兼顾，以致属夷肆横。据请分设流官，实于地方有裨益。应将思茅、普籐、整董、猛乌、六大茶山及橄榄坝六版纳归流管辖，其余江外六版纳仍隶宣慰司经管。划清界址，造册达部。查普洱距元江府八站，原止设通判一员，并非正印。请于普洱设知府一员，钤束化导，并管征解钱粮地方事务。设经历一员，看守仓库禁狱，兼司缉捕。思茅接壤茶山，系车、茶咽喉之地，请将普洱原设通判移驻思茅，职任捕盗，经管思茅六茶山地方事务。"② 至此，鄂尔泰完成了其江内版纳设置郡县以平靖地方、江外仍归车里宣慰司以备藩篱的改土归流构思。雍正七年（1729）闰七月，朝廷批准鄂尔泰的奏报，"普洱等处六大茶山及橄榄坝江内六版纳地设普洱府，又设同知分驻攸乐，通判分驻思茅。其江外六版纳地仍属宣慰司，岁纳粮银于攸乐。"③

　　雍正年间滇南改土归流计革除土司五家，为土府、土州、长官司各一家，巡检司二家，另外普洱等处六大茶山及橄榄坝江内六版纳地区也进行了改土归流。以上改土归流都与少数民族地区的动乱事件有关，结果是除结白、了味二巡检司外，"镇沅、威远、恩乐等处俱经改流，创设府州县制"。④ 随着普洱府的设置，滇南范围较大的土司地区被改造

---

　　① 《云南总督鄂尔泰奏钦奉圣谕备陈版纳地方防务情由折》（雍正六年六月十二日），张书才主编：《雍正朝汉文朱批奏折汇编》第 12 册，江苏古籍出版社 1989 年版，第 671 页。

　　② （清）鄂尔泰：《请添设普洱流官营制疏》，（清）鄂尔泰等修、靖道谟等纂：雍正《云南通志》卷二十九之五《艺文·奏疏》，国家清史编纂委员会编：《文津阁四库全书清史资料汇刊》，商务印书馆 2006 年版，第 473—474 页。

　　③ （清）鄂尔泰等修，靖道谟等纂：雍正《云南通志》卷 4《建置》，国家清史编纂委员会编：《文津阁四库全书清史资料汇刊》，商务印书馆 2006 年版，第 54 页。

　　④ （清）鄂尔泰：《请添设普洱流官营制疏》，（清）鄂尔泰等修，靖道谟等纂：雍正《云南通志》卷二十九之五《艺文·奏疏》，国家清史编纂委员会编：《文津阁四库全书清史资料汇刊》，商务印书馆 2006 年版，第 474 页。

成正式的郡县制度，反映了清王朝的直接统治向滇南边疆少数民族地区深入和巩固，对该地区社会的整合、少数民族经济及文化的发展和民族关系的改善，都起到积极的作用。①

通观雍正滇南改土归流及设置举措，其于地方稳定及维护边疆有重大的关系，是与本区域特殊的地理区位相适应的。王钟翰先生对此有精辟的阐论："镇沅、威远、茶山、车里，则滇省之西南边境也，滇南诸俸，原不止威远、新平，近接鲁魁、哀牢两山，远连茶山、孟养诸地，绵亘数千里，直抵澜沧江外，无事近犯内地，有事远交外国……兵至外逋，兵退还居。自明以来无善策。乃鄂尔泰于五年冬乘进攻窝泥之余，命副将张应宗、参将邱名扬率兵数千，直抵孟养，彼深入攸乐、莽芝、橄榄坝等地。孟养离九龙江六十里，离攸乐七十里，离橄榄坝百四十里，于是破攸乐，据蛮破，以通声息；再由攸乐穷搜，抵于莽芝，抵于橄榄坝，其目的皆在交通线之打通。惟车里地方，江内江外，除车里宣慰司外，尚有茶山、孟养、老挝、缅甸等土司，争相雄长。其茶山、孟养等地皆被车里吞并，阻于中、缅国界，影响及于内地。故鄂尔泰以为：'若不乘此大加惩创，布置周密，江以外仍付宣慰，江以内分设营防，不但普洱、威远等地终难安帖，即永昌、顺云各汛亦难藉声援。''必欲将六茶山千余里地，尽行查勘，安设营防……不论江内江外，其逼近外国应示羁縻之地，仍着落车里土司，以备藩篱。凡应安营设汛，并可建立州县之处，一一斟酌妥确，以为一劳永逸之举。'此则关系有清一代国防，非徒为内省边防计者可比。"② 雍正时期在滇南地区的改土归流和郡县设置，不仅加强了中央政府对这一片少数民族聚居区域的控制，有利于地方的稳定，而且打通了云南腹里与南部边疆的交通线，使云南腹里与南部边疆联系更加紧密；更重要的是，随着正式行政区划制度向南推进，清朝的西南边疆得到进一步巩固。可以说，雍正时期滇南的改土归流和政区建置，是具有典型战略意义的。

---

① 刘本军：《震动与回响：鄂尔泰在云南》，博士学位论文，云南大学，1999 年，第41 页。

② 王钟翰：《清史新考·雍正西南改土归流始末》，辽宁大学出版社 1990 年版，第230—231 页。

（3）滇东北地区

雍正时期滇东北地区的改土归流是由鄂尔泰全盘主持完成的，其首先革除的是霑益州土知州。雍正四年（1726）鄂尔泰准备对乌蒙、镇雄两土府进行改流，在此之前，他拟对"窝庇贼盗，残虐彝民，为地方大害"的霑益州土知州安于蕃"先置于法，改土归流，为惩一儆百之计"。① 于是，鄂尔泰以安于蕃"势恃豪强，心贪掳掠，视命盗为儿戏，倚贿庇作生涯，私占横征，任其苛索，纵亲勾党，佐其恣行，卷案虽多，法不能究"，于七月四日将之擒获，押赴曲靖转解。② 后"安于蕃迁至江宁，于其地置宣威州"。③

霑益州改土归流顺利完成，鄂尔泰随即开始处理朝廷一直关注的乌蒙问题。清初乌蒙隶于四川，由当地彝族土酋世袭土知府，"乌蒙土府与东川接壤，骄悍凶顽，素称难治，不惟东川被其杀掳，凡黔、滇、蜀接壤之处，莫不受其荼毒。而且产富田肥，负固已久，若不早图，终为后患。"④ 乌蒙土府远离四川省城，而与云南、贵州接壤，事实上处于三不管地带，而其治理又与整个西南地区的稳定密切相关，所以鄂尔泰到云南，即着手对乌蒙的改土归流。但是在乌蒙与云南之间，还隔着一个同样隶属于四川的东川府，于是鄂尔泰建议将东川划归云南管辖。清世宗立即同意，鄂尔泰便在东川屯田练兵，形成钳制乌蒙的一股力量。

鄂尔泰原先试图对乌蒙土府"先怀以德，继畏以威，然后徐议改流，不过二三年间，或可一举大定。"⑤ 但到雍正四年（1726）九月间，他的看法完全改变，认为"乌蒙必须征剿，断难诱擒"。同时，"川属之镇雄土府，接连乌蒙，其凶暴横肆，与乌蒙土府无异。若不改土归

---

① 《云南巡抚鄂尔泰奏苗寨防御事宜折》（雍正四年六月二十日），张书才主编：《雍正朝汉文朱批奏折汇编》第 7 册，江苏古籍出版社 1989 年版，第 494 页。

② 《云南巡抚鄂尔泰奏擒制镇沅霑益积恶土官折》，张书才主编：《雍正朝汉文朱批奏折汇编》，第 7 册，江苏古籍出版社 1989 年版，第 632 页。

③ （清）鄂尔泰等修，靖道谟等纂：雍正《云南通志》24《土司》，国家清史编纂委员会编：《文津阁四库全书清史资料汇刊》，商务印书馆 2006 年版，第 387 页。

④ 《云南巡抚鄂尔泰奏陈东川事宜折》（雍正四年三月二十日），张书才主编：《雍正朝汉文朱批奏折汇编》第 7 册，江苏古籍出版社 1989 年版，第 11—12 页。

⑤ 同上书，第 12 页。

流，三省交界，必受其扰"。① 镇雄的改土归流也提上了议事日程。由于乌蒙、镇雄皆隶四川，清世宗遂令鄂尔泰与四川总督岳钟琪会同办理改土归流事宜。岳钟琪先上疏参革乌蒙土知府，奉旨会审，"然禄万钟犹孩提耳。疏发，摘印官未到，值冤山夷警，乌蒙为后路，故尔迟迟"。② 于是鄂尔泰令总兵刘起元及各将弁"于十二月二十五日各自营启程，二十七日各驻扎所指汛地，相机行事，径取土府"。在"一面整兵，一面招抚，直进乌蒙"的情势下，乌蒙各寨头目及汉人等"沿途投诚者前后已三千余户，相约剃头者无算"。二十九日攻下乌蒙土府，土知府禄万钟出逃，"土府一空，土地人民，尽皆内附"。③ 禄万钟大势已去，旋即投川省，献土归印。在对乌蒙用兵的同时，鄂尔泰派兵进攻镇雄府，土知府陇庆侯欲抵抗，为其母禄氏劝阻，雍正五年（1727）正月十四日清兵攻下镇雄土府，陇庆侯出逃，三天后投归川营。

乌蒙、镇雄两府均被平定，"改土"基本完成，于是鄂尔泰布置区划"归流"事宜。雍正五年（1727）三月十二日，鄂尔泰奏请"乌蒙仍设知府一员，鲁甸地方添设一县，镇雄府应改设一州，归并乌蒙府属。"④ 同时，鄂尔泰提出将乌蒙、镇雄就近归并云南管辖。闰三月初十日，清世宗批准："镇雄地方改土为流，归并云南就近管辖"。⑤ 并同意乌蒙亦归滇辖。雍正六年（1728）二月，清廷议定乌蒙为乌蒙府，米贴设为永善县，镇雄设为州。⑥

---

① 《云南巡抚鄂尔泰奏遵旨商酌安顿东川乌蒙地方等事折》（雍正四年九月十九日），张书才主编：《雍正朝汉文朱批奏折汇编》第 8 册，江苏古籍出版社 1989 年版，第 113—114 页。

② （清）倪蜕：《滇云历年传》卷 12，李埏校点，云南大学出版社 1992 年版，第 583 页。

③ 《云南总督鄂尔泰奏报剿抚乌蒙土司情形折》（雍正五年正月二十五日），张书才主编：《雍正朝汉文朱批奏折汇编》第 8 册，江苏古籍出版社 1989 年版，第 923—925 页。

④ 《云南总督鄂尔泰奏覆乌蒙镇雄二府底定情由并等善后事宜折》（雍正五年三月十二日），张书才主编：《雍正朝汉文朱批奏折汇编》第 9 册，江苏古籍出版社 1989 年版，第 236 页。

⑤ 《清世宗实录》卷 55，雍正五年闰三月癸亥，中华书局 1985 年版（影印本），第 1 册，第 831 页。

⑥ 《清世宗实录》卷 66，雍正六年二月戊戌，中华书局 1985 年版（影印本），第 1 册，第 1012 页。

乌蒙、镇雄两府改土归流后，由于委任流官不当和采取善后措施失宜，四年之内连续发生了米贴之变、乌蒙之变及阿驴之变等严重的动乱。鄂尔泰对这些动乱实施残酷镇压和清剿，"把整个纵横数百里的地面，弄得暗无天日"；"鄂尔泰把乌蒙、镇雄、东川的反抗斗争镇压以后，达到他设置流官的意图"。①

对于东川，鄂尔泰实行了彻底的整治。东川在康熙三十八年（1699）业经改土归流，设有流官知府，但"归流之后，仍属六营盘踞，诸目逞凶，岁遇秋收，辄行抢割。故改土三十年，仍然为土酋所有。"② 虽有改流之名，却仅是职官上的变更，内地一体化的流府管理体制并未能在东川实施，故而东川虽曰"在流"，实无异于"在土"。东川归滇之初，"六营长、九伙目俱沿旧习，各踞一方，有则补营长禄世豪、法戛伙目禄天佑素称凶悍，为害边疆……内扰东川，外侵武定，寻甸、禄劝，交受摧残"。③ 对于东川改土归流名不副实的状况，鄂尔泰认为："应先将巧家等六营地方，凡属顽梗滋扰者，或须擒拿，或令投献，悉为归辖流官。其一切土目尽行更撤。待六营既靖，党羽已除，然后计及乌蒙。"④ 但考虑到"该郡新附滇省，又以地近乌蒙，正在兴师，若急为驱除，转恐增其羽翼"，遂"密谕东川知府黄士杰，令察其动静，相机徐图"。因此直到雍正五年（1727）十二月，鄂尔泰"令武定营参将魏鬙国、守备王先等带领官兵，协同东川营参将杨国华等会合擒剿"，兵分四路进攻东川。禄世豪在六年（1728）正月初为黄士杰诱俘，二月初禄天佑亦被擒，"二凶既除，一郡皆靖"。进而对其余营长、伙目渐次整理，大者安设弁员，小者更易乡保，于是"东川地方不负改土之虚名，而边方百姓咸沾归流之实惠矣。"⑤

---

① 方国瑜：《彝族史稿》，四川民族出版社1984年版，第495页。

② （清）鄂尔泰：《请添设东川府流官疏》，（清）方桂：雍正《东川府志》卷20上《艺文·奏疏》，梁晓强校注，云南人民出版社2006年版，第371页。

③ 《云南总督鄂尔泰奏削平东川土目法戛始末折》（雍正六年三月初八日），张书才主编：《雍正朝汉文朱批奏折汇编》第11册，江苏古籍出版社1989年版，第867—869页。

④ 《云南巡抚鄂尔泰奏遵旨商酌安顿东川乌蒙地方等事折》（雍正四年九月十九日），张书才主编：《雍正朝汉文朱批奏折汇编》第8册，江苏古籍出版社1989年版，第113页。

⑤ 《云南总督鄂尔泰奏削平东川土目法戛始末折》（雍正六年三月初八日），张书才主编：《雍正朝汉文朱批奏折汇编》第11册，江苏古籍出版社1989年版，第867页。

除东川之外，雍正年间在滇东北的改土归流共革除土府二、土州一，改置为乌蒙府（昭通府）、镇雄州和宣威州。

鄂尔泰在滇东北的血腥用兵，"时间不是在改土归流之前，而是在改土归流之后。起因是土司势力不肯退出历史舞台，而进行拼死的反抗。"① 这固然是鄂尔泰改土归流善后工作的失败，但从长远的历史时段来看，东川、乌蒙、镇雄的改隶云南及改土归流的实施，是有积极历史意义的。一方面，东川、乌蒙、镇雄是彝族比较集中的地区，位于云南、四川、贵州三省交界之处，土司盘踞，自明代以来中央王朝的行政管控力量便十分薄弱，"统辖既分，事权不一，往往轶出为诸边害。故封疆大吏纷纷陈情，冀安边隅，而中枢之臣动谘勘报，弥年经月，卒无成画，以致疆事日坏"。② 清初东川、乌蒙、镇雄隶属四川，"皆去川远，去滇黔近"，以致"滇黔有可制之势而无其权，四川有可制之权而无其势"，③ 特殊的地理区位及强大的民族势力导致地方行政难以有效实施。东川、乌蒙、镇雄改隶云南，使云南既有"可制之势"，复有"可制之权"，事权划一，便于进行有效的管理和控制。另一方面，改土归流的实施，加速了东川、乌蒙、镇雄与云南及内地的一体化发展进程。（一）东川、乌蒙、镇雄位于四川、云南、贵州三省的交界地带，土司势力往往是造成地方不稳定的因素，"总以逼近邻疆，沿成恶习，杀人掳人，越境以逃，缉人拿人，隔省无法。幸而擒获，偿牛偿马，视人命为泛常。一或潜踪，移咨移关，目官府为故事。凡此卷牍，丛集如山。"④ 故而土府不除，则三省交界地方不得安靖。改土归流后地方行政管理加强，有利于川、滇、黔三省交界地带社会的安定。（二）废除土司对地方的管理，设置正式行政区划，代表中央对东川、乌蒙和镇雄的直接统治，使中央的有效管理直接到达地方。各府、州、县的建置，

---

① 参考张捷夫：《关于雍正西南改土归流的几个问题》，中国社会科学院历史语言研究所清史研究室编：《清史论丛》第 5 辑，中华书局 1984 年版。

② （清）张廷玉等：《明史》卷 310《四川土司传》，中华书局 1974 年版，第 8013 页。

③ （清）魏源：《圣武记》卷 7《雍正西南夷改流记》，韩锡铎、孙文良点校，中华书局 1984 年版，第 284 页。

④ 《管云南总督事鄂尔泰奏议除乌蒙等三土府以靖云贵川粤四省边界折》（雍正四年十一月十五日），张书才主编：《雍正朝汉文朱批奏折汇编》第 8 册，江苏古籍出版社 1989 年版，第 452 页。

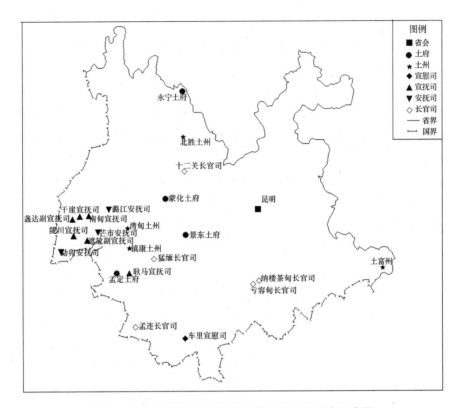

图四　雍正大规模改土归流后云南主要土司分布示意图

　　底图来源：谭其骧主编：《中国历史地图集》第 8 册，地图出版社 1987 年版，第 48—49 页。

　　在政区形式上达到与内地的统一。（三）扫除了云南、四川、贵州接壤地带的交通屏障。王钟翰先生指出："东川、乌蒙、镇雄三府，则川、滇、黔三省之接壤也，东川旧有河三道，皆可通川；镇雄紧接黔边；乌蒙更当通川之要冲。而米贴逼处金沙江，接连川属凉山、巴补一带，延袤千余里。金沙江内外，久为彝、倮所居，即建昌镇离城二十里，皆系野彝屯住。近地驻兵，无敢远出樵汲者，而米贴陆氏占夺江外屯寨，川省土司亦不敢过问。是交通线皆为兄弟民族所占踞，东川虽改流三十年，在流实无异于在土。故鄂尔泰于米贴既平之后，由江外直达建昌一路，安设官兵，俾川、滇两省声势可通，则东川既改隶滇，而乌、雄之一再用兵，其目的在打通三省之边界，使交通线上各点连成一气，显然易见。"① 交通路线的打通，增强了东川、乌蒙、镇雄与西南区域的联系，为其与云南及内地的一体化发展准备了条件。综观雍正时期云南的改土归流，其涉及范围是非常广泛的，据统计，当时云南设有二十三府，改流涉及十六府之多，约达到70%的比例。② 经过这一阶段的改土归流，云南土司政治区域发生了巨大变化，较大的土司只剩下二十余家，且大都分布在边疆地区。内地较大土司有蒙化土府、景东土府、永宁土府、北胜土州、十二关长官司；边疆地区土司，自东至西为土富州、纳楼茶甸长官司、亏容甸长官司、车里宣慰司、孟连长官司、猛缅长官司、耿马宣抚司、孟定土府、镇康土州、湾甸土州、潞江安抚司、芒市安抚司、遮放副宣抚司、南甸宣抚司、干崖宣抚司、盏达副宣抚司、陇川宣抚司、勐卯安抚司。边疆土司之中，又以滇缅沿边地区为最多。

三　乾隆至清末改土归流与云南土司政治区域的变动

雍正以后，云南境内较大的土司已经不多，并且势力被极大削弱，因此从乾隆时期至清末，云南改土归流的进程有所减缓，主要革除了下列土司：

（一）顺宁府猛缅长官司。"乾隆八年秋，猛缅长官司奉廷征，溺爱次子钦诏，谋欲改袭世职，杀其业已承袭之长子钦敕，兼以素性酷虐，夷民怨愤。"③ 乾隆十年（1745），云南总督张允随奏称："滇属猛缅休致土司奉廷征与承袭之次子奉钦诏等，在伊所管境内肆意苛虐，又勾通缅莽，潜蓄异图。现据猛缅五十村寨土民波岩遮耐等呈请改土归流。似应俯顺民情，改设流官。"④ 经过调查，奉氏"亲支内并无可承袭之人"，于是清廷"俯顺夷情，将猛缅土司裁汰，其所管

---

① 王钟翰：《清史新考·雍正西南改土归流始末》，辽宁大学出版社1990年版，第230页。

② 李世愉：《清代土司制度论考》，中国社会科学出版社1998年版，第61页。

③ （清）朱占科修，周宗洛纂：光绪《顺宁府志》卷7《建置志一·沿革》，光绪三十年刊本。

④ 《清高宗实录》卷248，乾隆十年九月癸酉，中华书局1985年版（影印本），第4册，第198页。

地方，改设流官管辖"。① 乾隆十一年（1746）四月，猛缅长官司改土归流，奉氏家口远徙江西安置，其地改曰缅宁，并设流官通判驻其地。

（二）景东土府、蒙化土府。景东、蒙化两土府均系以同知掌府印，专司地方事务。乾隆三十五年（1770），大学士傅恒奏，景东、蒙化二府"无属邑，不成郡，但地方辽阔，距府窎远，归并他郡，一切征输审解未便"，② 建议改为直隶厅同知。于是分别改为景东直隶厅和蒙化直隶厅。改设直隶厅之后，土司的势力自然削弱了。尤其景东土司，"迨清咸同回乱，死亡殆尽，虽遗旁支，亦颇微弱，诸与齐民等"。③

（三）临安府属纳楼茶甸长官司。道光七年（1827）普永年袭副长官职，其死后，"子卫邦未及岁，亡，土族普善保、普尧年等争袭，树党仇杀阅二十余载。光绪八年，布政使唐炯察度边防至府，传集天民、天祥、天庆、天俊四房后裔，定分为四土舍，仍冠以纳楼总名。其地向分八里，每舍分管二里。九年奏准，由布政司各给钤印一颗，总督各给委牌一道。"④ 纳楼茶甸长官司一分而为四土舍，势力极大削弱。事实上，如《清史稿》所说，纳楼茶甸长官司是于光绪九年（1883）年被裁革了。⑤

（四）广南府属土富州。"富州前属土知州管辖，其地分为四哨、九苋、十八夕。至清乾隆三十六年，添设汉官，名曰广南府分防普厅塘经历，故正名普厅，其特土知州已移住飯朝，此富州初次之沿革也。清光绪二十七年，改土归流，又设富州通判，仍归广南府节制"。⑥ 土富

---

① 《清高宗实录》卷265，乾隆十一年四月丙戌，中华书局1985年版（影印本），第4册，第437页。

② 《清高宗实录》卷852，乾隆三十五年二月庚戌，中华书局1986年版（影印本），第11册，第408页。

③ （民国）侯应中纂：《景东县志稿》卷5《秩官志·附土司》，民国十二年石印本。

④ （清）王文韶等修，唐炯等纂：光绪《续云南通志稿》卷98《秩官志·土司》，清光绪二十七年刊本。

⑤ 赵尔巽等：《清史稿》卷74《地理志·云南》，中华书局1977年版，第2343页。

⑥ 甘汝棠修纂：《富州县志》，《中国方志丛书·华南地方》第272号，成文出版社有限公司1974年版，第3页。

州改为富州厅。

（五）永北直隶厅属北胜州。光绪三十四年（1908）正月，云贵总督锡良奏拟将北胜土知州改土归流。① 二月，清廷"以暴戾恣睢，革云南北胜土知州高长钦职。"②

（六）永昌府属镇康土州。清末镇康土司争袭土州世职，以致扰乱不休。光绪三十二年（1906），镇康土知州刀纯兴病故，"绝嗣，土目中争袭者益众。永昌府知府谢宇俊审查情势，斟酌事宜，呈请总督锡良奏准改土归流"。③ 光绪三十四年（1908），"云贵总督锡良奏请将云南镇康土知州改土归流。至该土州授官分土，相沿已数百年，应请留原衔作为承祀官，择其稍近之支族，准予世袭，不理民事，仍酌量拨给庄田，俾资养赡。寻部议奏准。"④ 于是镇康土州改设委员。宣统二年（1910），"云贵总督李经羲奏永昌府属镇康土州改土归流，拟请添设知州一缺，巡检二缺，分司治理。"⑤ 遂改镇康委员为永康州。

上述是清代乾隆至宣统年间云南较大土司改流的基本情况。当然，乾隆至清末也复设了一些土司，如乾隆三十六年（1771）在腾越厅恢复了雍正年间革除的户撒、腊撒二长官司；⑥ 道光十九年（1839）复设蒗蕖土州；⑦ 另外在滇西南沿边地带增置了不少土弁。总体而言，经过清代实施改土归流后，云南大量土司被废除，仅剩下少量土司及土目。

----

① 《清德宗实录》卷586，光绪三十四年正月癸卯，中华书局1987年版（影印本），第8册，第748页。

② 《清德宗实录》卷587，光绪三十四年二月甲申，中华书局1987年版（影印本），第8册，第771页。

③ 纳汝珍修，蒋世芳纂：民国《镇康县志初稿》，1963年传抄云南省图书馆藏稿本。

④ 刘锦藻：《清朝续文献通考》卷136《职官考二十二·直省土官》，王云五主编：《万有文库》第2集，商务印书馆1936年版，《考》第8960页。

⑤ 同上书，《考》第8963页。

⑥ 《嘉庆重修大清一统志》卷498《云南省·腾越厅》，《四部丛刊续编》本，商务印书馆1934年版。

⑦ 赵尔巽等：《清史稿》卷74《地理志·云南》，中华书局1977年版，第2335页。

表八　　　　　　清代云南改土归流前后设置较大土司对照表

清　初	清　末	备　注
车里宣慰司	车里宣慰司	
耿马宣抚司	耿马宣抚司	
遮放副宣抚司	遮放副宣抚司	
南甸宣抚司	南甸宣抚司	
干崖宣抚司	干崖宣抚司	
陇川宣抚司	陇川宣抚司	
盏达副宣抚司	盏达副宣抚司	
潞江安抚司	潞江安抚司	
芒市安抚司	芒市安抚司	
猛卯安抚司	猛卯安抚司	
十二关长官司	十二关长官司	
亏容甸长官司	亏容甸长官司	
纳楼茶甸长官司		光绪九年改为土舍
落恐甸长官司		清初改为土舍
左能寨长官司		清初改为土舍
思陀甸长官司		康熙二十年改为土舍
教化三部长官司		康熙四年裁
王弄山副长官司		康熙四年裁
安南长官司		康熙四年裁
溪处甸副长官司		康熙四年改为土舍
瓦渣长官司		康熙四年改为土舍
孟连长官司	孟连长官司	
户撒长官司	户撒长官司	雍正二年裁，乾隆三十六年复置
腊撒长官司	腊撒长官司	雍正二年裁，乾隆三十六年复置
猛缅长官司		乾隆十一年改土归流
者乐甸长官司		雍正五年改土归流
丽江土府		雍正元年改土归流
蒙化土府		乾隆三十五年改土归流
景东土府		乾隆三十五年改土归流
镇沅土府		雍正四年改土归流

续表

清　初	清　末	备　注
永宁土府	永宁土府	
孟定土府	孟定土府	
姚安府土同知		雍正五年革除
湾甸土州	湾甸土州	
镇康土州		宣统二年改土归流
北胜土州		光绪三十四年改土归流
富州土州		光绪二十七年改土归流
威远土州		雍正三年改土归流
霑益州土知州		雍正四年改土归流
阿迷州土知州		康熙三十五年改土归流
宁州土知州		康熙四年改土归流
宁州土判官		康熙四年改土归流
邓川州土知州		雍正四年改土归流
会泽县土知县		雍正五年革除
嶍峨县土知县		康熙四年改土归流
嶍峨县土主簿		康熙四年裁
蒙自县土县丞		康熙四年裁
新平县南硐土巡检		康熙四年裁
剑川土千户		康熙二十二年裁
鹤庆土千夫长		康熙二十二年裁
	蒗蕖土州	道光十九年复置

资料来源：（清）范承勋、王继文修，吴自肃、丁炜等纂：康熙《云南通志》，民国年间石印本；（民国）《新纂云南通志》第 7 册，牛鸿斌等点校，云南人民出版社 2007 年版；（清）王文韶等修，唐炯、汤寿铭、陈灿等纂：《续云南通志稿》，光绪二十七年四川岳池县刻本；龚荫：《中国土司制度》，云南民族出版社 1992 年版。

　　清代云南改土归流极大地削弱了土司的统治势力，光绪《续云南通志稿》说："明代土司虽奉调发，而专地、专人、专利，势成尾大。我朝以次划除、改流，奉约束无敢违，微弱往往与齐民等，抑时会然也。"[①] 清朝改土归流在很大程度上改变了云南土司"专地、专人、专

---

　　① （清）王文韶等修，唐炯、汤寿铭、陈灿等纂：《续云南通志稿》卷 97《秩官志·土司》，光绪二十七年四川岳池县刻本。

利"的状况，而将中央政府的直接行政管理深入云南边疆民族地区，加强了中央王朝对云南地方的直接"掌土治民"。

经过历朝的"以次划除、改流"，到宣统末年止，云南较大的土司在内地者为永宁土府、十二关长官司，在边疆地区有亏容甸长官司、车里宣慰司、孟连长官司、耿马宣抚司、孟定土府、湾甸土州、菇蒇土州、潞江安抚司、芒市安抚司、遮放副宣抚司、南甸宣抚司、干崖宣抚司、盏达副宣抚司、陇川宣抚司、勐卯安抚司、户撒长官司、腊撒长官司，共计一十九家。

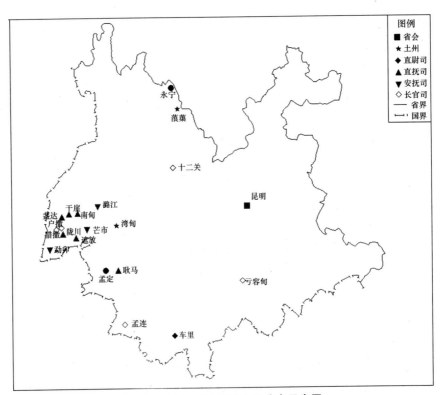

图五　清末云南未改流土司分布示意图

底图来源：谭其骧主编：《中国历史地图集》第8册，地图出版社1987年版，第48—49页。

清末云南未改流的土司密集分布在云南边疆自滇西北至滇南的半环沿边地带。一方面，这些土司"多接外服"，清朝依赖之以作为西南边疆的屏障和藩篱，具有护国捍边的重要作用；① 另一方面，这些土司分布地区山高谷深，多为严重的瘴气生态，不仅阻止了汉人的进入及居住，也极大地提高了政府在边地行政的成本，所以直至清末，云南边疆地区基本还是土司管控区，流官势力十分薄弱，形成了正式县级政区设置疏散区和行政管控薄弱区。②

第三节　康熙时期改土归流后的行政区划建置

清代在云南的改土归流，随着土司的裁革和流官的派出，国家经制行政区划制度在云南边疆民族地区不断推广和深化。自顺治十六年（1659）清军进入云南至宣统三年（1911）溥仪逊位，清朝统治云南252 年，因改土归流政策的实施，云南行政区划体系发生了大幅度的调整和变迁。

清朝在统一云南的过程中，便已经开始将一些土司行政区域改土归流，到康熙末年，云南改土归流的幅度不大，但在此过程中，行政区划体制在少数民族地区确立起来。

在顺治末期及整个康熙时期，云南土司政治区域改土归流后的行政区划建置主要有下列几个政区：

（1）丽江府

顺治十六年（1659），改丽江军民府为土府，并裁府属通安、宝山、兰州、巨津四州。③

（2）永北府

康熙三十一年（1692），升大理府属北胜州为直隶州。康熙三十七年（1698），升北胜直隶州升为永北府，并永宁土府入之。康熙三十八年（1699），以鹤庆军民府属原顺州之地入永北府。④

---

① 刘锦藻：《清朝续文献通考》卷 136《职官考二十二·直省土官》，王云五主编：《万有文库》第 2 集，商务印书馆 1936 年版，《考》第 8964 页。

② 参凌永忠：《民国时期云南边疆地区特殊过渡型行政区划研究》，中国社会科学出版社 2015 年版。

③ 赵尔巽等：《清史稿》卷 74《地理志·云南》，中华书局 1977 年版，第 2327 页。

④ 同上书，第 2334 页。

（3）开化府

康熙六年（1667），以王弄山、教化三部、安南三长官司地置开
化府。

康熙时期云南改土归流后重点调整的政区是开化府和永北府，经过
调整，此二府"掌土治民"方式发生了根本性变化：

开化府，康熙六年（1667）置，属云南省。原为临安府属王弄山、教
化三部、安南三长官司地，康熙四年（1665）王弄山副长官王朔（兼掌
安南副长官司之地）叛，教化三部副长官张长寿附从；叛乱平定，乃以三
长官司地设置为开化府，取"化开无处，国家一统"之意。设府之初领
有永定州，旋罢永定，专设府治。① 康熙八年（1669）"裁广西府之维摩
州，以维摩乡之地分入焉"②，府治在今文山县开化镇。开化府境界"东
至交趾界四百六十里，西至临安府建水县界六百八十五里，南至交趾界二
百四十里，北至广南府界一百八十里、东南至交趾界二百三十里，西南至
交趾界四百一十里，东北至广南府界二百二十里，西北至阿迷州界一百八
十里。"③ 相当于今文山壮族苗族自治州大部及屏边苗族自治县、河口瑶
族自治县地。清代开化府为壮族、傣族、彝族、苗族、瑶族等多民族杂居
区，且与交趾（今越南）接壤，清人刘彬说本府"系通交之道"，"僻在
东南，与元江、广南遥相联络也，地接弥金、日南之界，一镇以弹压之，
何可少也。"④ 故而开化府的设置具有"控安南、制土夷"的重要意义。⑤
原教化三部、王弄山、安南三长官司无田地清丈，设开化府后，"康熙七
年奉文将临安府阿迷州、蒙自县、广西府属师宗州、维摩州附本府入额
田，并清丈出共田七百五十九顷三十五亩六分二厘五毫"。⑥ 同时，人口

① （清）汤大宾、周炳纂，娄自昌点注：《开化府志点注》卷2《建置》，兰州大学出版
社2004年版，第18页。
② 同上书，第10页。
③ 《嘉庆重修大清一统志》卷498《云南省·开化府》，《四部丛刊续编》本，商务印书
馆1934年版。
④ （清）刘彬：《全滇疆域论》，（清）师范：《滇系》1《疆域系上·总论》，光绪丁亥
（1887）云南通志局刊本，第1册。
⑤ （清）汤大宾、周炳纂，娄自昌点注：《开化府志点注》卷1《图像·舆图说》，兰州
大学出版社2004年版，第2页。
⑥ （清）范承勋等修，吴自肃、丁炜等纂：康熙《云南通志》卷10《田赋》。

的管理得到加强。开化设府之后，"因教化、王弄、安南三长官司地暨牛羊、新现、八寨、枯木、维摩、陆龙等处编为八里。改教化司为开化里，安南司为安南里，王弄司为王弄里，八寨司为永平里，牛羊司为东安里，陆龙、新现为乐农里，维摩为江那里，古木为逢春里。"① 将人民编入里甲，逐渐纳入清朝中央直接管理范畴。在改土归流以前，本地人民未经统计，设开化府以后加强了人口清查，"乾隆三十年至六十年，历嘉庆二十五年，实在土著人民四万一千八十六户，共计大小人丁十八万二千六百八十五丁"。② 可见在改土归流设置开化府之后，清朝对这一地区的"掌土治民"发生了根本性变化。

永北府，《清圣祖实录》载：康熙三十七年（1698）十月，"吏部等衙门议覆：云南巡抚石文晟等疏言：'云南北胜州逼近蒙番，与永宁府接壤。查永宁府并无城郭市廛，止设掌印同知一员，未立衙署，该地土司无人管摄。请将永宁府裁去，以北胜州改为永北府。裁去知州、吏目，另设知府一员、经历一员。并将永宁府掌印同知改为永北府同知。北胜州原设学正一员，今改为永北府学教授。又：顺州向系州治，久经裁缺属鹤庆府。但去鹤庆府远，而与北胜州近，亦归并新改永北府管辖。均应如所请。'从之。"③ 于是改永北直隶州为永北府，并裁永宁府之地人之，因以永宁、北胜各取一字为名。康熙三十八年（1699）以鹤庆军民府属原顺州之地归并。治所在今云南永胜县城永北镇。府境"东至武定州元谋县界三百五十里，西至丽江府鹤庆州界一百二十五里，南至大理府宾川州界二百二十里，北至外域黄喇嘛界六百里，东南至楚雄府大姚县界三百里，西南至大理府邓川州界一百八十里，东北至四川盐源县界三倍里，西北至丽江府丽江县界一百五十里。"④ 大约为今云南永胜县、华坪县、宁蒗县地。永北府建置以后，清朝开始了土地人口的清查，至

---

① （清）汤大宾、周炳纂，娄自昌点注：《开化府志点注》卷2《沿革》，兰州大学出版社2004年版，第19页。

② （清）汤大宾、周炳纂，娄自昌点注：《开化府志点注》卷4《户口》，兰州大学出版社2004年版，第75页。

③ 《清圣祖实录》卷190，康熙三十七年十月己酉，中华书局1985年版（影印本），第2册，第1017页。

④ 《嘉庆重修大清一统志》卷497《云南省·永北直隶厅》，《四部丛刊续编》本，商务印书馆1934年版。

雍正十年（1732），永北府实在成熟民沐田地一千五百二十二顷四十一亩五分零，实在成熟屯田地二百二十二顷三十四亩零。人口方面，"雍正九年编审，清出民丁除顶补老故外，共九百一十六丁"。①

府州县而外，孟连土司政区的级别亦有所调整。孟连于"明永乐四年置长官司，直隶云南都司。嘉靖中裁。万历十三年复置。顺治初因之，属永昌。"② 康熙四十八年（1709），"贡象投诚，授宣抚司世职。传至（刀）派新，因其地处极边，界连外域，定为经制宣抚司"。③ 孟连土司从长官司升为经制宣抚司，具有一定的巩固边防、为西南屏藩的作用。孟连宣抚司"管地东至南郎河一百八十里与孟遮交界，南至丙海山八十里与孟养交界，西至南化河一百二十里与卡瓦野夷交界，北至辣蒜江四百二十里与猛猛交界"。④ 其治所在今孟连县城孟连镇老城。

经过顺治康熙年间的调整，康熙末年云南省共领二十府、一直隶州，其中府十一：云南府、大理府、临安府、楚雄府、澄江府、广南府、广西府、顺宁府、永北府、开化府、元江府；军民府五：曲靖府、姚安府、鹤庆府、武定府、永昌府；土府四：丽江府、蒙化府、景东府、镇沅府；土直隶州一：威远州。从发展大势观之，省属二十个府级政区中，"正府"占到55%的比例，军民府占25%，土府为20%，和清初接收的云南行政区划体系相较，省属军民府和土府的数量减少，"正府"的数量增多了。

第四节 雍正大规模改土归流与云南行政区划整体规模的奠定

雍正时期，随着大规模改土归流的进行，云南行政区划体系发生了深刻的变化。东川、昭通、镇雄从四川改归云南管辖，确定了云南省的幅员。

---

① （清）鄂尔泰等修，靖道谟等纂：雍正《云南通志》卷9《户口》、卷10《田赋》，国家清史编纂委员会编：《文津阁四库全书清史资料汇刊》，商务印书馆2006年版，第115、139页。

② 赵尔巽等：《清史稿》卷74《地理志·云南》，中华书局1977年版，第2332页。

③ （清）王崧：《道光云南志钞》卷7《土司志上》，刘景毛点校，云南省社会科学院文献研究所1995年版，第329页。

④ 《新纂云南通志》卷167《土司考四·世官一·顺宁府》，第7册，牛鸿宾等点校，云南人民出版社2007年版，第723页。

一 雍正大规模改土归流与云南行政区划架构的变化

随着大规模改土归流的开展和滇西北、滇东北省境的调整，雍正时期云南省行政区划架构发生了巨大的变化，各分府政区的变革情形如下：

（1）云南府

雍正三年（1725），以原裁入昆阳州的三泊县地归并安宁州。①

雍正九年（1731），改安宁州属禄丰县隶云南府。②

（2）曲靖府

雍正五年（1727），析霑益州地设宣威州。③

（3）临安府

雍正九年（1731），改所属之新平县归元江府，并拨阿迷州属十四寨归广西府丘北州同管辖。④

（4）元江府

雍正十年（1732），于故恭顺州之地置他郎厅，并析临安府属新平县来属元江府。⑤

雍正十三年（1735），改镇沅府所属之坝朗、坝木、坝痴三寨归元江府管辖，以便就近稽查。⑥

（5）开化府

雍正八年（1730），置文山县为开化府附郭。⑦

① （清）鄂尔泰等修，靖道谟等纂：雍正《云南通志》卷4《建置》，国家清史编纂委员会编：《文津阁四库全书清史资料汇刊》，商务印书馆2006年版，第44页。

② 同上。

③ 同上书，第46页。

④ 同上书，第47页。

⑤ 《清世宗实录》卷116，雍正十年三月庚辰，中华书局1985年版（影印本），第2册，第547页。

⑥ 《清高宗实录》卷4，雍正十三十月甲戌，中华书局1985年版（影印本），第1册，第218页。

⑦ （清）鄂尔泰等修，靖道谟等纂：雍正《云南通志》卷4《建置》，国家清史编纂委员会编：《文津阁四库全书清史资料汇刊》，商务印书馆2006年版，第52页。按：《清世宗实录》卷89"雍正七年十二月辛亥"条载吏部议准建置文山县，但本月辛丑朔，辛亥为十二月十一日，则中央的决议下达到地方尚须时日，文山县的建置或不克立即执行，故文山县的建置当在雍正八年。

（6）威远直隶厅

雍正三年（1725），威远直隶州改土归流，设为直隶厅，无领属。

雍正十三年（1735），降威远直隶厅为散厅，改归镇沅府管辖。①

（7）镇沅府

雍正四年（1726），镇沅土府改土归流，为镇沅府。②

雍正五年（1727），裁者乐甸长官司，于其地置恩乐县，归新改流的镇沅府管辖。③

（8）东川府

雍正四年（1726），东川军民府改隶云南，改为东川府，无领属。④

雍正五年（1727）设会泽县于巧家营⑤，雍正七年（1729）改为东川府附郭⑥。

（9）昭通府

雍正五年（1727），乌蒙土府改土归流，隶云南，为乌蒙府；雍正九年（1731），更名曰昭通府。⑦

雍正五年（1727），镇雄土府改土归流，属云南；雍正六年（1728），降为镇雄州，隶乌蒙府。⑧

雍正六年（1728），于米贴地方置永善县、大官屯地方置大关厅。⑨

---

① 《清高宗实录》卷4，雍正十三年十月甲戌，中华书局1985年版（影印本），第1册，第218页。

② 《云南巡抚鄂尔泰奏擒制镇沅霑益积恶土官折》（雍正四年七月初九日），张书才主编：《雍正朝汉文朱批奏折汇编》第7册，江苏古籍出版社1989年版，第632页。

③ （清）鄂尔泰等修，靖道谟等纂：雍正《云南通志》卷4《建置》，国家清史编纂委员会编：《文津阁四库全书清史资料汇刊》，商务印书馆2006年版，第52页。

④ 《清世宗实录》卷43，雍正四年四月戊寅，中华书局1985年版（影印本），第1册，第633页。

⑤ 《清世宗实录》卷59，雍正五年七月辛巳，中华书局1985年版（影印本），第1册，第908页。

⑥ 《清世宗实录》卷80，雍正七年四月辛卯，中华书局1985年版（影印本），第2册，第52页。

⑦ （清）鄂尔泰等修，靖道谟等纂：雍正《云南通志》卷4《建置》，国家清史编纂委员会编：《文津阁四库全书清史资料汇刊》，商务印书馆2006年版，第54页。

⑧ 同上。

⑨ 《清世宗实录》卷66，雍正六年二月戊戌，中华书局1985年版（影印本），第1册，第1011页。

雍正六年（1728），置恩安县为昭通府治。①

雍正九年（1731），置鲁甸厅，设通判，隶昭通府。②

（10）普洱府

雍正七年（1729），分元江府属普洱等处地方置普洱府，并析车里宣慰司附普洱府。③

雍正十三年（1735），置思茅厅，"分车里九土司及攸乐土目地隶焉"。④

雍正十三年（1735），置宁洱县为普洱府治。⑤ 析元江府属善政里、猪山里、鬼布林腊猛三乡及上下猛缅、猛松、左夏、磨铺萨等寨来属普洱府。⑥

（11）丽江府

雍正元年（1723），丽江府改土归流，为"正府"。⑦

雍正四年（1726），改四川之阿墩子归丽江府管辖。⑧

---

① 按：此据《嘉庆大清一统志》卷490《云南省·昭通府》及《清史稿》卷74《地理志二十一·云南》。而赵泉澄《清代地理沿革表》据《雍正八年七月十八日查案侧档》云："八年，改乌蒙府为昭通府，置恩安县，改为府治。"（赵泉澄：《清代地理沿革表》，中华书局1955年版，第157页。）倪蜕《滇云历年传》：九年辛亥，"诏改乌蒙府为昭通府，设附郭恩安县。设同知驻大关，移通判驻鲁甸。"〔（清）倪蜕：《滇云历年传》，李埏点校，云南大学出版社1992年版，第615页。〕王崧《道光云南志钞》卷1《地理志》："九年，土酋叛，伏诛，改为昭通府，置恩安县附郭。"〔（清）王崧：《道光云南志钞》，刘景毛点校，云南省社会科学院文献研究所1995年版，第74页。〕又民国《昭通志稿》卷1《方舆志·沿革》载："八年八月，鲁甸土酋禄鼎坤子万福叛，杀官据城，勾引凉山蛮过江，并东川、镇雄俱各响应。总督调川黔兵及滇军进攻。十二月，讨平逆党，遂废天梯土城，另建今城于二木那（亦名朴窝），易乌蒙为昭通，设恩安县治附郭，大关设同知，移通判于鲁甸。"备考。

② 赵尔巽等：《清史稿》卷74《地理志·云南》，中华书局1977年版，第2340页。

③ 《清世宗实录》卷84，雍正七年闰七月丁酉，中华书局1985年版（影印本），第2册，第127页。

④ 赵尔巽等：《清史稿》卷74《地理志·云南》，中华书局1977年版，第2349页。

⑤ （清）李希龄纂：道光《普洱府志》卷3《建置·历代纪事》，清咸丰元年刻本。

⑥ 《清高宗实录》卷4，雍正十三年十月甲戌，中华书局1985年版（影印本），第1册，第218页。

⑦ （清）清高宗敕撰：《清朝通典》卷96《州郡七·云南省》，王云五主编《万有文库》第2集，商务印书馆1935年版，《典》第2727页。

⑧ 《清世宗实录》卷43，雍正四年四月癸亥朔，中华书局1985年版（影印本），第1册，第627页。

（12）楚雄府

雍正七年（1729），改云南楚雄府属之定边县归蒙化府管辖。①

（13）永昌府

雍正二年（1724），撤户撒、腊撒二长官司。②

（14）鹤庆府

雍正五年（1727），于丽江府属维西州地置维西厅，移剑川州州判驻中甸地，俱改属鹤庆军民府。③

以上是雍正年间云南行政区划调整的基本情况。经过这一时期的变迁，云南省领二十三个府级政区，其中府十六：云南府、大理府、临安府、楚雄府、澄江府、广南府、广西府、顺宁府、永北府、开化府、元江府、丽江府、镇沅府、普洱府、东川府、昭通府；军民府五：曲靖府、姚安府、鹤庆府、武定府、永昌府；土府二：蒙化府、景东府。总计省属二十三个府级政区中，"正府"已经达到 69.6%，军民府占21.7%，而土府仅占约 8.7%。"正府"在全省境内覆盖率大大增加，土府则迅速减少，府级政区形态的一体化发展趋势越来越明显。同时，东北部昭通、镇雄、东川及西北部中甸的改归滇辖，厘清了云南与四川的疆理分野，确定了云南省的幅员。

雍正时期云南政区变迁的重要历史背景是大规模改土归流的实施。伴随着改土归流的推进，少数民族上层的特殊行政区域逐渐缩小，一些少数民族区域建立起正式行政区划；清朝中央设置的行政区划基本覆盖了云南腹里区域，流官行政管理权力到达的范围极大拓展和深化。通过这一阶段改土归流和行政区划制度建设，在府一级的统县政区中已经不存在少数民族上层掌控行政权力的土府机构，府级政区在形式上更加趋向统一。

---

① 《清世宗实录》卷 84，雍正七年闰七月癸巳，中华书局 1985 年版（影印本），第 2册，第 126 页。

② （清）刘毓珂等纂修：光绪《永昌府志》卷 37《土司》，光绪十一年刊本。

③ 《清世宗实录》卷 56，雍正五年四月戊申，中华书局 1985 年版（影印本），第 1 册，第 682 页。

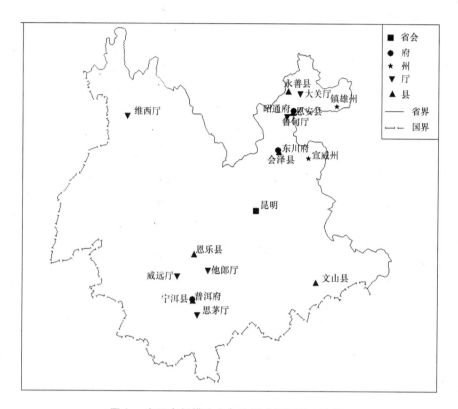

图六 雍正大规模改土归流后政区调整示意图

底图来源：谭其骧主编：《中国历史地图集》第8册，地图出版社1987年版，第48—49页。

二 调整政区后掌土治民的深入

雍正年间云南省对十七个行政区划进行了调整，清朝中央对云南地方"掌土治民"的直接行政管理得到空前强化，兹分其类别，略考说之。

（一）府

1. 东川府。清代前期隶于四川，雍正四年（1726）改属云南省。初无统辖，雍正五年（1727）置会泽县，后即以之为附郭。本府辖境"东至贵州大定府威宁州二百里，西至四川宁远府会理州界二百二十五里，南至曲靖府属寻甸州界二百五十里，北至昭通府界二百一十里，东南至曲靖府宣威州界一百三十里，西南至武定州禄劝县界一百七十里，东北至昭通府界一百九十里，西北至会理州界四百五十里"①，即包括今东川、会泽、巧家之地。东川府"地势高于省城，作北门之锁钥，内拥江山之雄，外连黔蜀之险，五金之宝环生，五方之民骛集"。②从区位视之，东川不啻云南北部的藩障；而以地利视之，则是重要的矿业经济区。然在改属云南之前，东川府距离四川省会遥远，尽管康熙三十八年（1699）业经改土归流，但政府的行政管控力度非常薄弱，"文武官员离省二千里，常寓省城，每于终岁文来收租，武来散饷，此外皆不复问"。③自改归云南管辖之后，清朝中央才真正实现对东川的行政治理。

康熙三十八年（1699），东川府改土设流，"知府王永玺册报成熟田二万五百三十八亩零"，"又册报新征莜地一万六千七百九十七亩零"，"然系约报之数，并未清丈。盖以新附夷疆，田土硗确，故薄赋以加惠边氓也。雍正四年改辖云南，知府黄士杰委官通行勘丈，按则起科，永为定额。"④雍正四年（1726）勘丈的结果，"清出田地一千六百三十五顷八十六亩九分八厘三毫五丝"。⑤可见东川彻底改土归流以后，清朝对其赋税土地的管理加强了。又"康熙三十九年，禄氏夷民一千七百二十九户，在外者府城内汉民二十余户，客民百余户，悉无家室，去来无定。雍正九年编审，详明永不编丁。雍正十三年查明，现在汉夷居民五千四百户。乾隆二十六年奉行保甲，查四城内外并四乡八里，共烟户一万二千八百零三户，又各厂共二千四百零四户。"⑥东川府虽然"俱系夷户，并未编丁"，但是通过编立保甲，清政府实现了对这一区域内人口的直接管理。

2. 普洱府。雍正七年（1729）置，属云南省。清初，普洱地区

---

① 《嘉庆重修大清一统志》卷489《云南省·普洱府》，《四部丛刊续编》本，商务印书馆1934年版。

② （清）王崧：《道光云南志钞》卷1《地理志》，刘景毛点校，云南省社会科学院文献研究所1995年版，第62页。

③ 《云南总督鄂尔泰奏报经过东川所见地方情形折》（雍正四年十二月二十一日），张书才主编：《雍正朝汉文朱批奏折汇编》第8册，江苏古籍出版社1989年版，第702页。

④ （清）方桂修，胡蔚纂：乾隆《东川府志》卷10《赋税》，乾隆二十六年刻本。

⑤ （清）鄂尔泰等修，靖道谟等纂：雍正《云南通志》卷10《田赋》，国家清史编纂委员会编：《文津阁四库全书清史资料汇刊》，商务印书馆2006年版，第130页。

⑥ （清）方桂修，胡蔚纂：乾隆《东川府志》卷9《户口》，乾隆二十六年刻本。

"编隶元江府，康熙三年，以元江通判驻之"。[①] 至雍正七年（1729）撤通判，以普洱等处六大茶山及橄榄坝江内六版地置普洱府，领车里宣慰司；雍正十三年（1735）以车里九土司及攸乐土目地析置思茅厅，并增设宁洱县为府治。乾隆三十五年（1770）后普洱府领宁洱县、威远厅、思茅厅、他郎厅及车里宣慰司，其境界"东至元江州界二百五十里，西至顺宁府界四百三十里，南至缅甸界一千五十里，北至镇沅直隶州界一百九十里，东南至老挝南掌界一千四百一十里，西南至缅甸界一千三百里，东北至元江州界二百二十五里，西北至景东厅界二百七十里"，[②] 相当于今云南省思茅地区、西双版纳傣族自治州，还包括今老挝北部丰沙里省勐乌、乌得地区，西南和南部与缅甸接界，东南与老挝接界。在地理形势上，普洱府"南接老挝，西连车里，表以凤凰、天笔之山，带以把边、九龙之水，肇造雄封，边陲重地"。[③] 对于云南而言，"景、蒙藉其声威，临、元资为保障，外则拊莽缅之背肩，内则为滇省之门户"，[④] 故其等第为"最要"。普洱府的建立，是清王朝统治势力向云南南部边疆少数民族地区深入和最终巩固的结果。道光《普洱府志》载："普郡自明季以来为那氏故地，原隰多摆夷，山箐多古猓，而僰人、倮摆杂居村落，同为土著，性皆驯朴。惟崇尚巫鬼，迁徙靡常，此则夷俗固然耳。国初改土设流，由临元分拨新嶍营官兵驻守，并江右、黔、楚、川、陕各省贸易客民家于斯焉。于是人烟稠密，田地渐开，户习诗书，士敦礼让，日蒸月化，骎骎乎具有华风，已在太史纳贾可观之例矣。"[⑤] 反映了正式行政区划制度确立以后云南南部边疆少数民族地区社会、经济、文化等各方面的发展变迁。

普洱府地区原属土司管理，"雍正七年设府后，清出田地一千三百四十四顷二千四亩五分八厘二毫八丝，新增雍正八年开垦额外田地六十

① （清）倪蜕：《滇云历年传》，李埏校点，云南大学出版社1992年版，第601页。
② 《嘉庆重修大清一统志》卷486《云南省·普洱府》，《四部丛刊续编》本，商务印书馆1934年版。
③ （清）鄂尔泰等修，靖道谟等纂：雍正《云南通志》卷5《形势》，国家清史编纂委员会编：《文津阁四库全书清史资料汇刊》，商务印书馆2006年版，第71页。
④ （清）李希龄纂：道光《普洱府志》卷4《形势》，清咸丰元年刻本。
⑤ （清）李希龄纂：道光《普洱府志》卷9《风俗》，清咸丰元年刻本。

二顷六亩三分九厘九毫，实在雍正十年成熟夷田地一千四百六顷三十亩九分八厘一毫八丝"，清出及新增的田地都已经归入实征数内，按则科征。① 人口管理方面，道光《普洱府志》载："普洱府所属原未编丁，系编查保甲"，各属人口则分为"土著""屯民""客籍"三类，其中附郭宁洱县有"土著四千九百零五户，内计大小男丁一万七千三百三十五丁；屯民三千零三十六户，内计大小男丁一万零六百三十丁；客籍三千四百零三十四户，内计大小男丁一万零三百六十一丁。"思茅厅有"土著一千零十六户，内计大小男丁二千八百九十一丁；屯民二千五百零五十六户，内计大小男丁七千五百零二十四丁；客籍三千一百零五户，内计大小男丁九千三百零二十七丁"。威远厅有"土著三千六百零二户，内计大小男丁九千四百零七十四丁；屯民五千一百零七十一户，内计大小男丁一万三千五百零七十七丁；客籍四百零三十三户，内计大小男丁一千零九十一丁"。他郎厅有"土著三万四百零十户，内计大小男丁四万六千一百零二十二丁；屯民三万一百零七十一户，内计大小男丁五万一百零二十七丁；客籍六百零五十户，内计大小男丁九百零二十九丁"。② 以上土地人口均由正式政区普洱府及所属县、厅管控，实现了改土归流以前隶属土司自行管理到清朝直接掌土治民的实质性变迁。

3. 昭通府。明代为乌蒙府，隶四川，清初因之，雍正五年（1727）改土归流，总督鄂尔泰奏请改隶滇辖。雍正六年（1728）仍设乌蒙府，于米贴地方设永善县为府治。③ 雍正九年（1731）改乌蒙府为昭通府，取"昭明宣通"之意。治恩安县。雍正十年（1732）新建昭通府治于

① （清）鄂尔泰等修，靖道谟等纂：雍正《云南通志》卷10《田赋》，国家清史编纂委员会编：《文津阁四库全书清史资料汇刊》，商务印书馆2006年版，第131页。

② （清）李希龄纂：道光《普洱府志》卷7《赋役·户口》，清咸丰元年刻本。

③ 《清世宗实录》卷66"雍正六年二月戊戌"条载："吏部等衙门议覆：'云贵总督鄂尔泰疏称：乌蒙、镇雄既经改土归流，并归滇省管辖。谨查乌蒙、镇雄地方，接壤千有余里，而乌蒙地势尤广，请仍设为府治。其扼要之地，一为天砥，去旧治七里，轩厂宽平，可建城垣，请设知府一员，教授一员，经历一员，司狱一员，知事一员；一为天关地，去府城窎远，设通判一员驻扎。又米贴地方，去府治西北三百里，控驭险要，设知县一员，教谕一员，典史一员。又鲁甸、盐井渡地方，各设巡检一员驻扎。至于镇雄较乌蒙稍隘，请改为州治，稍移而南建立城垣，设知州一员，学正一员，吏目一员。其夷良地方设州同一员驻扎，威信地方设州判一员驻扎，母享地方设巡检一员驻扎，俱归乌蒙府管辖。至府州县文武童生，请暂照小学例，各取进十名。均应如所请。'从之。寻定乌蒙曰乌蒙府，附郭县曰永善县，镇雄曰镇雄州。"（中华书局1985年版，第1册，第1012—1013页。）

恩安县的二木那，在今云南省昭通市市区。府境"东至贵州威宁州界九十里，西至四川宁远府界四百九十里，南至东川府界一百三十里，北至四川叙州府马边厅界五百里，东南至威宁州界四十里，西南至威宁州界九十里，东北至四川叙州府筠连县界五百里，西北至四川雷波卫界四百里。"① 领恩安县、永善县、大关厅、鲁甸厅和镇雄州。光绪三十四年（1908）析永善副官村置靖江县隶于府，升镇雄州为直隶州，故清末昭通府领恩安县、永善县、靖江县、大关厅、鲁甸厅。辖境约为今云南昭通市昭阳区、鲁甸县、大关县、永善县、绥江县、盐津县、水富县地。昭通府在清代云南云南政区中属于"最要"，因其"位滇东北隅，地连川、黔，五方杂处，内制七邑，外防巴蛮，上接东、巧，实滇边之屏障"，有着"资调度而谋防守"的重要作用。②

昭通府改土归流后，立即进行土地的清丈，雍正七年（1729）"清出田地三千二百九十一顷"；"实在雍正十年成熟田地二千六百九十三顷六十六亩二分三厘六毫九丝四忽四微"。③ 昭通府"俱系夷户，并未编丁"，但自改土归流后设官治民，编排保甲，至"乾隆四十年汉夷共九千零七户，男二万六千五百三十八丁，女一万九千零一十八口，较三十年前附籍之数户增四百三十，男增二千零二十一丁，女增九百口"。④

（二）州

1. 宣威州。雍正五年（1727）置，属曲靖府。雍正四年（1726）霑益州改土归流，五年（1727）"割霑益州新化里至高坡顶设宣威州，裁威宁后三所屯赋并州。"⑤ 治所在今宣威县城榕城镇。光绪《宣威州志补》曰："州名所始，盖沿宣威关之旧。明初征南大将军傅友德于洪武十五年来霑益指挥讨伐乌撒之兵，设以示威，即今之西关也。国初，

① 《嘉庆大清一统志》卷490《云南省·昭通府》，《四部丛刊续编》本，商务印书馆1934年版。

② 杨履乾等纂：《昭通志稿》卷1《舆图志·形势》，民国十三年刊本。

③ （清）鄂尔泰等修，靖道谟等纂：雍正《云南通志》卷10《田赋》，国家清史编纂委员会编：《文津阁四库全书清史资料汇刊》，商务印书馆2006年版，第130页。

④ （民国）符廷铨、蒋应澍总纂，杨履乾编辑：《昭通志稿》卷2《食货志·户口》，《昭通旧志汇编》第1册，云南人民出版社2006年版，第129页。

⑤ （清）鄂尔泰等修，靖道谟等纂：雍正《云南通志》卷4《建置》，国家清史编纂委员会编：《文津阁四库全书清史资料汇刊》，商务印书馆2006年版，第46页。

云贵总督鄂尔泰以霑、乌各土司叛服无常，非改土归流不足以泯纷扰，亦非大用兵不足使改归流，雍正五年，命将安于蕃等解省定罪，遂割所辖地面，自永安铺以上仍为霑益州，以下别置新州，乃定斯名，意在宣扬威德于乌东，使皆拱手听命也。先是，霑益州流官知州早经移治交水，故此时遂定交水为霑益。其霑益旧驻，原系借设后所城内，一线官道，仍属黔省，不便管理，故复割威宁属地自可渡以上属宣威。"① 其境域"东至贵州普安厅界七十里，西至东川府界一百里，南至霑益州界四十五里，北至贵州大定府威宁州界一百三十里，东南至普安厅界一百六十里，西南至寻甸州界九十五里，东北至威宁州界一百五十里，西北至东川府界一百二十五里"，② 即约为今宣威县地。

"宣威自有明开创，地属土司管辖"，田地、户口无从考核，清代建置宣威州，"秋米、夏税、户口、条银，自改土归流，业已踏勘编审，计数入册。"③ 史载"共丈上中下三则田四百八十顷九十七亩二分九厘零四丝九忽五微"。又宣威州共七里，"乾隆四十四年七里户口册：宣化里一千二百五十三户，永安里三百七十二户，顺德里四百三十八户，加惠里八百户，沛泽里八百户，浴恩里六百三十二户，遵化里五百五十户，共四千八百四十五户。道光二十三年七里户口册：宣化里五千四百一十二户；永安里四千一百九十户；顺德里四千一百五十五户；加惠里二千九百二十四户；沛泽里二千四百八十七户；浴恩里二千七十户；遵化里一千一百一十八户；共二万二千三百五十六户，八万九千三百五十六丁口。客籍二百一十六户。僧道一百一十二名。"④ 可见改土归流后，清朝中央对宣威州土地人口的直接管理已经非常严格了。

2. 镇雄州。雍正六年（1728）置，驻今镇雄县城。明代为镇雄土府，彝族土官陇氏领有其地，隶四川。雍正五年（1727）改土归流，

---

① 光绪《宣威州志补》卷 2《建置沿革》。

② 《嘉庆大清一统志》卷 484《云南省·曲靖府》，《四部丛刊续编》本，商务印书馆1934 年版。

③ （清）刘沛霖、夏丕彰纂修：道光《宣威州志》卷首《凡例》，《中国地方志集成》本。

④ （清）刘沛霖、夏丕彰纂修：道光《宣威州志》卷 3《户口、田赋》，《中国地方志集成》本。

划归云南管辖。六年（1728）降为镇雄州，隶乌蒙府。① 雍正九年（1731）乌蒙府改昭通府，镇雄县亦属之。其境域"东至四川叙永厅永宁县界三百里，西至恩安县界三百四十里，南至贵州大定府威宁州界三十里，北至四川叙州府高县界三百一十里，东南至贵州大定府毕节县界三十里，西南至威宁州界七十里，东北至四川徐州府珙县界二百六十里，西北至大关界五百里"，② 包括今镇雄、彝良、威信三县之地。

　　改土归流完成以后，清朝力行土地勘丈及人口编户。乾隆《镇雄州志》载："雍正五年改土，七年清丈报竣，计原丈成熟田地一千九百五十二顷一十七亩五分六厘九丝四忽四微。"又："雍正五年改土设流，七年清丈，分上东、中东、下东、上南、下南、上西、中西、下西、上北、下北为十里，编户共一万三千三百六十三户。乾隆三十年新增三百六十九户，新旧共一万三千六百三十二户。黑白猡猡、苗、獠、沙兔皆在焉。以系脊土，不编丁。"③ 则清朝将少数民族亦纳入保甲编户，实施一体管理，由此可见清朝对镇雄州强化"掌土治民"程度之一斑。

　　（三）县

　　1. 会泽县。雍正五年（1727）置，属东川府，治巧家汛，即今巧家县城。雍正六年（1728）移治今云南会泽县城钟屏镇，雍正七年（1729）改为东川府附县郭④。其境"四至八到与府同"⑤，则在嘉庆十六年（1811）设巧家厅以前，会泽县境域包有今云南省东川市、会泽县和巧家县之地。东川赋税初系府征，会泽县移驻附郭之后，则悉归会泽县征收。⑥ 会泽县的建置是清朝对东川的"掌土治民"的进一步深化。

---

　　① （清）鄂尔泰等修，靖道谟等纂：雍正《云南通志》卷4《建置》，国家清史编纂委员会编：《文津阁四库全书清史资料汇刊》，商务印书馆2006年版，第54页。

　　② 《嘉庆大清一统志》卷490《云南省·昭通府》，《四部丛刊续编》本，商务印书馆1934年版。

　　③ （清）屠述濂、吕心哲等纂修：乾隆《镇雄州志》卷3《户口、田赋》，《昭通旧志汇编》第4册，云南人民出版社2006年版，第1002页。

　　④ 《清世宗实录》卷80，雍正七年四月辛卯，中华书局1985年版（影印本），第2册，第52页。

　　⑤ （清）王崧：《道光云南志钞》卷1《地理志》，刘景毛点校，云南省社会科学院文献研究所1995年版，第62页。

　　⑥ （清）方桂修、胡蔚纂：乾隆《东川府志》卷10《赋税》，乾隆二十六年刻本。

2. 恩乐县。恩乐县。雍正五年（1727）裁省属者乐甸长官司，以其地置为恩乐县，属镇沅府，治所在今镇沅县恩乐镇。乾隆三十五年（1770）镇沅府降为直隶州，仍属之。道光二十年（1840）省入镇沅直隶厅。其辖境"东至元江州新平县界二百四十里，西至本州界五十里，南至本州界五十里，北至景东厅界三十里，东南至新平县界八十里，西南至本州界三十五里，东北至景东厅界一百二十里，西北至景东厅界二十五里"①，约为今云南省镇沅县的中东部地区。

3. 恩安县。雍正六年（1728）置，为乌蒙府附郭县，治所在土城，又称天梯土城，即今云南昭通市治西4.5公里土城。雍正九年（1731）乌蒙府改名昭通府，恩安县仍为附郭县。雍正十年（1732）迁治于二木那，在今昭通市市区。县境"东至贵州大定府威宁州界六十里，西至永善县界一百六十五里，南至鲁甸界三十里，北至大关界二百里，东南至威宁州界四十里，西南至东川府界一百四十里，东北至镇雄州界一百二十五里，西北至关界一百七十里"，②与今昭通市出入不大。恩安县的建置加强了清朝对昭通府土地人口的管理，乾隆《恩安县志稿》云："昭于雍正间易蜀隶滇，设流制蛮，一时流寓、寄籍，耕商为业者不少。土著夷民，蔓延山谷者亦多。自八年土酋禄万福之变，其民逃亡死徙，村舍顿成丘墟，安冀其殷繁哉！幸皇师剿除，招徕抚绥，积四十一年之生聚，不惟汉民生齿日益，即倮类烟火，亦大异于当年之寥落矣。向者，倮酋初归，夷户未列编丁。今平成日久，境内汉、夷既庶且繁，教养并举，之后良司牧经划区处，较数治，宜用以编排连为乡甲，分设一十三堡。"③正是改土归流建置正式政区后"掌土治民"深入的真实写照。

4. 永善县，雍正六年（1728）置，属乌蒙府。元代为乌蒙地，明代北部为马湖府地，南部为乌蒙军民府地。清雍正六年（1728）置为

---

① 《嘉庆大清一统志》卷494《云南省·镇沅直隶州》，《四部丛刊续编》本，商务印书馆1934年版。

② 《嘉庆大清一统志》卷490《云南省·昭通府》，《四部丛刊续编》本，商务印书馆1934年版。

③ （清）戴芳、马洲编纂：乾隆《恩安县志稿》卷5《风俗人事·户口》，《昭通旧志汇编》第1册，云南人民出版社2006年版，第55页。

县，初治米贴。米贴寨为"土酋世据其地"，"知县杜思贤与分防永善游击马秉伦相度地宜，谓米贴形势狭隘，距郡险远，绘图合请上宪，始迁于夷目普五所居之台都地置县治焉。"① 雍正八年（1730）迁治于今永善县的莲峰。雍正九年（1731）乌蒙府改昭通府，永善县亦属之。其境域"东至大关界六十五里，西至四川宁远府界二百八十里，南至恩安县界八十里，北至四川徐州府屏山县界二百四十里，东南至恩安县界一百三十里，西南之恩安县界九十里，东北至四川叙州府界七百里，西北至宁远府界一百三十里"，② 包有今永善、绥江两县之地。永善县建置后，对原土司管辖的土地进行清丈，"原额清丈出成熟民田八顷六十五亩一分九厘，续垦四十八亩，共田八顷八十三亩一分九厘"，其后乾隆年间不断有自首成熟田地增出。同时亦改变了人口管理方式，"本县地方系新辟夷疆，例不编审人丁，唯编查保甲，清出人丁户数，原编兵民一千四百二十四户。雍正十年，以金沙江为界，新增四川屏山县割归永善县副官村兵民一千一百六十二户，共二千五百八十六户。乾隆四十一年奉文编查，清出兵民七千四百二十七户，男一万八千二百二十四丁，女一万一千五百十一口。"③ 通过清查田亩和编查保甲，清朝实现了对永善县土地人口的直接管控。

5. 文山县。雍正八年（1730）置，为开化府附郭县。清初康熙六年（1667）设开化府，治开化镇。雍正七年（1729）十二月辛亥，"吏部议覆：'云贵广西总督鄂尔泰疏言：云南开化一府接壤交趾，地方辽阔，虽设有同知、通判、经历三员，俱非印官，不能分理正务。请将通判一缺裁去，增置一县，设知县一员，于地方有益。应如所请。'从之。寻定新设县曰文山。"④ 雍正八年（1730）正式裁开化府通判并二

---

① （清）查枢等纂修：嘉庆《永善县志略》卷1《沿革》。

② 《嘉庆大清一统志》卷490《云南省·昭通府》，《四部丛刊续编》本，商务印书馆1934年版。

③ （清）查枢、徐绶等纂修：《永善县志略》卷2《户口、赋税》，《昭通旧志汇编》第3册，云南人民出版社2006年版，第781页。

④ 《清世宗实录》卷89，雍正七年十二月辛亥，中华书局1985年版（影印本），第2册，第200页。

经历缺，设置文山县，与府同城；① "四至八道与府同"，"县属八里，其村寨共一千七百二十有奇"。② 则文山县设置之初，辖境为整个开化府区域，后即止于今文山县。文山县的形势"临广接壤，交阯为邻，密箐丛峦，素号险僻"，③ 实为滇东南沿边之重镇，在清代属于"要、倚"等级。文山县设置以后，开化府"一切粮银俱拨赴县上纳，听粮储道拨运报销"。同时，"文山县分管五里土著人民二万四千六百一十五户，共计大小人丁十万九千九百九十一丁。"④

6. 宁洱县。雍正十三年（1735）置，为普洱府附郭县，治所在今云南普洱县城宁洱镇。其境域"东至元江州界二百五十里，西至威远界一百八十里，南至思茅界八十里，北至镇沅直隶州界一百九十里，东南至老挝南掌界一千四百一十里，西南至威远界二百一十里，东北至元江州界二百二十五里，西北至景东厅界二百七十里"⑤，实际包括普藤（今景洪北部的普文）、猛旺（今景洪东北的勐旺）、整董（今江城县西部的整董）、猛乌（今老挝丰沙里北部的勐乌）、乌得（今老挝丰沙里北部的乌得）五版纳及竜得、等角诸地区。⑥ 宁洱县的建置加强了清朝对云南边疆的行政管控，至道光年间，本县有"土著四千九百零五户，内计大小男丁一万七千三百三十五丁；屯民三千零三十六户，内计大小男丁一万零六百三十丁；客籍三千四百零三十四户，内计大小男丁一万零三百六十一丁。"⑦

（四）厅

1. 威远厅。雍正三年（1725）置威远直隶厅，治所在今景谷县城威远镇。明代为威远御夷州，清初仍之，"雍正二年，土州刀光焕有罪

① 《嘉庆大清一统志》卷488《云南省·开化府》，《四部丛刊续编》本，商务印书馆1934年版。

② （清）王崧：《道光云南志钞》卷1《地理志》，刘景毛点校，云南省社会科学院文献研究所1995年版，第61页。

③ （清）师范：《滇系》2《疆域系下》，光绪丁亥（1887）云南通志局刊本，第2册。

④ （清）汤大宾、周炳纂，娄自昌点注：《开化府志点注》卷4《田赋、户口》，兰州大学出版社2004年版，第70、76页。

⑤ 《嘉庆大清一统志》卷486《云南省·普洱府》，《四部丛刊续编》本，商务印书馆1934年版。

⑥ （清）李希龄纂：道光《普洱府志》卷3《建置·历代纪事》，清咸丰元年刻本。

⑦ （清）李希龄纂：道光《普洱府志》卷7《赋役·户口》，清咸丰元年刻本。

革职。三年，改设直隶威远抚夷清饷同知"。① 雍正十三年（1735）十月降威远直隶厅为威远厅，属镇沅府。乾隆三十五年（1770）威远厅改属普洱府。其辖境范围为"东至本府界二百三十里，西至顺宁府界三百五十里，南至思茅界二百四十里，北至镇沅州界一百四十里，东南至本府界二百五十里，西南至孟连长官司界四百里，东北至镇沅州界一百六十里，西北至景东厅界一百四十里"②，即相当于今之景谷县。威远改土归流后"清出夷田三百九十一顷九十七亩一分五厘，新增雍正八年开垦额外田地六十二顷六亩三分零，威远新增额外田七顷四十六亩五分零，实在雍正十年成熟夷田地一千四百六顷三十亩九分八厘零。"③道光年间，威远厅有"土著三千六百零二户，内计大小男丁九千四百零七十四丁；屯民五千一百零七十一户，内计大小男丁一万三千五百零七十七丁；客籍四百零三十三户，内计大小男丁一千零九十一丁"。④

2. 维西厅。雍正五年（1727）置，属鹤庆府，治所在今云南维西县城保和镇。乾隆二十一年（1756）改属丽江府。其境界"东至丽江县七十里，西至川藏擦瓦冈界一千八十里，南至丽江县界二十五里，北至中甸界三百一十里，东南至丽江县界七十里，西南至丽江县界七十里，东北至中甸界三百二十里，西北至川藏界七百二十里"⑤，辖境包括今云南维西县、德钦县及怒江州的贡山县。

3. 大关厅。雍正六年（1728）置，属乌蒙府。"古乌蒙下方地。雍正六年，置通判驻此。九年，移通判于鲁甸而设同知治之。又于盐井渡设巡检。岩疆险要，一郡藩篱。"⑥ 亦属于"最要"等级。设厅之初在雄魁垴建木城为厅治，雍正八年（1730）迁治于其南的翠华山筑土城，即今大关县城翠华镇。雍正九年（1731）乌蒙府改名昭通府，大关厅

① （清）李希龄纂：道光《普洱府志》卷3《建置·沿革》，清咸丰元年刻本。

② 《嘉庆重修大清一统志》卷486《云南省·普洱府》，《四部丛刊续编》本，商务印书馆1934年版。

③ （清）阮元、伊里布等修：道光《云南通志稿》卷60《食货志二之四·田赋四》。

④ （清）李希龄纂：道光《普洱府志》卷7《赋役·户口》，清咸丰元年刻本。

⑤ 《嘉庆重修大清一统志》卷485《云南省·丽江府》，《四部丛刊续编》本，商务印书馆1934年版。

⑥ （清）王崧：《道光云南志钞》卷1《地理志》，刘景毛点校，云南省社会科学院文献研究所1995年版，第63页。

隶之。其境域"东至镇雄州界一百三十里，西至永善县界七十里，南至恩安县界九十里，北至四川叙州府宜宾县界四百六十里，东南至镇雄州界六十里，西南至恩安县界一百三十里，东北至永善县界二百七十里，西北至永善县界一百九十里"，① 相当于今大关、盐津二县。大关厅境内有"铜厂二，曰人老山，曰箭竹塘；铁厂一，曰椒子坝。皆同知理之。"② 随着大关厅的设置，清朝"掌土治民"的方式发生了巨大变化，一方面，核定民田及纳赋办法，雍正十年（1732）"清查结果，核定厅境民田二万三千四百四十亩，上秋米八百五十五石，荞子四百零二石三斗。民间纳赋分为秋米、夏荞两种，水田上纳米，山地上纳荞子。旋因困难，将荞赋折征为银，名曰荞折。"另一方面，划分地区、设置乡保，雍正十一年（1733）"将所辖地面划分为上、中、下三大段，每段又分为八乡，多译用夷名。"③ 经过清朝深入的直接行政管理，大关厅社会状况发生了翻天覆地的变迁，民国《大关县志稿》说："吾关开辟最后，乌蒙土著迭经剿办无遗，迨改设流官，陆续开垦成熟，烟火始形稠密。不但附郭沃壤占籍者多，即傍水依岩流寓者亦众。以荒凉之地一变而为蕃衍之区，早经安插编排，分设乡、团、保、甲，鸡鸣犬吠，至今居然内地也。"④

4. 鲁甸厅。本为乌蒙府地，"雍正九年置，移大关通判驻此"，⑤ 属昭通府，治所在今鲁甸县城文屏镇。境界"东至恩安县界三十里，西至东川府界八十里，南至贵州大定府威宁州界八十里，北至永善县界一百七十里，东南至恩安县界三十里，西南至东川府界二百五十里，东北至恩安县界三十里，西北至四川雷波厅界一百八十五里"，⑥ 即今鲁

① 《嘉庆大清一统志》卷 490《云南省·昭通府》，《四部丛刊续编》本，商务印书馆 1934 年版。

② （清）王崧：《道光云南志钞》卷 1《地理志》，刘景毛点校，云南省社会科学院文献研究所 1995 年版，第 64 页。

③ 张铭琛主编：《大关县志》卷 1《大事记》，《昭通旧志汇编》第 5 册，云南人民出版社 2006 年版，第 1381 页。

④ 王心田等编辑：《大关县志稿》卷 1《乡村》，《昭通旧志汇编》第 5 册，云南人民出版社 2006 年版，第 1300 页。

⑤ 赵尔巽等：《清史稿》卷 74《地理志·云南》，中华书局 1977 年版，第 2340 页。

⑥ 《嘉庆大清一统志》卷 490《云南省·昭通府》，《四部丛刊续编》本，商务印书馆 1934 年版。

甸县。

5. 他郎厅。雍正十年（1732）置，属元江府，治所在他郎城，即今墨江县城玖联镇。道光《普洱府志》载："他郎厅，明初为他郎寨长官司，嘉靖中改为恭顺州。国朝因之。顺治十六年，元江府改土设流，省恭顺入焉。雍正十年设通判，驻旧恭顺州之他郎寨。"① 乾隆三十五年（1770）改属普洱府。其辖境范围"东至元江州界十五里，西至镇沅州界一百六十里，南至本府界一百二十里，北至元江州新平县界一百十里，东南至元江州界六百三十里，西南至镇沅州界二百五十里，东北至元江州界二十五里，西北至新平县界一百五十里"②，比今墨江县的范围大。他郎厅的建置加强了清朝对云南边疆民族地区各类人口的掌控，道光年间他郎厅有"土著三万四百零十户，内计大小男丁四万六千一百零二十二丁；屯民三万一百零七十一户，内计大小男丁五万一百零二十七丁；客籍六百零五十户，内计大小男丁九百零二十九丁"。③

6. 思茅厅。雍正十三年（1735）置，属普洱府，于思茅寨筑城为治，即今云南省思茅县城思茅镇。道光《普洱府志》曰："思茅厅，明为思茅寨，属车里宣慰司。国初因之。雍正七年始设通判治此，兼设攸乐同知。十三年，移驻思茅而省旧设之通判，分车里六顺、倚邦、易武、勐腊、勐遮、勐阿、勐笼、橄榄坝九土司及攸乐土目共八版纳地方隶思茅同知。"④ 思茅厅的直接管辖地方，为"东至勐旺界一百二十里，西至孟连界三百七十里，南至本府界三十里，北至本府界四十里，东南至宁洱界二百二十五里，西南至江外勐阿界三百六十里，东北至本府界一百四十里，西北至本府界一百七十里"，⑤ 大致在横断山南段，滇中山原南部，无量山南延地区。同时，思茅厅在普洱府南部，与边境傣族土司地方最为接近，所以滇南边境的大部分土司都由思茅厅进行管理，六大茶

---

① （清）李希龄纂：道光《普洱府志》卷3《建置·沿革》，清咸丰元年刻本。
② 《嘉庆重修大清一统志》卷486《云南省·普洱府》，《四部丛刊续编》本，商务印书馆1934年版。
③ （清）李希龄纂：道光《普洱府志》卷7《赋役·户口》，清咸丰元年刻本。
④ （清）李希龄纂：道光《普洱府志》卷3《建置·沿革》，清咸丰元年刻本。
⑤ 《嘉庆重修大清一统志》卷486《云南省·普洱府》，《四部丛刊续编》本，商务印书馆1934年版。

山即在思茅厅的管理区域范围之内。① 地理区位上，思茅厅"为郡治之辅车，作南陲之屏蔽"，② 其政区等级为"最要"。思茅厅原属土司管辖，设厅之后清朝中央行政管理力量深入，至道光年间，本厅人口已经登载国家相关册籍，共有"土著一千零十六户，内计大小男丁二千八百九十一丁；屯民二千五百零五十六户，内计大小男丁七千五百零二十四丁；客籍三千一百零五户，内计大小男丁九千三百零二十七丁"。③

总之，上述各行政区划建置及其后土地人口管理体制的变迁，表明改土归流后正式行政区划建置是清朝中央在云南直接行政管理力量加强和巩固的结果，同时，各行政区划建置又促使清朝中央在云南的"掌土治民"不断深入和强化。

三　雍正时期云南行政区划调整的特征

根据上述政区变迁情况，可知雍正时期行政区划沿革仍以调整隶属关系和增设新的政区为主。雍正《云南通志》卷四《建置》云："我国家声教覃敷，湛恩汪濊，雕题凿齿，纳土输诚，与侯甸采邑，共登版籍，何其盛也。于是邑小则裁并，以省冗员，地大则添设，以重守土，因革损益之间，布置周详，规模宏远，岂非圣人首出，庶物斯万国咸宁哉。"④ 这段话庶几可作为雍正时期云南行政区划体系建设的总结，所谓"国家声教覃敷，湛恩汪濊，雕题凿齿，纳土输诚，与侯甸采邑，共登版籍"，不啻改土归流以后清朝行政制度扩展到少数民族地区的官方表达；而"邑小则裁并，以省冗员，地大则添设，以重守土，因革损益之间，布置周详，规模宏远"概括了清朝在云南实施行政区划体系建设的"指导纲领"，即行政区划制度的实施和调整，只为着地方行政管理的有效和便利。这一"纲领"在具体政区改革过程中得到切实贯彻，例如三泊县早在康熙八年（1669）便已裁撤，其地归并昆阳州，但雍正三年

---

① 尤中：《云南地方沿革史》，云南人民出版社 1990 年版，第 390—391 页。

② （清）鄂尔泰等修，靖道谟等纂：雍正《云南通志》卷 5《形势》，国家清史编纂委员会编：《文津阁四库全书清史资料汇刊》，商务印书馆 2006 年版，第 71 页。

③ （清）李希龄纂：道光《普洱府志》卷 7《赋役·户口》，清咸丰元年刻本。

④ （清）鄂尔泰等修，靖道谟等纂：雍正《云南通志》卷 4《建置》，国家清史编纂委员会编：《文津阁四库全书清史资料汇刊》，商务印书馆 2006 年版，第 40 页。

（1725）又对该区域的归属作了更易，云南巡抚杨名时奏曰："云南府属旧有三泊县，在万山之中，先并入昆阳州，远至二百余里，请改归相近十余里之安宁州，势方联属，可以便民。"① 可见当初三泊县的裁并忽略了地理地势的因素，没有恰如其分地考虑此区域的行政归属，以致造成地方行政管理上的不便。所以在此次改革时即从便于行政管理的角度出发，将三泊县就近归并相距十余里的安宁州。又如会泽县改为东川府治，总督鄂尔泰奏言："云南东川府治地方辽阔，前经题准于巧家营地方增设会泽一县，但该县距府五站，小民输纳维艰，请改为东川府附郭。其东川经历，请分驻巧地，并设立一汛，拨官一员、兵三十名，以资防守。"② 之所以进行调整，表面上是为了"便民"，其实质是为了地方行政管理的便利开展以及行政权力的有效实施。

行政区划的增设，代表中央对地方直接统治力量的深入和行政管理的强化。如康熙六年（1667）置开化府，无领属，"专设府治"，"因教化、王弄、安南三长官司地暨牛羊、新现、八寨、枯木、维摩、陆龙等处编为八里。改教化司为开化里，安南司为安南里，王弄司为王弄里，八寨司为永平里，牛羊司为东安里，陆龙、新现为乐农里，维摩为江那里，古木为逢春里。皆以土司苗裔催征该里钱粮，赴府完纳，置知府、同知、通判、经历统治焉。"教化三部等土司地区改土归流建置开化府后，清朝通过编排里甲，征收钱粮，已将原来属于少数民族上层管控的土地和人民纳入中央政府的统治范围，但流官及其僚属只能驻守府城，地方上的行政管理仍须通过原土司后裔来施行，流官的统治并没有深入到地方基层。至雍正八年（1730），"总督鄂尔泰议裁通判、经历缺，添设县治"，于是"钦定文山县之名，照治简例，置知县、典史等官，为开化府属附郭"。③ 文山县设置以后，"所有八属土司上粮纳税均归文山县而治也，由是设官分治以后，始设学校，渐入文化"。④ 文山县作

① 《清世宗实录》卷29，雍正三年二月丙申，中华书局1985年版（影印本），第1册，第440页。

② 《清世宗实录》卷80，雍正七年四月辛卯，中华书局1985年版（影印本），第2册，第52页。

③ 以上据（清）汤大宾、周炳纂，娄自昌点注：《开化府志点注》卷2《沿革》，兰州大学出版社2004年版，第19页。

④ 陈钟书等修，邓昌麟等纂：《新编麻栗坡特别区地志资料》，传抄1947年稿本。

为基层行政区划，其设置是清朝中央对开化府地方政治统治强化的结果。又鄂尔泰奏云："云南开化一府接壤交趾，地方辽阔，虽设有同知、通判、经历三员，俱非印官，不能分理正务。请将通判一缺裁去，增置一县，设知县一员，于地方有益。"① 通过建置文山县，清朝中央的行政管理权力直接渗透到开化府地方基层，中央对开化府属八土司的行政管控极大地加强了。又，东川归滇之初，并无统属，鄂尔泰奏云："东川地方辽阔，营长、伙目侵占田亩，私派钱粮，甚至纵彝劫杀，绑掳平民，非一知府一经历所能遍理。查巧家一营，逼近乌蒙，去府鸾远，历遭乌酋残踏，似应设立一县，将马书、弩革、米粮坝、以扯汛等处归并管辖。者海地方素通乌蒙，暗行不法，应将县典史移驻者海，将革舍、阿固、伙红等处归并管辖。歹补亦离府治百里，山深箐险，应设巡检一员，将五龙、毕七、法夏等处归并管辖。则补地方远在江外，应设巡检一员，将阿木、可徂、普毛、杉木箐等处，归并管辖。如此则凡紧要地方，俱有职员分理，垦田开矿，协办有人。而营长伙目，改立乡约保长，一体编甲。将稽查既严，渐染亦易，二三年后，东川将为乐土矣。"② 清廷于是在巧家营建置会泽县，以管理基层地方。会泽县、文山县的设置正是"地大则添设，以重守土"的典型例子，所谓"以重守土"者，实是中央王朝对少数民族聚居地方基层行政管理的深入和强化。

　　与顺治、康熙年间云南行政区划制度调整相比，雍正时期的变革显得大刀阔斧，无论改革的范围和力度都达到一定的规模。正如同《云南通志》的编纂者所言，雍正时期云南行政区划体系建设"因革损益之间，布置周详，规模宏远"。通过这次调整，云南行政区划体系的整体规模初步形成，清朝中央对云南边疆民族地区的掌土治民得以深化。

---

① 《清世宗实录》卷89，雍正七年十二月辛亥，中华书局1985年版（影印本），第2册，第200页。

② 《云南总督鄂尔泰奏报经过东川所见地方情形折》（雍正四年十二月二十一日），张书才主编：《雍正朝汉文朱批奏折汇编》第8册，江苏古籍出版社1989年版，第703页。

第六章　乾隆三十五年云南行政区划定制及一体化的推进

雍正时期行政区划变革的成果是奠定了云南省的幅员基础，并初步构成云南行政区划体系的整体规模，在此基础上，乾隆时期云南行政区划调整完成了与内地体制一体化的定制。

第一节　乾隆年间云南行政区划的调整

乾隆朝云南行政划体系的调整至为纷繁复杂，其沿革大势如下：

（1）临安府

乾隆三十五年（1770），改建水州为建水县，仍为府治。①

（2）楚雄府

乾隆三十五年（1770），裁姚安军民府，析其原领之姚州、大姚县归属楚雄府。②

（3）广南府

乾隆元年（1736），置宝宁县，为广南府治。③

乾隆三十五年（1770），议改广南府为直隶厅，将宝宁县裁汰；三十六年（1771），复设府、县。④

---

① 《清高宗实录》卷852，乾隆三十五年二月庚戌，中华书局1986年版（影印本），第11册，第408页。

② 同上。

③ 赵尔巽等：《清史稿》卷74《地理志·云南》，中华书局1974年版，第2344页。

④ （清）林则徐等修，李熙龄纂：道光《广南府志》卷1《建置·沿革附》，清光绪三十一年重抄本。

（4）顺宁府

乾隆十二年（1747），裁猛缅长官司，置缅宁厅，属顺宁府。①

乾隆二十九年（1764），析永昌府属耿马、孟连二宣抚司来属顺宁府。②

乾隆三十五年（1770），置顺宁县为顺宁府治。③

（5）曲靖府

乾隆三十年（1765），改曲靖军民府为曲靖府。④

乾隆三十五年（1770），改广西府之五嶂通判归曲靖府管辖。⑤

（6）丽江府

乾隆二十一年（1756），以鹤庆府属中甸地置中甸厅，并与维西厅俱同改属丽江府。⑥

乾隆三十五年（1770），置丽江县为丽江府首邑；改鹤庆府为州，与剑川州、维西厅俱归丽江府管辖⑦。

（7）普洱府

乾隆三十五年（1770），改原元江府属他郎厅、原镇沅府之威远厅归普洱府管辖。⑧

乾隆三十二年（1767），车里宣慰使刀维屏挈家潜逃，裁宣慰司；四十二年（1777）复设，以刀士宛袭职，颁给印信、号纸。⑨

---

① 赵尔巽等：《清史稿》卷74《地理志·云南》，中华书局1974年版，第2346页。

② 《清高宗实录》卷707，乾隆二十九年三月辛未，中华书局1986年版（影印本），第9册，第896页。

③ 赵尔巽等：《清史稿》卷74《地理志·云南》，中华书局1974年版，第2333页。

④ （清）清高宗敕撰：《清朝文献通考》卷289《舆地考二十一·云南省》，十通第九种，第2册，万有文库本，商务印书馆1936年，《考》第7382页。

⑤ 《清高宗实录》卷852，乾隆三十五年二月庚戌，中华书局1986年版（影印本），第11册，第408页。

⑥ 《清高宗实录》卷513，乾隆二十一年五月乙未，中华书局1986年版（影印本），第7册，第489页。

⑦ 赵尔巽等：《清史稿》卷74《地理志·云南》，中华书局1974年版，第2327页。

⑧ 《清高宗实录》卷852，乾隆三十五年二月庚戌，中华书局1986年版（影印本），第11册，第408页。

⑨ （清）王崧：《道光云南志钞》卷7《土司志上·世官》，刘景毛点校，云南省社会科学院文献研究所1995年版，第340页。

（8）永昌府

乾隆三十年（1765），改永昌军民府为永昌府。①

乾隆三十五年（1770），于龙陵地置龙陵厅，属永昌府。② 复置户撒、腊撒二长官司，属永昌府。③

（9）广西直隶州

乾隆三十五年（1770），降广西府为直隶州；师宗、弥勒二州俱改为县，仍归直隶州管辖。④

乾隆四十一年（1776），复五嶒通判归广西直隶州管辖。⑤

（10）武定直隶州

乾隆三十年（1765），武定军民府改为武定府。⑥

乾隆三十五年（1770），改武定府为直隶州；裁和曲州，其地并入直隶州；并改禄劝州为县，仍属武定直隶州。⑦

（11）元江直隶州

乾隆三十五年（1770），降元江府为直隶州，新平县仍归直隶州管辖。⑧

（12）镇沅府

乾隆三十五年（1770），改镇沅府为直隶州，恩乐县仍归直隶州管辖。⑨

---

① 赵尔巽等：《清史稿》卷74《地理志·云南》，中华书局1974年版，第2330页。

② 同上书，第2331页。

③ 《嘉庆重修大清一统志》卷498《云南省·腾越厅》，《四部丛刊续编》本，商务印书馆1934年版。

④ 《清高宗实录》卷852，乾隆三十五年二月庚戌，中华书局1986年版（影印本），第11册，第408页。

⑤ 《清高宗实录》卷1020，乾隆四十一年十一月己巳，中华书局1986年版（影印本），第13册，第675页。

⑥ （清）清高宗敕撰：《清朝文献通考》卷289《舆地考二十一·云南省》，十通第九种，第2册，万有文库本，商务印书馆1936年版，《考》第7385页。

⑦ 《清高宗实录》卷852，乾隆三十五年二月庚戌，中华书局1986年版（影印本），第11册，第408页。

⑧ 同上。

⑨ 赵尔巽等：《清史稿》卷74《地理志·云南》，中华书局1974年版，第2346页。

（13）景东直隶厅

乾隆三十五年（1770），改景东土府为直隶厅。①

（14）蒙化直隶厅

乾隆三十五年（1770），改蒙化土府为直隶厅。②

（15）永北直隶厅

乾隆三十五年（1770），改永北府为直隶厅。③

经过乾隆时期的调整，云南省领府十四：云南府、大理府、临安府、楚雄府、澄江府、广南府、顺宁府、曲靖府、丽江府、普洱府、永昌府、开化府、东川府、昭通府；直隶州四：广西直隶州、武定直隶州、元江直隶州、镇沅直隶州；直隶厅三：景东直隶厅、蒙化直隶厅、永北直隶厅。这一时期云南行政区划变革的核心内容是省直属行政区划体制的完善，表现在两方面：（一）自乾隆三十五年（1770）政区调整以后，所有府级政区均为"正府"，土府、军民府不复设置，府级政区的改土归流先期完成。（二）武定、广西、镇沅、元江、蒙化、景东等"与体制不合"的府被改为直隶州或直隶厅，在不改变直属于省的关系的同时，和国家经制行政区划体制相符合。通过行政区划体制的调整，云南省直属统县政体制趋于完善，府级政区形态达到基本统一，使中央政府的直接统治权力覆盖到云南省全部区域。

第二节　乾隆三十五年云南行政区划的定制

经过雍正时期大规模的建置与调整，云南腹里完成改土归流的区域均设置了正式行政区划，但是云南整个行政区划体系与清朝国家行政区划体制尚存在许多不符合的地方。乾隆中期，经略大学士傅恒因滇缅战争而亲至云南，深入了解云南省情，乃于乾隆三十五年（1770）向朝廷提出了调整云南行政区划体系的建议，《清高宗实录》载：

---

① 赵尔巽等：《清史稿》卷74《地理志·云南》，中华书局1974年版，第2346页。

② 同上书，第2335页。

③ 同上书，第2334页。

　　吏部议覆："经略大学士公傅恒奏称：'云南外连夷疆，地方辽阔，从前欲藉大员弹压，设郡至二十三府之多。今诸夷向化，缅酋归诚，原设冗繁。'应如所请。云南府为省会，大理府为提督驻扎地，曲靖、临安、楚雄、昭通、澄江属邑俱多，东川为矿厂最胜之区，开化界接南皮，丽江通连西藏，永昌、顺宁、普洱临缅边地，且郡境广阔，均照旧存留。武定府辖二县一州；元江、镇沅二府无首邑，辖一厅一县；广西府无首邑，辖一厅二州，不成郡，均改直隶州。武定既改州，所属和曲州裁；禄劝州改县，同原辖之元谋县俱归武定直隶州辖。元江府属他郎通判、镇元府属威远同知，不便归州统率，改附近普洱府辖。广西府属五嶍通判，改附近曲靖府辖。元江府原辖新平县归元江直隶州辖。镇沅府原辖之恩乐县归镇沅直隶州辖。广西府原辖之师宗、弥勒二州俱改县，归广西直隶州辖。姚安府仅辖一州一县，不成郡，应裁。姚安原辖之姚州、大姚县归附近楚雄府辖。鹤庆府本有原管地方，距丽江仅八十里，改州，与所属之剑川州归丽江府辖。广南府止有同城之宝宁县，不成郡，改直隶厅同知。宝宁县同城，应裁，改设照磨一员，以资佐理。又永北、蒙化、景东三府无属邑，不成郡，但地方辽阔，距府窎远，归并他郡，一切征输审解未便。将永北、蒙化、景东三府，均改直隶厅同知。丽江、顺宁二府无首县，与体制不合，应将专管地方改首县管理。临安府首邑系建水州，改县，以符体制。"从之。[①]

　　云南自雍正时期改土归流大量设置正式行政区划，府级政区达到二十三个之多，显得冗繁。在清朝行政区划体制中，府是统县政区，其在云南必须照旧存留的，有几种情形，一是省会，二是提督驻扎地，三是统辖州县较多者，四是矿产经济专属区，五是境域广阔并且与外国接壤者。不符合清朝行政区划体制的府有无首邑者，无统辖州县者，首邑非县者，这些政区必须作出调整。

　　按照傅恒的意见，清朝对云南省"不成郡"的十个府适时作出调整，

----

① 《清高宗实录》卷852，乾隆三十五年二月庚戌，中华书局1986年版（影印本），第11册，第407—408页。

在大方面，武定、元江、镇沅、广西四府"均改直隶州"；姚安府"应裁"；鹤庆府"改州"；广南、永北、蒙化、景东四府"均改直隶厅同知"。另外照旧存留的不符合体制的丽江、顺宁府，则根据具体情况建置首县；临安府则改首邑建水州为县。伴随着上述府级政区的变化，其下辖的州、县情况亦发生了变动，主要是政区层级的调整及隶属关系的改变。

清朝对云南不符合体制的府级政区的调整，表现出极大的差异性，然其中也有一定的原则可寻。对于幅员辽阔的丽江、顺宁二府，因与外国接壤，"藉大员弹压"，故只根据其没有首县的不合体制之处，稍作调整，建置首县，而府级政区照旧存留。对于统辖州县较多的临安府，除其首邑为建水州以外，均和体制无大违碍，故只需改建水州为县，同样也是政区内的局部调整。对于武定、元江、镇沅、广西四府，属邑既少，且无首邑，于是改为直隶州。直隶州皆有属县。姚安府幅员较小，按照"地小则裁并，以省冗员"的原则，姚安府裁撤，其所属州县就近归并楚雄府管辖。永北、蒙化、景东均为土府，辖境内少数民族众多，且无下属州县，"但地方辽阔，距府窎远，归并他郡，一切征输审解未便"，于是改置为直隶厅。按光绪《钦定大清会典》卷四《吏部》载："凡抚民同知直隶于布政司者，为直隶厅。"又："直隶厅有属州县者，惟奉天凤凰厅、四川叙永厅。"则永北、蒙化、景东改为直隶厅，一则与体制符合，二则方便"征输审解"，皆利于地方行政管理。

在这次政区调整中，广南府及其下辖的宝宁县是特殊案例。本来傅恒指出，"广南府止有同城之宝宁县，不成郡，改直隶厅同知。宝宁县同城，应裁，改设照磨一员，以资佐理。"并且"乾隆三十五年五月，广南府已经改为直隶厅，'原设教授、训导、经历三缺仍归直隶同知管辖'。但是，该年十月，曾任广南府知府的直隶按察使王显绪对此提出异议：广南'沙依杂处，易滋事端，又为江西各省采办滇铜经行站路，稽察难周，旧设土同知一员，藉有知府管理约束，若将知府裁改同知，与土同知官阶相等，易生亵玩，应仍留知府，方合弹压机宜'。皇帝闻言，'传谕（云贵总督）彰宝确查该地（广南）人情土俗，其知府一缺应否仍留，悉心详度，定议奏闻'。彰宝调查之后，奏请'将原议裁汰之广南府知府照旧存留，及宝宁县知县、典史二员亦应照旧复设'。广南地处各省采买滇铜要道，方便滇铜外运，这是广南府失而复得的主要原因之一。"① 广南府及下辖宝宁县的调整因清代国家资源滇铜的运输事宜而复原，这在清代云南行政区划演进中是绝无仅有的，也从一个侧面展示了清代国家通过正式行政区划有效管控地方的实质。

　　从空间分析的视角，乾隆三十五年（1770）云南发生重大变革的府级政区，除与外境接壤的丽江、顺宁、临安三府照旧存留，均建置了首县之外，其余裁撤及改置的府基本上都属于云南腹里地区。

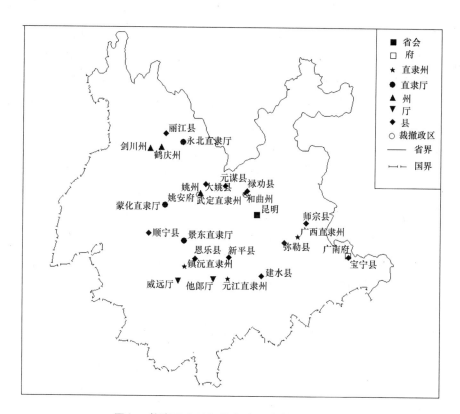

图七　乾隆三十五年云南政区重大调整示意图

　　底图来源：谭其骧主编：《中国历史地图集》第 8 册，地图出版社 1987 年版，第 48—49 页。

　　由此可以看出，乾隆三十五年（1770）云南府级政区调整的差异

---

① 马琦：《国家资源：清代滇铜黔铅开发研究》，人民出版社 2013 年版，第 161 页。

性，总体上表现为腹里与边疆的差异，腹里地区的府级政区调整则更多体现在政区内民族构成的差异上，主要是永北、蒙化、景东三土府改置为直隶厅。陆韧教授指出："在行政区划的调整中，清朝特别注重对边疆的控制和保持民族地区的稳定，直隶厅即是在清朝治边方略指导下，对边疆民族地区因汉人增加、汉民垦殖区扩大而导致的民族构成变迁和经济开发扩大情况下，创设的一种既能保持边疆民族地区稳定，又能实现对其辖区内所有民族人口进行管理的政区模式。直隶厅直隶于各省布政司，在保留了原有的土司机构的同时，朝廷派出抚民同知为主官，掌地、治民、控土司、兼汛防；直隶厅还有偏重对经济和汉人管理的特点。因此，清代的直隶厅不仅具备了行政区划各要素，而且具有行政双结构、民族构成多样性、户籍管理分类性、赋役征收的差异性和军事控管等特征，是边疆民族地区行政体制由土司制度或当地民族自行管理模式向全国政区的一体化演进的过渡型政区。"① 永北、蒙化、景东三直隶厅的设置，是云南土司制度向全国政区一体化演进的重要举措。

乾隆三十五年（1770）云南行政区划调整具有重大历史意义，其一，经过这次调整，云南行政区划完成了与内地一体的定制，此后直至清末也没有发生根本性的变迁。其二，这次调整的基本原则是"符合体制"，即与清朝经制行政区划体制相统一，实际上是云南行政区划体制的一体化发展——既在云南行政区划体系中实现了一体化，也使云南边疆与内地行政区划体系走向一体化发展趋势。②

第三节　政区调整与掌土治民的强化

乾隆时期，云南调整建置了二十个行政区划，"掌土治民"更加深入，兹分别考说如次：

（1）武定直隶州。清代前期为武定府，领和曲州、禄劝州及元谋县，乾隆三十五年（1770）经略大学士傅恒奏：武定府无首邑，辖二

---

① 陆韧：《清代直隶厅解构》，《中国历史地理论丛》2010 年第 3 辑。
② 同上。

州一县，不成郡，请改为直隶州。于是改置为武定直隶州，辖禄劝县、元谋县。① 治所在今武定县县城狮山镇。《大清一统志》载："武定直隶州，在云南省治西北二百四十里，东西距三百六十里，南北距三百三十九里，东至曲靖府寻甸州界一百二十里，西至楚雄府大姚县界二百四十里，南至云南府罗次县界三十九里，北至西川宁远府界三百里，东南至云南府富民县界四十五里，西南至楚雄府定远县界八十六里，东北至会理州界三百里，西北至会理州三百十里。本州境东西距一百九十五里，南北距五十四里，东至禄劝县界十五里，西至元谋县界一百八十里，南至云南府罗次县界三十九里，北至禄劝县界十五里，东南至云南府富民县界五十里，西南至云南府禄丰县界一百二十里，东北至禄劝县界十三里，西北至楚雄府大姚县界二百里。"② 其辖境约为今云南武定、元谋、禄劝三县地。境内有大宝铜厂，知州理之。③ 乾隆三十六年（1771）适逢编审，"清出续生人丁五十六丁，实在土著人民一万二千六百五十八户，男妇大小人丁四万九千五百三十三丁。"④ 至嘉庆末，本州户口"滋生男妇大小七万九千四十五名口，计一万六千九百一十户；又屯民男妇大小共三万九千九百九十七名口，计六千七百一十六户"。田赋则有"田地四千六十顷八分有奇，夷田四十一段，共额征地丁正杂银六千四百六十三两五钱九分五厘，米四千九百一十四石三斗七升五合四勺"。⑤ 夷田之纳入田赋征收，反映出清朝对云南赋税土地管理范畴的扩大。

（2）元江直隶州。清前期为元江府，领他郎厅及新平县，乾隆三十五年（1770）经略大学士傅恒奏：元江府无首邑，辖一厅一县，不

---

① 《清高宗实录》卷852，乾隆三十五年二月庚戌，中华书局1986年版（影印本），第11册，第408页。

② 《嘉庆重修大清一统志》卷492《云南省·武定直隶州》，《四部丛刊续编》本，商务印书馆1934年版。

③ （清）王崧：《道光云南志钞》卷1《地理志》，刘景毛点校，云南省社会科学院文献研究所1995年版，第12页。

④ （清）阮元、伊里布等修，王崧、李诚等纂：道光《云南通志稿》卷56《食货志一之二·户口下》。

⑤ 《嘉庆重修大清一统志》卷492《云南省·武定直隶州》，《四部丛刊续编》本，商务印书馆1934年版。

成郡，请改为直隶州。于是改置为元江直隶州，仍辖新平县，他郎厅则改归普洱府管辖。① 治所在今云南省元江县城礼江镇。《大清一统志》载："元江直隶州，在云南省治西南七百九十里。东西距三百里，南北距二千一百里，东至临安府石屏州界一百里，西至镇沅州界二百里，南至车里宣慰司界一千六百里，北至楚雄府南安州界五百里，东南至交趾老挝界一千三百四十里，西南至普洱府界四百七十里，东北至临安府嶍峨县界五百里，西北至镇沅州界四百里。本州境东西距二百十里，南北距二百五十里，东至临安府石屏州界一百三十五里，西至普洱府界七十五里，南至普洱府他郎界一百二十五里，北至新平县界一百三十里。自州治至京师八千九百九十里。"② 其辖境为今元江县和新平县。州内有青龙铜厂，由知州理之。③ 本州"向因蛮民杂处，未经编丁"。田赋则有"田地三百六十一顷五十六亩三分有奇，夷田九十段，额征地丁正杂银四千五百三十五两八钱五分八厘，米四千五百二十石一斗三升四合五勺"。④

（3）广西直隶州。清代前期为广西府，领五嶍厅及师宗、弥勒二州，乾隆三十五年（1770）经略大学士傅恒奏：广西府无首邑，辖一厅二州，不成郡，请改为直隶州。于是改置为广西直隶州，而师宗、弥勒二州俱改县，仍归广西直隶州管辖。⑤ 治所在今云南泸西县城中枢镇。道光二十年（1840）置丘北县，故清末广西直隶州领师宗、弥勒、丘北三县。其境域"广六百三十里，袤三百一十里。"⑥ 辖境约为今云南泸西、弥勒、师宗、丘北等县地。康熙、雍正年间，广西府系夷方，

① 《清高宗实录》卷852，乾隆三十五年二月庚戌，中华书局1986年版（影印本），第11册，第408页。

② 《嘉庆重修大清一统志》卷493《云南省·元江直隶州》，《四部丛刊续编》本，商务印书馆1934年版。

③ （清）王崧：《道光云南志钞》卷1《地理志》，刘景毛点校，云南省社会科学院文献研究所1995年版，第49页。

④ 《嘉庆重修大清一统志》卷493《云南省·元江直隶州》，《四部丛刊续编》本，商务印书馆1934年版。

⑤ 《清高宗实录》卷852，乾隆三十五年二月庚戌，中华书局1986年版（影印本），第11册，第408页。

⑥ 赵尔巽等：《清史稿》卷74《地理志·云南》，中华书局1977年版，第2341页。

俱系夷户，原未编审人丁。① 然乾隆初期已开始清查人口，"乾隆七年编审，清出实在土著人民九千八百三十九户，男妇大小人丁三万四千五百二十四丁"。以后历年均有新增，乾隆三十六年（1771）广西直隶州共有"实在土著人民一万二千九百六十一户，男妇大小人丁七万七千四百二十丁"。② 本区域田土有民、屯之别，雍正十年（1732）广西府"实在成熟民沐田地七千八百五十八顷四十亩四分零"，实在"成熟屯田地一百五十三顷二十一亩一分零"；至道光七年（1827）广西直隶州实在"成熟民田地七千九百一十二顷六十四亩九分零"，"成熟屯田地一百八十六顷八十二亩"。③ 此外，本州尚有"夷田一百二十六段"④。从乾隆以降广西直隶州人口的清查及民、屯、夷田地的增加来看，清朝"掌土治民"不断强化的轨迹是昭昭可寻的。

（4）镇沅直隶州。清代前期为镇沅府，领威远厅及恩乐县，乾隆三十五年（1770 年）经略大学士傅恒奏：镇沅府无首邑，辖一厅一县，不成郡，建议改为直隶州。于是改置为镇沅直隶州，仍辖恩乐县，威远厅改归普洱府管辖。⑤《大清一统志》载："镇沅直隶州，在云南省治西南一千二百里，东西距三百四十里，南北距二百九十里。东至元江州界一百里，西至顺宁府云州界二百四十里，南至普洱府威远界二百三十里，北至景东厅界六十里，东南至普洱府界八十里，西南至普洱府界三百里，东北至楚雄府南安州界二百九十里，西北至蒙化厅旧定边县界三百里。本州境东西距二百八十里，西至云州界二百四十里，南至威远界一百里，北至景东厅界六十里，东南至元江州界一百五十里，西南至威

---

①　（清）范承勋等修，吴自肃、丁炜等纂：康熙《云南通志》卷9《户口》；（清）鄂尔泰等修、靖道谟等纂：雍正《云南通志》卷9《户口》，国家清史编纂委员会编：《文津阁四库全书清史资料汇刊》，商务印书馆2006年版，第110页。

②　（清）阮元、伊里布等修，王崧、李诚等纂：道光《云南通志稿》卷56《食货志一之二·户口下》。

③　同上。

④　《嘉庆重修大清一统志》卷494《云南省·镇沅直隶州》，《四部丛刊续编》本，商务印书馆1934年版。

⑤　《清高宗实录》卷852，乾隆三十五年二月庚戌，中华书局1986年版（影印本），第11册，第408页。

远界一百二十里，东北至恩乐县界八十里，西北至景东厅界九十里。"①
其辖境约为今云南镇沅县，治所在今镇沅县按板镇南的老城。道光二十
年（1840），改镇沅直隶州为直隶厅，裁恩乐县入厅，设厅治于恩乐县
旧址。②镇沅直隶州前身为镇沅土府，原无赋税土地，仅承担"差发米
一百担，听粮储道支用报销"③。但"雍正六年设流后，清出夷田地七
百一顷七十一亩四分七厘，新增额外田一顷八十六亩"。④清朝开始对
镇沅府土地进行直接管控。镇沅改置直隶州后，管辖"成熟民田地五
百五十九顷三十一亩零，实征秋粮本色并折色改征本色米一千一百八十
石七升零，实征条编、地亩等银共一千三百八十九两八钱二分零"。⑤
可见改土归流建置正式政区以后，清朝实现了对直接掌控土地的经济收
益管理。

（5）鹤庆州。清代前期为鹤庆府，乾隆三十五年（1770）经略大学
士傅恒奏云："鹤庆府本有原管地方，距丽江仅八十里，改州，与所属
之剑川州归丽江府辖。"⑥于是降鹤庆府为州，并改隶丽江府。其管辖范
围"东西距二百十里，南北距一百七十里，东至永北厅界一百二十里，
西至剑川州界九十里，南至大理府宾川州界一百二十里，北至丽江县界
五十里，东南至永北厅界一百二十里，西南至大理府浪穹州界一百八十
里，东北至永北厅界四百八十里，西北至剑川州界一百十五里"。⑦境内

---

① 《嘉庆重修大清一统志》卷491《云南省·广西直隶州》，《四部丛刊续编》本，商务
印书馆1934年版。

② 赵尔巽等：《清史稿》卷74《地理志·云南》，中华书局1974年版，第2346页。并
参牛平汉主编：《清代政区沿革综表》，中国地图出版社1990年版，第390页。

③ （清）范承勋等修，吴自肃、丁炜等纂：康熙《云南通志》卷9《户口》、卷10
《田赋》。

④ （清）范承勋等修，吴自肃、丁炜等纂：康熙《云南通志》卷9《户口》；（清）鄂尔
泰等修，靖道谟等纂：雍正《云南通志》卷9《户口》、卷10《田赋》，国家清史编纂委员会
编：《文津阁四库全书清史资料汇刊》，商务印书馆2006年版，第111、129页。

⑤ （清）阮元、伊里布等修，王崧、李诚等纂：道光《云南通志稿》卷60《食货志二
之四·田赋四》。

⑥ 《清高宗实录》卷852，乾隆三十五年二月庚戌，中华书局1986年版（影印本），第
11册，第408页。

⑦ 《嘉庆重修大清一统志》卷485《云南省·丽江府》，《四部丛刊续编》本，商务印书
馆1934年版。

有"铁厂一，曰河底，知州理之"。① 在调整之前，鹤庆府已经有直接管辖的赋税土地人口，"三十六年，鹤庆府改属丽江府，编审清出续生人丁五十六丁，共实在土著人民一万六千六百六十四户，男妇大小人丁一十一万九千三百四丁"；其后逐年皆有新增。②

（6）永北直隶厅。乾隆三十五年（1770年）经略大学士傅恒奏称永北府"无属邑，不成郡，但地方辽阔，距府窵远，归并他郡，一切征输审解未便"，③ 于是改置为永北直隶厅，领永宁土府，属云南省，治所在今云南省永胜县县城永北镇。道光十九年（1839）析置蒗蕖土州。光绪三十四年（1908）析置华坪县。清末永北直隶厅领华坪县、永宁土府、蒗蕖土州。其辖境"东西距四百七十五里，南北距八百二十里。东至武定州元谋县界三百五十里，西至丽江府鹤庆州界一百二十五里，南至大理府宾川州界二百二十里，北至外域黄喇嘛界六百里，东南至楚雄府大姚县界三百里，西南至大理府邓川州界一百八十里，东北至四川盐源县界三百里，西北至丽江府丽江县界一百五十里"，④ 约为今云南永胜县、华坪县、宁蒗县地。境内有"金厂一，曰金沙江；铜厂一，曰得宝坪，同知理之"。⑤ 在进行政区调整之前，永北府对境内土地人口的掌控已经深入，土地管理方面，清初"裁卫设镇，屯赋归民，田户订有成规。乾隆间，又经郡守履亩升科，凡民赋、屯赋，各土司及汰庄、九营、官庄秩然，有条不紊。"⑥ 人口管理方面，"乾隆二十三年，知府马琪珣奉谕编查保甲。三十年，知府陈奇典再行确查，汇册存案：四城及远近屯伍，土司汉夷烟户计八千五百六十二户，共男妇老

　　① （清）王崧：《道光云南志钞》卷1《地理志》，刘景毛点校，云南省社会科学院文献研究所1995年版，第22页。

　　② （清）阮元、伊里布等修，王崧、李诚等纂：道光《云南通志稿》卷56《食货志一之二·户口下》。

　　③ 《清高宗实录》卷852，乾隆三十五年二月庚戌，中华书局1986年版（影印本），第11册，第408页。

　　④ 《嘉庆重修大清一统志》卷497《云南省·永北直隶厅》，《四部丛刊续编》本，商务印书馆1934年版。

　　⑤ （清）王崧：《道光云南志钞》卷1《地理志》，刘景毛点校，云南省社会科学院文献研究所1995年版，第37页。

　　⑥ （清）叶如桐修，刘必苏、朱庭珍纂：光绪《续修永北直隶厅志》卷2《政治志·田赋》，云南大学出版社1999年，第100页。

幼三万五千二百一十丁口。"① 乾隆三十五年（1770）改置为永北直隶厅，嘉庆《大清一统志》载本厅"田地一千九百四十顷一十四亩三分有奇，额征地丁正杂银三千九百二十七两三钱二分七厘，米四千二百四十九石九合"；"户口原额人丁共二千四百二十九，今滋生男妇大小共五万八千八百七十七名口，计九千九百三十二户；又屯民男妇大小共二万四千一百五十一名口，计三千二百九十六户。"② 经过康熙撤卫并屯及乾隆朝的履亩升科、编查保甲及政区调整，清朝对永北地方"掌土治民"的范畴及力度日益强化。

（7）蒙化直隶厅。乾隆三十五年（1770 年）经略大学士傅恒奏称：蒙化府"无属邑，不成郡，但地方辽阔，距府弩远，归并他郡，一切征输审解未便"，③ 于是改置为蒙化直隶厅，隶云南省，无领属，治所在今云南省巍山县城南诏镇。其辖境"东西距二百十里，南北距二百九十里，东至大理府赵州界六十里，西至顺宁府顺宁县界一百五十里，南至顺宁府云州界二百里，北至赵州界九十里，东南至景东厅界一百二十里，西南至云州界一百五十里，东北至赵州界一百二十里，西北至永昌府永平县界一百八十里"，④ 约为今云南省巍山县、南涧县和漾濞县的东南部地区。在政区调整之前，蒙化府已经对赋税土地人口进行管理，改土归流建置为蒙化直隶厅后，清朝中央的"掌土治民"进一步深化，至嘉庆末年，本厅"户口原额人丁共八千八十五，今滋生男妇大小共一十二万六千一百二十五名口，计三万五千六百一十七户；又屯民男妇大小共二万九千七十二名口，计七千八百七十户。田地二千九百五十八顷三十亩有奇，额征地丁正杂银五千四百一十五两一钱五分六

① （清）叶如桐修，刘必苏、朱庭珍纂：光绪《续修永北直隶厅志》卷 2《建置志·户口》，云南大学出版社 1999 年版，第 87 页

② 《嘉庆重修大清一统志》卷 497《云南省·永北直隶厅》，《四部丛刊续编》本，商务印书馆 1934 年版。

③ 《清高宗实录》卷 852，乾隆三十五年二月庚戌，中华书局 1986 年版（影印本），第 11 册，第 408 页。

④ 《嘉庆重修大清一统志》卷 496《云南省·蒙化直隶厅》，《四部丛刊续编》本，商务印书馆 1934 年版。

厘，米六千五百四十石四斗九升四合八勺。"①

（8）景东直隶厅。乾隆三十五年（1770 年）经略大学士傅恒奏称：景东府"无属邑，不成郡，但地方辽阔，距府窎远，归并他郡，一切征输审解未便"，②于是改置为景东直隶厅，属云南省，治所在云南景东县城锦屏镇。其境域"东西距三百四十里，南北距四百二十七里。东至楚雄府南安州界一百二十里，西至顺宁府云州界二百二十里，南至镇沅州界二百九十里，北至蒙化厅界一百三十七里，东南至镇沅州恩乐县界一百三十五里，西南至顺宁府顺宁县界三百里，东北至楚雄府镇南州界一百三十里，西北至蒙化厅界三百里"，③相当于今云南省景东县、镇沅县西部和景谷县北部一带。境内"惟猛统一河盐卤藉以滋养，称地利焉。盐井五：曰大井、小井、磨腊井、磨外井、圈铁井，皆同知理之。"④景东府原有中央直接掌控的赋税土地人口，改置为直隶厅后，赋税土地人口逐年增加，至嘉庆末，景东直隶厅"户口原额人丁共五百四十二，今滋生男妇大小共二万三千五百七十六名口，计五千二百六十二户；又屯民男妇大小三万九千六百二十四名口，计八千一百七十七户。田赋田地六百二顷二十亩五分有奇，夷田五百八十五段，额征地丁正杂银二千九十五两六钱七分，米二千六百九十四石八斗八合一勺。"⑤

（9）缅宁厅。乾隆十二年（1747）猛缅长官司改土归流，设置为缅宁厅，属云南省顺宁府，治所在今临沧县凤翔镇。《大清一统志》载："缅宁通判，在府城南三百里，东西距二百九十里，南北距二百四十里，东至戛里江二百里，西至邦忽九十里，南至猛准一百里，北至习

---

①　《嘉庆重修大清一统志》卷 496《云南省·蒙化直隶厅》，《四部丛刊续编》本，商务印书馆 1934 年版。

②　《清高宗实录》卷 852，乾隆三十五年二月庚戌，中华书局 1986 年版（影印本），第 11 册，第 408 页。

③　《嘉庆重修大清一统志》卷 495《云南省·景东直隶厅》，《四部丛刊续编》本，商务印书馆 1934 年版。

④　（清）王崧：《道光云南志钞》卷 1《地理志》，刘景毛点校，云南省社会科学院文献研究所 1995 年版，第 39 页。

⑤　《嘉庆重修大清一统志》卷 495《云南省·景东直隶厅》，《四部丛刊续编》本，商务印书馆 1934 年版。

项邦伍一百四十里，西南至耿马土司及猛麻土司界九十七里，东北至云州界一百十八里。"① 辖境约为今云南临沧县、双江县。猛缅长官司原管人民三百户，改土归流时特准"停其编入丁册"。② 缅宁厅建置后，清朝加强了对本区土地及其经济收益的管理，据采访案册，"缅宁厅额征税秋并条银改米共一千九百石六斗八勺，乾隆二十五年升科下则田十亩，该秋米三斗三升，条银改米九升九合一勺；又二十五年自首垦荒成熟秋米一石六升六勺，条银改米四斗五升七合二勺。"③ 从土司世有其土到中央王朝丈田起科、垦荒征赋，缅宁厅的建置代表着清朝"掌土治民"方式的根本变化。

（10）中甸厅。乾隆二十一年（1756）置，属丽江府，治所在今云南省香格里拉县建塘镇。据民国《中甸县志稿》载，中甸原名建塘，在明朝末年前后曾归丽江土知府木氏长期领辖，"迨及明末清初，藏蕃势力膨胀，逐渐南徙，而木氏日就式微，莫能御之。"中甸遂由"藏方逐年派举吗倾则一人前来管理僧民，征收粮税"，至雍正二年（1724）复归鹤庆府管辖，改名中甸。④ 乾隆二十一年（1756），原署云贵总督爱必达等奏称："滇省中甸地方，自内附三十余载，地辟民聚，原设州判一员，管理词讼、钱粮等事。稍涉疑难，必赴府州请示，往返千里；更因夷寨众多，设有土守备、千把，分地稽查，统听州判管辖，而微员究难弹压。查楚雄府同知与知府同城，并无专司，请改为中甸同知，将州判缺裁，即将旧署作为同知衙署，俸工书役照旧设立。再中甸、维西地界，接壤丽江，向系丽江府所辖，嗣因将鹤庆府通判移驻维西，后将中甸州判隶剑川州，遂均属鹤庆府。第自鹤庆以至中甸、维西，必由丽江取道，鸾隔殊难遥制，应将维西通判及现设中甸同知俱改隶丽江府管

---

① 《嘉庆重修大清一统志》卷483《云南省·顺宁府》，《四部丛刊续编》本，商务印书馆1934年版。

② （清）党蒙修，周宗洛纂：光绪《续修顺宁府志》卷11《食货志一·户口》，光绪三十年刊本。

③ （清）党蒙修，周宗洛纂：光绪《续修顺宁府志》卷12《食货志二·田赋》，光绪三十年刊本。

④ 民国《中甸县志稿·沿革》。

辖。"① 获朝廷批准，遂以楚雄府同知改作中甸抚彝同知，并改属丽江府。其辖境"东西距三百六十里，南北距五百六十四里，东至丽江县界二百三十里，西至维西界一百三十里，南至丽江县界二百八十四里，北至四川里塘界二百八十里，东南至丽江县界一百五十里，西南至维西界二百一十里，东北至里塘界一百二十里，西北至维西界一百四十里。"② 境内有"金厂一，曰麻康，银厂一，曰安南，同知理之"。③ 1913年4月改为中甸县。

（11）龙陵厅。乾隆三十五年（1770）置，属永昌府，治所在今云南省龙陵县龙山镇。其管辖范围"东至保山界二百五十里，西至腾越厅界九十里，南至木邦宣慰司界二百八十里，北至腾越厅界二百五十里，东南至镇康土州界二百五十五里，东北至腾越厅保山县界二百七十里，西南至南甸宣抚司界二百二十五里"。④ 该区明代和清代前期为施甸安抚司地，明代在施甸安抚司下一度置勐弄司和镇安守御千户所。民国《龙陵县志》载："龙陵即保山县属之猛弄。清乾隆三十五年，以汉夷杂居，土官不能镇摄，乃移同知驻其地，并设巡检一员，分府属之潞江、芒市、遮放三土司隶之。光绪二十五年，因界务交涉，设猛阪土千总，仍归厅辖。民国改厅为县，改巡检为县佐，驻潞江，资弹压焉。"⑤ 可知龙陵地区民族构成复杂，龙陵厅的设治旨在强化中央政府对边疆民族地区的管理和控制。而本境"地介两江，境通八隘，深溪绝涧，峻岭重峦，保障三司，作西南之锁钥，屏藩一郡，扼宣慰之咽喉"，战略地位极其重要，乾隆中期大兵征缅甸，就于龙陵地区驻师、设栅。⑥ 1913年4月改龙陵县。龙陵厅建置后"并无额征丁银。旧额：原额土

---

① 《清高宗实录》卷513，乾隆二十一年五月乙未，中华书局1986年版（影印本），第7册，第489页。

② 《嘉庆重修大清一统志》卷485《云南省·丽江府》，《四部丛刊续编》本，商务印书馆1934年版。

③ （清）王崧：《道光云南志钞》卷1《地理志》，刘景毛点校，云南省社会科学院文献研究所1995年版，第21页。

④ 同上书，第29页。

⑤ 张鉴安修，寸晓亭等纂：《龙陵县志》卷4《建置志·沿革》，民国六年刊本。

⑥ （清）王崧：《道光云南志钞》卷1《地理志》，刘景毛点校，云南省社会科学院文献研究所1995年版，第29—30页。

著人民四千五百三十八户，男妇大小共二万一千八百七十五丁口；新增客籍人民男妇大小五百一十五丁口，实在土著、客籍共二万二千三百九十四丁口。"且龙陵"居荒服，其平原旷野可画井疆者，多属于土司境"，故本厅管辖田地较少，其民赋"原额由前永昌府拨归夷方田亩免丈照纳"，"总计实在民屯田地三顷八十六亩六分三厘"。① 尽管范围有限，龙陵厅建置后清朝直接"掌土治民"的管理体制已推进到边疆少数民族地区。

（12）丽江县。乾隆三十五年（1770 年）经略大学士傅恒奏称丽江府"无首县，与体制不合，应将专管地方改首县管理"，② 于是增置丽江县，为丽江府附郭县，治所在今云南丽江市大研古镇。县境域"东西距七百四十五里，南北距一百里。东至永北厅界一百三十里，西至怒夷界六百十五里，南至鹤庆州界四十五里，北至中甸界五十五里，东南至鹤庆州界一百三十五里，西南至大理府云龙州界六百三十里，东北至永北厅界四百五十里，西北至维西界四百五十里"③，大约相当于今丽江、兰坪、碧江一带地区。④

（13）建水县。清乾隆三十五年（1770）降建水州为县，为临安府附郭，治所在今云南建水县城临安镇。清代前期临安府的首邑为建水州，与清朝行政区划体制不符，故经略大学士公傅恒奏请将建水州"改县，以符体制"。⑤ 县辖境"东西距七十里，南北距二百十里。东至阿迷州界三十里，西至石屏州界四十里，南至蒙自县界五十里，北至通海县界一百六十里，东南至蒙自县界二百八十里，西南至纳楼司界六十里，东北至宁州界一百三十里，西北至石屏州界三十里。"⑥ 境内有摸

---

① 张鉴安修，寸晓亭等纂：《龙陵县志》卷 3《地舆志下·户口》，民国六年刊本。

② 《清高宗实录》卷 852，乾隆三十五年二月庚戌，中华书局 1986 年版（影印本），第 11 册，第 408 页。

③ 《嘉庆重修大清一统志》卷 485《云南省·丽江府》，《四部丛刊续编》本，商务印书馆 1934 年版。

④ 参尤中：《云南地方沿革史》，云南人民出版社 1990 年版，第 359 页。

⑤ 《清高宗实录》卷 852，乾隆三十五年二月庚戌，中华书局 1986 年版（影印本），第 11 册，第 408 页。

⑥ 《嘉庆重修大清一统志》卷 479《云南省·临安府》，《四部丛刊续编》本，商务印书馆 1934 年版。

黑银厂，建水县设置后，由知县负责经营管理。①

（14）顺宁县。乾隆三十五年（1770）经略大学士傅恒奏称：顺宁府"无首县，与体制不合，应将专管地方改首县管理"，② 于是置顺宁县，为顺宁府附郭，治所在今云南省凤庆县城凤山镇。其境域"东西距三百二十里，南北距四百四十里。东至蒙化厅界二百里，西至永昌府湾甸土县（州）界一百二十里，南至云州界八十里，北至永昌府永平县界三百六十里，东南至云州界九十里，西南至耿马土司界二百四十里，东北至蒙化厅界三百四十里，西北至永昌府保山县界二百二十六里。"③ 境内有"银厂一，曰涌金，知县理之；铜厂一，曰宁台，知府理之，或别委官焉"。④ 顺宁县建置后，设一十六里，每里十甲，除猛右里割去七甲归并湾甸土州外，共管一百五十三甲的土地和人民。⑤

（15）禄劝县。乾隆三十五年（1770）降禄劝州为禄劝县，属武定直隶州，治所在今禄劝彝族苗族自治县城屏山镇。清代禄劝县在武定直隶州州城东北，其境域"东南距一百十里，南北距三百五里。东至曲靖府寻甸州界一百里，西至本州界十里，南至本州界五里，北至四川宁远府会理州界三百里，东南至本州界三十五里，西南至本州界三里，东北至寻甸州界二百四十里，西北至会理州界三百里"，⑥ 即今昆明市所辖之禄劝县。

（16）宝宁县。乾隆元年（1736）置，为广南府附郭，治所即今云南省文山州之广南县。其辖境"东西距五百二十里，南北四百三十里，东至富州二百二十里，西至开化府界三百里，南至交趾界二百九十里，

---

① （清）王崧：《道光云南志钞》卷 1《地理志》，刘景毛点校，云南省社会科学院文献研究所 1995 年版，第 43 页。

② 《清高宗实录》卷 852，乾隆三十五年二月庚戌，中华书局 1986 年版（影印本），第 11 册，第 408 页。

③ 《嘉庆重修大清一统志》卷 483《云南省·顺宁府》，《四部丛刊续编》本，商务印书馆 1934 年版。

④ （清）王崧：《道光云南志钞》卷 1《地理志》，刘景毛点校，云南省社会科学院文献研究所 1995 年版，第 34 页。

⑤ （清）党蒙修，周宗洛纂：光绪《续修顺宁府志》卷 6《地理志四·村屯》，光绪三十年刊本。

⑥ 《嘉庆重修大清一统志》卷 492《云南省·武定直隶州》，《四部丛刊续编》本，商务印书馆 1934 年版。

北至广西泗城府西林县界一百四十里，西南至临安府阿迷州界四百里，东北至广西泗城府西隆州界二百十里，西北至广西州弥勒县界三百里"，① 相当于今广南县范围。广南府位于云南省东南部，"内接粤西，外控交趾，蛮僚错居，号称夷疆要地"，② 但在清代前期仅辖一土富州，而"夷民归土同知、土富州管辖，土同知辖三十二营，每营设头目一人，又谓之该管，亦有一营分二人管者。若调练出征，则谓之先锋。头目之下有布斗，布斗之下有伙头，皆分管夷人者。"③ 虽任命流官知府，但府境内"岗峦稠叠，鸟道崎岖，夏秋不免烟瘴。山脚为田，山腰为寨，民夷结屋而居。或十余家或数十家为一寨，二三十寨为一大寨，汉夷杂处，乡约、保正约束汉人，该管、布斗约束夷人"④，人口管理上呈现出分类管理的特征，即流官知府通过乡约、保正对汉人进行约束管理，而少数民族人口在土府同知的管控之下。广南府特殊的地理环境、民族构成及人口分类管理等因素，导致流官知府的行政管理权力极其有限。乾隆元年（1736）知府陈克复指出："广南一府地处极边，夷情犷悍，外接交趾、粤西，内连开化、阿迷，以及师宗、邱北、十三槽等地，幅员辽阔，设知府一员，不独教化难周，即耳目亦无由遍及，虽有经历一员，又非亲民之官，且专司监狱，责成修系。一切地方查勘以及化诲夷顽等事，不便违例差委，是以设流数十余年，声教虽通，而夷风未遍化及者，良由职守缺如，稽察不周之故也。"广南府行政建制的不充分，使清朝对这一边疆少数民族地区的直接统治非常薄弱，因此，陈克复向上宪建议："广南地方与开化、普洱均系极边地，而广南一郡，又路通两粤，较之开、普，更属冲繁，似应亟添设首县，以资分理者也……今广南原未设有州县，而又系苗疆繁集之地，理宜添设首县协同知府办理地方，庶可时时化诲，事事稽查，革其夷习，去其扞格，使雕

① 《嘉庆重修大清一统志》卷 482《云南省·广南府》，《四部丛刊续编》本，商务印书馆 1934 年版。
② （清）李熙龄纂：道光《广南府志》卷 1《疆域》，清光绪三十一年重抄本。
③ （清）李熙龄纂：道光《广南府志》卷 2《村寨》，清光绪三十一年重抄本。
④ 《广南府志》整理连载（三），《文山师范高等专科学校学报》2001 年第 1 期。

题漆齿之俗渐臻内地"。①"添设首县、以资分理"目的在于增强清朝中央对广南边疆少数民族地区的统治力量。于是云南总督尹继善奏报朝廷:"广南为粤西交趾分界之区,地方辽阔,事务殷繁,知府一员实难总理。请于广南府添设附郭知县一员、典史一员,照例颁给印信。"②获允,遂于乾隆元年(1936)建置宝宁县。至乾隆三十五年(1770),经略大学士傅恒奏称:"广南府止有同城之宝宁县,不成郡,改直隶厅同知。宝宁县同城,应裁,改设照磨一员,以资佐理。"③傅恒所奏曾经朝廷批准施行,但乾隆三十六年(1771)又恢复了广南府以及宝宁县的建置。宝宁县以境内西北部有宝宁溪而得名,④境内"户口人丁原系夷保,并不编查";赋税则有"夷地三顷九十二亩,不分等则,一例照纳"。⑤

(17)师宗县。乾隆三十五年(1770)降师宗州为县,属云南省广西直隶州,治所在今师宗县丹凤镇。《大清一统志》载:"在州城北八十里,东西距九十里,南北距九十里。东至曲靖府罗平州界四十里,西至曲靖府陆凉州界五十里,南至本州界四十里,北至陆凉州界五十里,东南至广西泗城府西隆州界三百一十里,西南至本州界五十里,东北至罗平州界五十里,西北至陆凉州界五十里。"⑥所辖即今曲靖市师宗县范围。

(18)弥勒县。乾隆三十五年(1770)降弥勒州为县,属云南省广西直隶州,治所在今弥勒市弥阳镇。《大清一统志》载:"弥勒县,在州城西九十里,东西距一百五里,南北距一百六十里。东至本州界二十五里,西至临安府宁州界八十里,南至临安府阿迷州界一百四十里,北

① (清)陈克复撰:《详请添设知县》,载(清)单光国纂修:乾隆《广南府志略》卷4《艺文》,1965年云南大学图书馆借云南省图书馆旧抄本传抄。

② 《清高宗实录》卷28,乾隆元年十月甲子,中华书局1985年版(影印本),第1册,第598页。

③ 《清高宗实录》卷852,乾隆三十五年二月庚戌,中华书局1986年版(影印本),第11册,第408页。

④ 赵尔巽等:《清史稿》卷74《地理志·云南》,中华书局1977年版,第2345页。

⑤ (清)李熙龄纂:道光《广南府志》卷2《田赋》,清光绪三十一年重抄本。

⑥ 《嘉庆重修大清一统志》卷491《云南省·广西直隶州》,《四部丛刊续编》本,商务印书馆1934年版。

至本州界二十里，东南至广南府界二百六十里，西南至宁州界八十里，东北至本州界三十里，西北至澄江府路南州界五十里。"① 所辖即今红河州弥勒县范围。

（19）户撒长官司。乾隆三十六年（1771）析陇川宣抚司地置，属云南省永昌府，治所在今云南陇川县西北的户撒。其地本为峨昌（阿昌族）世居，明正统年间设土司，雍正二年（1724）裁。乾隆三十四年（1769），有干崖赖邦俊者为通事，伴送猛拱土目兴堂扎进京，乞请复土舍旧职。经副将军阿桂、总督彰宝查明，复奏言："户撒地处极边，与野夷接壤，词讼审勘，往返需时；稽察奸私，鞭长不及。遇有调发，呼应不灵。若设佐杂微员，既不足以资弹压，即仅立土舍，亦未免名实不符。应复设长官司，以资管辖，以符体制。"② 遂复置户撒长官司，以赖氏世袭。其辖境"东至陇川山顶八里陇川界，南至腊撒隔十五里腊撒界，西至干崖山顶三十里干崖界，北至鑫旋山二十里南甸界"，管理莫卖等六十寨。③ 嘉庆二十五年（1820）属腾越厅直隶厅。道光二年（1822）属永昌府腾越厅。民国初废。

（20）腊撒长官司。乾隆三十六年（1771）析陇川宣抚司地置，属云南省永昌府，治所在今云南陇川县西北的腊撒。其地本为峨昌（阿昌族）世居，明正统间设土司，雍正二年（1724）裁。乾隆中期副将军阿桂、总督彰宝奏请复设户撒长官司时，亦言："户撒毗连又有腊撒，系盖姓承袭，传至盖世禄，亦被吴逆占夺。今查盖朝选有嫡孙盖荣邦，年力精壮，人亦诚实，亦请给还土职，在于边防效力。且与南甸、陇川、干崖各土司唇齿相依，内外捍御，于边较为得力。"④ 于是复置腊撒长官司。所辖"东至陇川十五里，南至蛮莫外夷三十里，西至干

---

① 《嘉庆重修大清一统志》卷491《云南省·广西直隶州》，《四部丛刊续编》本，商务印书馆1934年版。

② （清）屠述濂修：《云南腾越州志》卷10《土司》，文明元、马勇点校，云南美术出版社2006年版，第238页。

③ （清）王文韶等修，唐炯等纂：光绪《续云南通志稿》卷98《秩官志·土司》，清光绪二十七年刊本。

④ （清）屠述濂修：《云南腾越州志》卷10《土司》，文明元、马勇点校，云南美术出版社2006年版，第238页。

崖蛮撤二十里，北至户撒二十里"，掌管三十一个村寨。① 嘉庆二十五年（1820）属腾越厅直隶厅。道光二年（1822）属永昌府腾越厅。民国初废。

综观乾隆年间云南二十个行政区划调整之详情，无不体现为清朝中央在云南边疆直接"掌土治民"范围的扩大和程度的加强。对于改土归流建置的政区，其赋税土地人口由土司私有转变为正式行政区划直接管理，成为清朝国家的经济资源。对于不合体制而进行调整的政区，其先已经对境内土地人口实施直接的行政管理，而经过调整之后，各政区与内地体制一体化发展，"掌土治民"方式进一步巩固并与内地趋于划一。

总而言之，乾隆时期云南行政区划调整由改土归流和乾隆三十五年（1770）定制两方面组成，虽然表现形式有异，但核心均是清朝中央对云南边疆直接"掌土治民"的深入发展。"掌土治民"既是改土归流建置正式行政区划的关键，也是云南行政区划定制的核心要素。

---

① （清）王文韶等修，唐炯等纂：光绪《续云南通志稿》卷98《秩官志·土司》，清光绪二十七年刊本。

第七章 嘉庆至清末云南正式
行政区划的边疆推进

乾隆三十五年（1770）云南省行政区划完成了与内地一体化的定制，此后自嘉庆至清末，随着中央对云南"掌土治民"的深入，云南省正式行政区划向着边疆民族地区推进。

第一节 嘉庆至清末云南行政区划的沿革

嘉庆至清末，云南省行政区划沿革轨迹如下：

（1）永昌府

嘉庆二十五年（1820），升腾越州为直隶厅；[①] 道光二年（1822）降为散厅，仍属永昌府。[②]

光绪三十四年（1908），永昌府属镇康土州改土归流，设委员；[③] 宣统二年（1910）改镇康委员为永康州，仍属永昌府。[④]

（2）顺宁府

光绪十三年（1887），析倮黑土司地置镇边厅，以猛朗坝为厅治，

---

① 《清宣宗实录》卷7，嘉庆二十五年十月乙巳，中华书局1986年版（影印本），第1册，第162页。按：《嘉庆重修大清一统志》卷475《云南统部》、卷498《云南·腾越直隶厅》及《清史稿》卷74《地理志·云南》俱载嘉庆二十四年升腾越州为直隶厅，此处从《实录》。

② 赵尔巽等：《清史稿》卷74《地理志·云南》，中华书局1974年版，第2331页。

③ 刘锦藻：《清朝续文献通考》卷136《职官考二十二·直省土官》，王云五主编：《万有文库》第2集，商务印书馆1936年版，《考》第8960页。

④ 同上书，《考》第8963页。

隶顺宁府，无领属。①

　　光绪二十年（1894），析顺宁府属孟连宣抚司归镇边厅管辖。②

　　（3）永北直隶厅

　　道光十九年（1839），复置滇蒗土州，属永北直隶厅。③

　　光绪三十四年（1908），于华荣庄地置华坪县，仍隶厅。④

　　（4）东川府

　　嘉庆十六年（1811），于原会泽县旧址置巧家厅，属东川府。⑤

　　（5）昭通府

　　光绪三十四年（1908），析永善之副官村置靖江县，仍升镇雄为直隶州。⑥

　　（6）广西直隶州

　　道光二十年（1840），升丘北县丞为丘北县，属广西直隶州。⑦

　　（7）广南府

　　光绪二十六年（1900），土富州改土归流，置富州厅，仍属府。⑧

　　（8）开化府

　　嘉庆二十五年（1820），改马白关同知为安平厅，属开化府。⑨　道

----

　　①　赵尔巽等：《清史稿》卷74《地理志·云南》，中华书局1974年，第2334页。按：据《岑毓英奏稿》，岑氏于光绪十三年十一月二十七日上疏言设镇边厅事，刘锦藻《清朝续文献通考》卷325《舆地二十一·云南》言光绪十三年设镇边厅，光绪《续云南通志稿》卷12《地理志·舆图表》记载同。

　　②　（清）朱占科修，周宗洛纂：光绪《顺宁府志》卷23《秩官志四·土司》，光绪三十年刊本。

　　③　赵尔巽等：《清史稿》卷74《地理志·云南》，中华书局1974年版，第2335页。

　　④　同上书，第2334页。

　　⑤　《清史稿·地理志》载："嘉庆十九年，设分防巧家同知。"（（民国）赵尔巽等：《清史稿》卷74《地理志》，中华书局1974年版，第2338页。）然《清仁宗实录》卷241"嘉庆十六年闰三月丙申"条载："改云南大理府同知为东川府巧家同知，宾川州赤石崖巡检为普洱府他郎厅知事，从巡抚孙玉庭请也。"（中华书局1986年版，第4册，第252页）王崧《道光云南志钞》卷1《地理志·东川府》及民国《巧家县志稿》卷1《大事记·设置厅治以后之事》所载同。

　　⑥　赵尔巽等：《清史稿》卷74《地理志·云南》，中华书局1974年版，第2339页。

　　⑦　同上书，第2341页。

　　⑧　甘汝棠修纂：《富州县志》，《中国方志丛书·华南地方》第272号，成文出版社有限公司1974年版，第3页。

　　⑨　赵尔巽等：《清史稿》卷74《地理志·云南》，中华书局1974年版，第2345页。

光二年（1822），改"开化府同知为安平同知，割文山县东安、逢春、永平三里俱隶管辖"。①

光绪二十六年（1900），移开化府安平同知仍旧驻马白关，以旧开化镇行辕为衙署。②

（9）镇沅直隶厅

道光二十年（1840），改镇沅直隶州为直隶厅，裁恩乐县入厅，设厅治于恩乐县旧址。③

以上嘉庆至清末（实际上是从嘉庆十六年至宣统二年，即 1811—1910 年）云南行政区划体系的沿革变迁情况，可以归纳为下表：

表九 　　　　　　　　　**嘉庆至清末云南行政区划调整情况表**

政区层级	原置政区	调整结果	备注
府			
州	镇雄州	镇雄直隶州	
	腾越州	腾越厅	
	镇沅直隶州	镇沅直隶厅	
	富州	富州厅	改土归流
	镇康土州	永康州	改土归流
		蒗蕖土州	复设
县	恩乐县		裁撤
		华坪县	
		靖江县	
		丘北县	
厅		镇边厅	
		巧家厅	
		安平厅	

① 《清宣宗实录》卷31，道光二年三月己酉，中华书局1986年版（影印本），第1册，第945—946页。

② 《清德宗实录》卷474，光绪二十六年九月戊戌，中华书局1987年版（影印本），第7册，第474页。

③ 赵尔巽等：《清史稿》卷74《地理志·云南》，中华书局1974年版，第2346页。并参牛平汉主编：《清代政区沿革综表》，中国地图出版社1990年版，第390页。

根据上述行政区划变迁的情况，可以看出从嘉庆至清末，云南省属府级行政区划呈现出稳定发展的态势。在发生沿革变化的十三个行政区划中，散州及直隶州共计六个，达到46%的比例；从变迁结果来看，改置及建置的厅亦有六个，占变迁后尚存政区的50%。在这一历史阶段，云南行政区划中州的变化最大，而变迁的趋势则是设置了大量的厅。

从云南省直属政区体系的变迁大势观之，乾隆三十五年（1770）以后，云南行政区划长期保持十四府、四直隶州、三直隶厅的总体格局，直至道光二十年（1840）后变为十四府、三直隶州、四直隶厅，再至光绪十四年（1888）变为十四府、三直隶州、五直隶厅，光绪三十四年（1908）至清朝灭亡则维持十四府、四直隶州、五直隶厅的格局。

第二节　政区调整与边疆地区的掌土治民

从嘉庆至清末，清朝对云南行政区划进行了相当规模的调整，并在边疆地区建置起一批正式行政区划。

（一）州

1. 镇雄直隶州。原为镇雄州，属昭通府，光绪三十四年（1908）正月，"云贵总督锡良奏：镇雄州距府窎远，诸多不便，请将该州升为直隶州"。① 乃升为直隶州，驻今昭通市镇雄县城。其辖境包括今镇雄、彝良、威信三县之地。

2. 永康州。宣统二年（1910）镇康州置流官，更名永康州，属永昌府，治所在今永德县德党镇。明代设镇康土州，清代因之，隶永昌府，土官刀氏世袭，至清末因土目争袭，云贵总督锡良奏请改土归流，于光绪三十四年（1908）设委员。宣统二年（1910），"云贵总督李经羲奏镇康改流，请添设知州、巡检各缺。略称：镇康居永昌府东南一

---

① 《清德宗实录》卷586，光绪三十四年正月癸卯，中华书局1987年版（影印本），第8册，第748页。

隅，为滇西屏蔽，冬至雪山，与顺宁交界，西至潞江，与龙陵交界，南至勐线坝，与耿马土司交界，北至一碗水，与湾甸土司交界，东西五百余里，南北二百余里，山深箐密，烟瘴最盛。自前土州刀闷锦图被匪戕害，其妻子相继亡故，土族互谋吞噬，拘乱有年，汉夷受虐，民不聊生，自经改流，土民悉获安枕。惟查该处德党系为镇康适中之地，形势较胜，烟户繁庶。猛朗、小猛统两处均为上下扼要之区。见在改流就绪，自非添设流官，分司兼理，不足以专责任而固边圉。拟请添设知州一缺，名曰永康州知州，驻扎德党，隶永昌府，如各州县之例，管理刑名，经征钱粮，并兼管监狱缉捕，暂不添设吏目，定为极边烟瘴题调要缺，三年俸满，撤回候升。并添设巡检二缺，一驻猛朗，名曰永康州分防猛朗巡检；一驻小猛统，名曰永康州分防小猛统巡检，均定为极边烟瘴咨调要缺。"① 遂改镇康委员为永康州。民国二年（1913），"中央政府以云南永康与浙江永康同名，因改云南永康为镇康，仍复原名，并改为县治。"② 按《大清一统志》载："镇康土府（州），在府南三百八十里，东西距一百十里，南北距一百十里。东至顺宁府顺宁县界四十里，西至潞江安抚司界七十里，南至耿马宣抚司界六十里，北至湾甸土州界五十里"。③ 其辖境包括今临沧市永德、镇康二县之地。

3. 蒗蕖土州。道光十九年（1839）复置，属永北直隶厅，驻今宁蒗县城。光绪《续云南通志稿》载：明代蒗蕖土知州阿尚义，"顺治十六年投诚，未授职。尚义死，地方无人管理。康熙三十一年，布政司详改土舍，以尚义子嗣祖管理地方夷民……自嗣祖后均只袭土舍。道光十七年，开采东升银厂，夷众请援旧颁印信号纸。十九年，部颁蒗蕖州土知州阿为柱号纸一道，铜质世袭蒗蕖州知州印一颗。为柱弹压厂民，严缉匪犯，兴修永北至蒗蕖道路三百余里，建通衢河桥一座。二十六年，从征云州、缅宁，以功加运同衔。"蒗蕖土州的管辖范围，"东至纳格忠一百里四川盐源县中所界，南至跕河一百二十里章土司界，西至打底

---

① 刘锦藻：《清朝续文献通考》卷 136《职官考二十二·直省土官》，王云五主编：《万有文库》第 2 集，商务印书馆 1936 年版，《考》第 8955 页。

② 纳汝珍修，蒋世芳纂：民国《镇康县志初稿》，1963 年传抄云南省图书馆藏稿本。

③ 《嘉庆重修大清一统志》卷 482《云南省·广南府》，《四部丛刊续编》本，商务印书馆 1934 年版。

一百八十里丽江府界，北至卡洗坡一百二十里永宁土府界”，① 大致为今丽江市宁蒗彝族自治县的中部和南部地区。

（二）县

1. 丘北县。道光二十年（1840）设，治所在今丘北县城锦屏镇，属广西直隶州。该地明清时期设置过维摩州和短暂设置过三乡县。“雍正九年于师宗州添设州同，驻旧维摩州之丘北，以归弥勒之日者乡及阿迷州十四寨地并属焉。乾隆三十五年，以师宗县丞分驻。”丘北县“在州东南二百九十里，东西距三百二十里南北距一百二十五里。东至师宗县界二百里，西至临安府阿迷州界一百二十里，南至广南府界四十五里，北至本州界八十里，东南至广西泗城府西林县界二百五十里，西南至开化府界一百六十里，东北至本县界一百八十里，西北至弥勒县界一百三十四里”。② 今丘北县属文山壮族苗族自治州。

2. 华坪县。光绪三十四年（1908）置，隶永北直隶厅，治所在今云南省华坪县中心镇。③ 元代华坪县地属北胜府，南部为土官高氏领地，北部为土官章氏领地，明清均为北胜州地。道光元年（1821）南部改流，置旧衙坪经历署。光绪十八年（1892年）北部改流，置华荣庄经历署。光绪三十四年（1908）废两经历署，置华坪县，取华荣庄和旧衙坪首尾二字得名。清末和中华民国时期华坪县境较今华坪县大，包有金沙江以东今属四川的部分地区。④

3. 靖江县。光绪三十四年（1908）置，隶昭通府，治所在副官村（今云南绥江县中城镇）。其地原属永善县，雍正十年（1732）于永善县桧溪置县丞。光绪三十四年（1908）经总督锡良奏请，“将永善县之傅（副）官村县丞裁撤，改为知县，与永善县分地而治”，⑤ 遂析永善县桧溪县丞地置靖江县。本县在云南省东北隅，西部、北部隔金沙江与

---

① （清）王文韶等修，唐炯等纂：光绪《续云南通志稿》卷97《秩官志·土司》，清光绪二十七年刊本。

② 《嘉庆重修大清一统志》卷491《云南省·广西直隶州·邱北县丞》，《四部丛刊续编》本，商务印书馆1934年版。

③ 赵尔巽等：《清史稿》卷74《地理志·云南》，中华书局1974年版，第2335页。

④ 内政部编：《中华民国行政区域简表》，商务印书馆1947年版。

⑤ 《清德宗实录》卷586，光绪三十四年正月癸卯，中华书局1987年版（影印本），第8册，第748页。

四川省雷波县、屏山县相望，地处滇东北中山山原北缘，金沙江航道过境。据民国《绥江县县志》载："副官村改土后隶属永善，初设巡检一员，继改县丞，兼理行政、诉讼、钱谷、兵刑事件。但遇命盗重件不能专决，必详由永善正县核办。时值承平，尚无大碍。适光绪末，川省匪盗蜂起，波及县境，牵抢烧杀案件层出不穷。"因此，"署理县丞熊祖颐据绅民以'地临川壤，匪盗日炽，县丞权轻力弱，难资镇摄，请改设正县以增政府权威而利地方'等词详请上宪改设正县……旋奉部饬准，改设正县，锡名'靖江'……未及一年，复奉部饬以'靖江'二字与江苏之靖江县同名，有碍例制，着改为'绥江'。"① 绥江县的设置，代表清朝对昭通地方基层行政治理的深化及直接管控力量的加强。

（三）厅

1. 镇沅直隶厅。道光二十年（1840）升镇沅直隶州为直隶厅，治所在今镇沅县按板镇南的老城。裁撤原州属恩乐县，即无领属。其辖境"广三百四十里，袤二百九十里"，约为今云南镇沅县。②

2. 镇边直隶厅。光绪十三年（1887）析缅宁厅和孟连宣抚司地置，直属云南省。光绪《续云南通志稿》载："镇边厅，自汉以来未有建置。我朝乾隆十二年设缅宁厅后，小黑江（辣蒜江）以北为顺宁府猛猛土巡检地，小黑江以南为孟连宣抚司地。嘉庆后，两土司日久屡弱，各夷目据地自雄。光绪十三年，平定各夷目，设直隶厅，添设土职管理夷民，土职仍听旧土司兼管。十七年，割耿马宣抚司之猛角、猛董土千总归厅。二十年，又割顺宁府辖之孟连宣抚司归厅。厅城初建于圈糯，十七年又南徙一百七十里于猛朗坝。"③ 圈糯在今云南澜沧县东北，猛朗坝即今云南澜沧拉祜族自治县人民政府驻地勐朗镇。镇边厅辖境约为今澜沧、沧源、西盟、孟连等县及双江拉祜族佤族布朗族自治县南部和境外部分地区，1913年4月改镇边直隶厅为镇边县，1914年1月改名澜沧县。④

---

① 钟灵总编，赵家淑等分修：《绥江县县志》第1卷《大事记·绥江沿革（下）》，昭通旧志汇编编辑委员会编：《昭通旧志汇编》第3册，云南人民出版社2006年版，第833页。

② 赵尔巽等：《清史稿》卷74《地理志·云南》，中华书局1974年版，第2346页。

③ （清）王文韶等修，唐炯等纂：光绪《续云南通志稿》卷12《地理志·舆图表》。

④ 内政部编：《中华民国行政区域简表》，商务印书馆1947年版。

3. 巧家厅。嘉庆十六年（1811），析会泽县地置，属东川府，治所在今巧家县鹤滩镇。① 民国《巧家县志稿》引旧《云南通志》曰："嘉庆十六年议准：云南东川一府，在省城东北，东邻贵州，西北与四川接壤，广延千有余里，五方杂处，案件甲于各府。该境内北界巧家地方，距城四百里，向分驻经历一员，但系佐杂，例不勘验命盗案件。添设同知一员，驻巧家地方，即以原设经历为同知首领，裁大理府同知一人。"又引《东川府续志》曰："嘉庆十六年，裁大理府同知一人，改设东川府巧家同知，会泽之归治、善长、向化三里拨归巧家管辖其土户，所管二十一寨，旧名庆成里，亦归统辖。"② 则巧家厅设置是为了加强地方行政治理，其管辖范围即今巧家县。王崧《道光云南志钞》说："（东川）府西北二百八十里为巧家厅，旧设经历，嘉庆十六年添设同知，分县属向化、归治、善长三里归其管理；建城于鲁木得，距巧家三十里，跬步皆山。城南即金沙江，江外为四川会理州披沙界。银厂一，曰棉花地；铜厂五，曰汤丹、曰碌碌、曰大水沟、曰茂麓、曰大风岭，皆知府理之。"③ 巧家厅境内分布着众多矿厂，相当于一个专属经济区，但厅同知并不管理矿场有关事务，矿厂皆由知府管理，足见清朝中央牢牢掌控着矿场一类重要国家经济资源。

4. 安平厅。嘉庆二十五年（1820）置，治所附郭于开化府。④ 道光二年（1822），改"开化府同知为安平同知，割文山县东安、逢春、永平三里俱隶管辖"。⑤ 光绪三十一年（1905）移厅治于马白关，即今马关县治马关镇。本厅辖境即止于今马关县。之所以设置安平厅，乃因雍正八年（1730）设文山县后，"所有八属土司上粮纳税均归文山县而

① 《清仁宗实录》卷241，嘉庆十六年闰三月丙申，中华书局1986年版（影印本），第4册，第252页。王崧《道光云南志钞》卷1《地理志·东川府》及民国《巧家县志稿》卷1《大事记·设置厅治以后之事》所载同。而《清史稿》卷72《地理志·云南》载为嘉庆十九年设巧家厅。此处从《实录》诸书。

② 陆崇仁修，汤祚等纂：《巧家县志稿》卷1《大事记·设置厅治以后之事》，1942年铅印本。

③ （清）王崧：《道光云南志钞》卷1《地理志》，刘景毛点校，云南省社会科学院文献研究所1995年版，第62页。

④ 赵尔巽等：《清史稿》卷74《地理志·云南》，中华书局1974年版，第2345页。

⑤ 《清宣宗实录》卷31，道光二年三月己酉，中华书局1986年版（影印本），第1册，第945—946页。

治也"，"清廷以一县而属八里土司之地，地方辽阔，恒有鞭长莫及，治理不周，复添设安平同知，即为安平厅"。① 安平厅的设置在于强化地方行政治理，"分管东安、逢春、永平三里，原额田一百九十九顷七十六亩二分九厘五毫。实征秋粮米共二千一百七十九石一斗六升七合，实征条公等款共银一千八百十四两八钱六分三厘八毫"。并"分管三里土著人民一万五千五百七十一户，共计大小人丁七万二千六百九十四丁。道光六年，新增一千四百户，大小人丁六千一百三十九口"。② 又民国《马关县志》说："逢春里、永平里、东安里三里接壤交阯，设官守险，实为极边最要之区。"③ 则安平厅的建置还起着重要的护国捍边作用。

5. 腾越厅。嘉庆二十五年（1820），升永昌府属腾越州为直隶厅;④ 道光二年（1822）降为散厅，仍属永昌府。⑤ 其境界"东至永昌府保山县界一千七十里，西至野人界一百八十里，南至南甸宣抚司界二十里，北至保山县界一百八十里，东南至陇川宣抚司治一百二十里，西南至野人界一百二十里，东北至保山县界一百十里，西北至野人界二百七十里"，⑥ 直接管辖范围即今腾冲市，并领属滇西南边境南甸等七土司。腾越厅地势险要，"孤悬天末，接壤殊方，分列八关，控扼诸蛮之要路，屏藩一郡，控金齿之上游"，⑦ 处于滇西军事要冲，同为迤西道和腾越镇总兵驻地。光绪《腾越厅志》说："腾越郡属极边，膏腴之区半属土司地界，归厅治者硗瘠多而沃壤少。且华夷杂处，范防之用，较甚于他属。"⑧ 可见腾越厅重要的军事地位。又境内有"金厂一，曰黄

---

① 陈钟书等修，邓昌麟等纂：《新编麻栗坡特别区地志资料》，传抄1947年稿本。

② （清）汤大宾、周炳纂，娄自昌点注：《开化府志点注》卷4《田赋、户口》，兰州大学出版社2004年版，第72、75—76页。

③ 张自明修，王富臣等纂：《马关县志》卷2《建设志·沿革》，民国二十一年石印本。

④ 《清宣宗实录》卷7，嘉庆二十五年十月乙巳，中华书局1986年版（影印本），第1册，第162页。

⑤ 赵尔巽等：《清史稿》卷74《地理志·云南》，中华书局1974年版，第2331页。

⑥ 《嘉庆重修大清一统志》卷498《云南·腾越直隶厅》，《四部丛刊续编》本，商务印书馆1934年版。

⑦ （清）刘毓珂等纂修：《永昌府志》卷5《形势》，光绪十一年刊本。

⑧ （清）陈宗海纂修，赵端礼同修：《腾越厅志》卷5《政赋志（上）》，彭文位等点校，云南美术出版社2003年版，第96页。

草坝；铁厂三，曰阿幸、曰沙喇、曰水箐，同知理之"。① 其政区等第为"要"。在调整之前，腾越州严格编立保甲，各土司地方亦"奉文照内地编造户口"。② 故腾越厅原有直接管控的土地人口，嘉庆《大清一统志》载："人丁无原额，今滋生男妇大小共二十万一千五百二十一名口，计二万二百九户；又屯民男妇大小共六万六千六百八十九名口，计八千六百四十一户。田赋田地一千五百八十六顷七十二亩三分有奇，额征地丁正杂银五千四百四十五两五钱二分六厘，米五千八百九十五石四斗五升五合一勺。"③ 道光年间腾越厅所辖土地人口不断增多，惟经回民起义兵燹所及，册籍残毁，无从稽考。至光绪五年（1879），腾越厅有"土著民一万零九百三十六户，五万五千四百零七丁口"。④

6. 富州厅。光绪二十六年（1900）富州改土归流，设为富州厅，属广南府，治所在今富宁县归朝镇，二十八年（1902）迁治于今富宁县城新华镇。《大清一统志》载："土富州，在府东二百六十五里，东西距二百里，南北距一百三十里。西至宝宁县界一百里，南至广西镇安府界三十里，北至广西泗城府界一百里。汉牂牁郡地，元至元中置富州，隶广南西路宣抚司。明属广南府。本朝因之。土官知州沈氏世袭。"⑤ 其境界范围即今文山壮族苗族自治州的富宁县。清代土富州管理夷民，辖四哨十八夕。⑥ 从"光绪末叶至宣统年间，户口一万三千六百四十四户，男三万一千一百七十三丁，女二万八千七百六十九口"。⑦ 清末富州厅进行了人口统计，中央直接行政管理的程度显然加强。

通过上述嘉庆至清末云南省行政区划调整及建置详情的考说，可知

① （清）王崧：《道光云南志钞》卷1《地理志》，刘景毛点校，云南省社会科学院文献研究所1995年版，第30—31页。

② （清）陈宗海纂修，赵端礼同修：《腾越厅志》卷3《地舆志五·户口》，彭文位等点校，云南美术出版社2003年版，第57页。

③ 《嘉庆重修大清一统志》卷498《云南省·腾越直隶厅》，《四部丛刊续编》本，商务印书馆1934年版。

④ （清）陈宗海纂修，赵端礼同修：《腾越厅志》卷3《地舆志五·户口》，彭文位等点校，云南美术出版社2003年版，第57页。

⑤ 《嘉庆重修大清一统志》卷487《云南省·永昌府》，《四部丛刊续编》本，商务印书馆1934年版。

⑥ （清）李熙龄纂：道光《广南府志》卷2《民户》，清光绪三十一年重抄本。

⑦ 甘汝棠修纂：《富州县志·民政·户口》，民国二十一年油印本。

这一时期云南政区调整有两个趋势，其一是强化了对少数民族聚居地区的行政控制和管理。在滇东北地区，镇雄州原隶属昭通府，但由于距府窎远，行政管理上存在诸多弊端，俟升为镇雄直隶州后行政管理更加便利，其实质是地方行政管控的巩固。绥江县、巧家厅的建置"增政府权威而利地方"，是清朝中央对云南地方基层行政治理的深化及直接管控力量的加强。在滇西北地区，蒗蕖土州虽然委任土司管理，然而通过土司"弹压厂民，严缉匪犯"，兴修道路，清朝中央以特殊方式实现了对少数民族地区的控制。而华坪县的建置促进了该区域行政管理与国家体制的统一。在滇西、滇南边疆，镇边厅、安平厅、富州厅及永康州的建置，则起着重要的护国捍边作用。另一个趋势是正式行政区划建置向着滇南、滇西沿边地区推进。在云南腹里区域，经过清朝中前期的大规模改土归流，正式行政区划普遍建立起来，而滇西及滇南边疆仍然为土司势力盘踞，光绪、宣统年间将富州、镇康二州及孟连宣抚司改土归流，建置正式行政区划，清朝中央直接的"掌土治民"极大地向云南边疆地区拓展。

总而言之，嘉庆至清末云南行政区划调整的重点是滇东北、滇西北少数民族地区以及滇西、滇南边疆地区，伴随着各地正式行政区划的建置，清朝在云南土地人口登册管理的范围得以扩大，清朝中央对云南直接"掌土治民"力量日益深入，并且向边疆民族地区推进。清朝中央"掌土治民"的需要决定着行政区划调整与建置，同时嘉庆至清末云南行政区划调整建置强化了清朝对云南边疆"掌土治民"的实施。

结　语

　　本书以清代云南土地人口管理体制的变迁为切入点，探讨明代沐氏勋庄、卫所系统、土司制度等不同土地人口管理体制在清代云南的演变轨迹，同时勾勒清代云南行政区划体系的演进历程，提出清代云南土地人口管理体制的统一变迁趋势与行政区划体系的一体化发展密切相关。就本质而言，行政区划乃是中央对地方实行有效的分层级行政管理，其行政管理的核心内容是中央对地方土地人口的直接管控，亦即"掌土治民"。中央对地方"掌土治民"主要是统一土地人口管理体制的推行，表现在行政制度上，即是行政区划体系的建置和演进。因此，从行政区划的功能实质出发，"掌土治民"是行政区划的核心内涵，而行政区划是中央对地方"掌土治民"在地理上的体现，"掌土治民"是行政区划体系建设的基础，也是推动行政区划发展演进的内在因素。

　　清代中央对云南的"掌土治民"是在明代遗留多重土地人口管理体制的背景下实现的。明代由于制度创设的特殊性及户籍管理的分类性，在云南边疆民族地区实行差异化的土地人口管理体制，其一为布政司行政系统，通过正式行政区划的设置，对民籍土地人口进行管理；其二为都司卫所军事系统，以军事组织及屯田的形式对军籍土地人口进行管理；其三为土司制度，少数民族聚居区域的土地人口均为土司"世有其土、世有其民"；其四为沐氏勋庄管理系统，数量庞大的"镇籍"土地及人口隐含在沐庄之中，为沐氏世袭大地主私人占有。明代云南四种土地人口管理体制中，布政司及都司卫所两大系统的土地人口分别按本系统综合上报，汇聚到六部及五军都督府，最终为明朝中央政府直接掌控。土司制度下的少数民族人口照例不入国家人丁编审范畴，其土地称为"夷田""夷地"而不受明朝政府清丈，故不登入国家相关册籍。沐氏勋庄系统内部的土地和人口亦不隶有司籍簿。职是之故，明朝中央拥有对土司政治区域及沐庄的版图所有权，却无从直接管理到这一类型的土地和人口。土司和沐庄占有的土地人口遍布云南各府州县，其数量达到云南全部土地人口的一半以上。换言之，在云南四种土地人口管理体制下，明朝中央直接掌控的云南土地与人口甚至不足一半，可见明朝中央对云南地方的"掌土治民"是存在薄弱环节的，无论"掌土治民"的广度还是深度，均受到极大限制。同时，在多重土地人口管理体制之下，明代中央对云南地方的"掌土治民"表现出鲜明的差异化特征。清朝统一云南后，采取各种措施，使明朝遗留的多重差异化土地人口管理体制向着正式政区的府州县管理体制一体化发展。基于此，本书的创新性研究包括以下方面：

第一，厘清了明代沐庄隐含的巨额土地与人口在清初归入云南正式政区的府、州、县管理的过程。明朝灭亡后，沐氏失去对勋庄土地人口的占有权，清初仿元明故事，命平西王吴三桂镇守云南，沐庄因此为吴三桂所占有。三藩之乱平定，清廷"以吴三桂原请沐氏勋庄并归附近州县"，将沐庄所属土地和人口纳入地方政府统辖，并且"勘明册报"，变价或免价招垦，照民粮之例起科。从此沐庄融入云南省正式政区府州县土地人口的统一管理之中；沐庄土地人口管理体制彻底消除，明代以来三百年不隶有司的沐庄土地人口终于归入清朝国家控制，实施一体化的管理。

第二，指出清初云南"撤卫并县"的实质是赋税土地人口管理体制的一体化。清代在云南实行绿营兵制度，明朝遗留的卫所完全丧失军事职能，康熙初年逐步推行"撤卫并县"的措施，废除了云南历史上存在三百余年的卫所制度，将原卫所系统的土地人口归并州县管辖，卫所系统特殊的土地人口管理模式被取消，云南地方行政管理体制进一步统一。"撤卫并县"是清代云南地方土地人口管理体制变迁的重要阶段，伴随着"撤卫并县"的进程，云南行政区划发生了变化。"撤卫并县"实际包括两个层面的内涵，其一为裁撤卫所将土地人口归并州县管理；其二是取消都司卫所军事系统土地人口管理模式之后，清朝中央对云南地方"掌土治民"进一步深化，从而引起基层县级行政区划的合并调适。后一层内涵正是清朝云南"撤卫并县"的最终归宿。

第三，提出改土归流的结果是中央对少数民族地区"掌土治民"的拓展。明代土司掌控着云南三分之一以上的土地和人口，清初平定云南，基本承袭了土司制度及其政治区域。大量土司的存在，成为清代中央对云南边疆少数民族地区实施"掌土治民"的根本障碍。清朝从确立对云南的统治之时起，便开始推行改土归流的举措。改土归流由两方面内容构成，其一是"改土"，即废除土司；其二是"归流"，即将废除土司的少数民族地区纳入流官管辖范畴。改土归流并非只是地方行政管理官员的一般改换，事实上，"改土"是将有碍于清朝对少数民族地区直接统治的土司地方政权革除，取消土司的世袭领地，"归流"的内涵乃是中央政府将全国统一的政治统治制度在少数民族地区推广实施，以实现对少数民族地区的直接管理。两方面是相辅相成，缺一不可的。改土归流旨在取缔土司对少数民族地区土地人口的私有权，而将少数民族地区土地人口纳入中央直接掌控的范畴，从这一角度分析，改土归流的结果即是中央对少数民族地区"掌土治民"的实现。同时，周振鹤先生指出，"在中国体现中央对地方实行直接行政管理的制度是郡县制"，从这一视角出发，改土归流的实质就是"采取各种策略与办法，将土司制度逐渐改造成正式的郡县制"的过程①。郡县制作为正式行政区划制度，代表着清朝统一的行政管理体制，于是随着改土归流的推进，云南少数民族地区逐渐被纳入中央王朝的管理体制，中央政府对边疆少数民族地区的土地、人口的管理方式发生根本的变迁。可以说，清代云南改土归流的直接结果，便是在少数民族地区建立起国家统一的行政区划制度，在此基础上清朝中央对云南边疆少数民族地区"掌土治民"的管控力量不断深入，从而缩小云南边疆少数民族地区与内地的差异，促进了云南边疆与内地一体化发展。此外，考察清朝在云南实施改土归流的历程，可以发现行政区划层级越高，其改土归流的步伐越快，层级越低的政区改土归流相对较缓和滞后。高层政区改土归流领先于基础政区，这是清代云南边疆少数民族地区土地人口管理体制一体化发展的重要特征。尽管终清之世云南少数民族聚居区域的改土归流未能完成，但土地人口管理体制一体化发展的趋势是非常明显的。

　　第四，伴随着沐庄、卫所的取缔及改土归流的发展，清代云南土地人口管理体制逐渐统一，代表中央对地方"掌土治民"的正式政区府

---

　　①　周振鹤：《中国行政区划通史·总论》，复旦大学出版社 2009 年版，第 18、134—135 页。

州县行政系统成为云南土地人口管理体制的主导。与清代云南土地人口管理体制一体化发展的形势相应，正式行政区划的建置渐次在云南拓展。云南土地人口管理体制逐渐趋于划一，清朝中央对云南"掌土治民"的范畴随之扩大，具体表现为行政区划建置范围的扩张，以及行政区划体制的一体化演进。

总体言之，清代云南取缔沐庄、撤卫并县及改土归流都是云南土地人口管理体制的重大变化，这一变革的结果，是清朝中央对云南地方"掌土治民"的深化，在很大程度上促使云南土地人口管理体制趋向统一，同时也加速了云南土地人口管理体制与内地趋于划一的步伐。清代云南行政区划体系的演进，便是中央对云南"掌土治民"一体化发展的制度与地理相结合的直接表现。

本书认为，与清朝对云南"掌土治民"范围拓广、程度强化的趋势相应，云南行政区划体系经历了深刻的变革。康熙时期以维持稳定为主要目的，针对取缔沐庄及撤卫并县的区域实施行政区划调整，因而行政区划变迁的区域主要集中于云南腹里地区；这一时期仅在小范围内进行改土归流，开化府的设置具有"控安南、制土夷"的重要意义。[1]雍正时期云南行政区划调整的范围和力度都达到前所未有的高峰，一方面，东川、乌蒙、镇雄改归云南管辖，奠定了云南省的幅员；另一方面，在大规模实施改土归流政策的影响下，云南行政区划演进表现出强烈的向少数民族聚居区域推进的特征。通过雍正时期的建设，云南行政区划体系的整体规模初步形成。

至乾隆中期，清朝对云南的统治已经十分稳固，并且云南土地人口管理体制在很大程度上趋向统一，中央对云南的"掌土治民"达到一个稳定状态，于是乾隆三十五年（1770）清朝中央对云南行政区划进行体制上的规范化。此次云南行政区划调整以规范府级政区体制为中心，并带动一批州、县政区进行变革，而其宗旨在于和国家行政区划体制相符合。经过这次调整，云南省行政区划体制实现了统一，而且和内地体制趋于一致。

云南行政区划自乾隆中期确定之后，迄至清末，再没有发生较大的

---

[1]　（清）汤大宾、周炳纂，娄自昌点注：《开化府志点注》卷1《图像·舆图说》，兰州大学出版社2004年版，第2页。

变迁；嘉庆至清末府级政区呈现出稳定发展的态势，州、县政区略有调整，而在西南边疆危机的背景下，无论改土归流还是新添设厅、县，都集中于边疆地区。这一历史时期云南行政区划建置不断向边疆地区推进，具有加强边疆控制和护国捍边的典型意义。

通观明清两朝云南行政区划体系，完全呈现为两种格局，以县级政区而言，明代末年云南省共辖有三十一个县级政区，至清末，云南省共有九十七个县级政区。明末及清末云南省县级政区分布情况如下图所示：

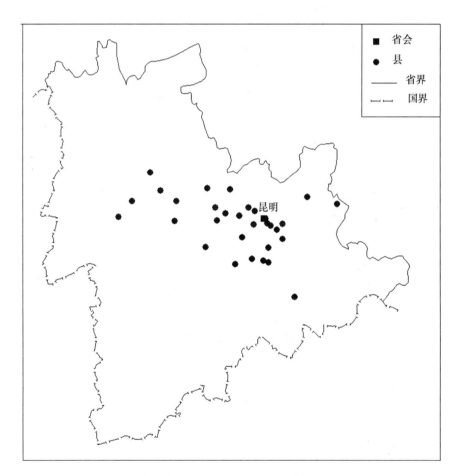

图八　明末云南正式县级政区分布示意图

底图来源：谭其骧主编：《中国历史地图集》第 7 册，地图出版社 1982 年版，第 76—77 页。

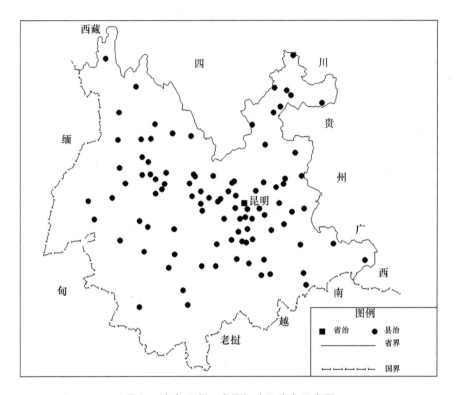

图九 清末云南正式县级政区分布示意图

底图来源：谭其骧主编：《中国历史地图集》第 8 册，地图出版社 1987 年版，第 48—49 页。

如图所示，明末云南正式县级政区不仅数目少，并且分布集中于滇中地区；而经过清朝行政区划的演进，清末云南正式县级政区不特数量倍增，其分布更向全省广大地区扩散，形成对云南省广阔地理范围的覆盖。县级政区是最基层的行政区划，代表着中央对地方的实际控制，因此，明末正式县级政区数目少，表明中央对云南地方"掌土治民"的程度有限；集中于滇中地区，表明明朝中央对云南地方"掌土治民"的范围不广。清末云南正式县级政区增多，代表着中央对云南地方的"掌土治民"程度加强；分布在全省更广阔的区域，表示清朝中央对云南地方的"掌土治民"范围极大扩张了。

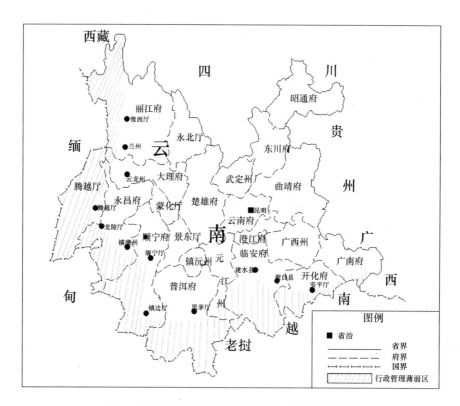

图十　清末云南边疆县级政区疏散与薄弱区示意图

注：此图转引自凌永忠：《民国时期云南边疆地区特殊过渡型行政区划研究》，中国社会
科学出版社 2015 年版，第 43 页。

　　再结合明清两代云南土地人口管理体制分析，明代云南都司下辖诸
卫所，从洪武十五年（1382）初设置时就"形成以云南府为中心，东
至曲靖，西至大理，东南至临安的分布趋势，后世虽然增设过许多卫
所，但这个大趋势却未发生改变。"① 经过二百余年的发展变迁，明末
云南四十处卫所仍然"全部治于云南中部和北部，景东至临安以南无
一卫所"，② 云南卫所的这一分布趋势，与布政司所辖腹里府、州、县
的分布格局大体吻合，反映出明朝中央对云南实现直接土地人口管理的

① 周振鹤主编，郭红、靳润成著：《中国行政区划通史·明代卷》，复旦大学出版社
2007 年版，第 466 页。
② 同上书，第 472 页。

范围均在腹里地区。而清朝取缔沐庄、撤卫并县及大规模改土归流后，中央对云南"掌土治民"的范围极大拓展，故清末县级政区覆盖了云南省绝大部分区域，而县级政区设置的疏散区即是行政管控的薄弱区，亦即清朝中央"掌土治民"未能深入的区域，这一片区域正是土司盘踞的地区。

总之，与清代云南土地人口管理体制一体化发展相应，云南行政区划及行政管理体制也表现出一体化的演进特征。这个一体化演进，既是云南省行政区划及行政管理体制的一体化，也是云南边疆与内地行政区划及行政管理体制的一体化。清代云南行政区划及行政管理体制一体化演进的基础，是由云南土地人口管理体制的一体化发展决定的，质言之，是由中央对云南地方的"掌土治民"决定的。本书对清代云南行政区划及行政管理体制的研究，申明"掌土治民"是行政区划体系建设的基础，也是推动行政区划发展演进的内在因素，丰富了行政区划史研究的理论内涵。

参考文献

一　古籍文献

1. 《明实录》，中研院历史语言研究所校印本。
2. （明）王世贞：《弇州史料前集》，四库禁毁丛刊编纂委员会编：《四库禁毁丛刊·史部》第49册，北京出版社1997年版。
3. （明）邱濬：《大学衍义补》，林冠群、周济夫校点，京华出版社1999年版。
4. （清）王夫之：《永历实录》，上海古籍出版社1987年版。
5. （清）张廷玉等：《明史》，中华书局1974年版。
6. 《清实录》，中华书局1985—1987年版（影印本）。
7. 赵尔巽等：《清史稿》，中华书局1977年版。
8. 《明清史料》甲编，中研院1930年版。
9. （清）伊桑阿等纂修：康熙朝《大清会典》，《近代中国史料丛刊三编》第72辑，文海出版社有限公司1992年版。
10. （清）允禄等监修：雍正朝《大清会典》，《近代中国史料丛刊三编》第77辑，文海出版社有限公司1994年版。
11. 张书才主编：《雍正朝汉文朱批奏折汇编》，江苏古籍出版社1989—1991年版。
12. （清）清高宗敕撰：《清朝通典》，万有文库本，商务印书馆1935年版。
13. （清）清高宗敕撰：《清朝文献通考》，万有文库本，商务印书馆1936年版。
14. （清）穆彰阿、潘锡恩等撰：《嘉庆重修大清一统志》，《四部丛刊续编》本，商务印书馆1934年版。

15. （清）崑冈、李鸿章等主修：（光绪朝）《钦定大清会典事例》，光绪二十五年（1899）石印本。

16. （清）崑冈等奉敕纂：光绪朝《大清会典》，沈云龙主编：《近代中国史料丛刊》第13辑，台北文海出版社1967年版。

17. （清）顾祖禹：《读史方舆纪要》，贺次君、施和金点校，中华书局2005年版。

18. （清）计六奇：《明季南略》，中华书局1984年版。

19. （清）王命岳：《耻躬堂文集》，四库全书存目丛书编纂委员会编：《四库全书存目丛书·集部》第224册，齐鲁书社1997年版。

20. （清）刘崑：《南中杂说》，丛书集成初编本，商务印书馆1936年版。

21. （清）倪蜕：《滇云历年传》，李埏校点，云南大学出版社1992年版。

22. （清）温睿临：《南疆逸史》，中华书局1959年版。

23. （清）刘健：《庭闻录》，《台湾文献史料丛刊》第6辑，台湾大通书局1968年版。

24. （清）曹春林：《滇南杂志》，清嘉庆十五年刊本影印，王有立主编：《中华文史丛书》之110，华文书局股份有限公司1969年版。

25. （清）钱仪吉：《碑传集》，《清代传记丛刊》本，台湾明文书局1985年版。

26. （清）李天根：《爝火录》，仓修良、魏德良校点，浙江古籍出版社1986年版。

27. （清）檀萃：《滇海虞衡志》，宋文熙、李东平校注，云南人民出版社1990年版。

28. （清）魏源：《圣武记》，韩锡铎、孙文良点校，中华书局1984年版。

29. （清）岑毓英：《岑毓英奏稿》，黄盛陆等标点，广西人民出版社1989年版。

30. （清）师范：《滇系》，光绪十三年云南通志局刊本。

31. 刘锦藻：《清朝续文献通考》，万有文库本，商务印书馆1936年版。

32. 方国瑜主编：《云南史料丛刊》，云南大学出版社1998—2001年版。

二 明清方志

1. （明）陈文：《景泰云南图经志书》，李春龙、刘景毛校注，云南民族出版社2002年版。

2. （明）刘文征：天启《滇志》，古永继校点，云南教育出版社1991年版。

3. （清）范承勋、王继文修，吴自肃、丁炜等纂：康熙《云南通志》，民国年间石印本。

4. （清）范承勋、张毓碧修，谢俨纂：康熙《云南府志》，《中国方志丛书》第26号，台北成文出版社1967年版。

5. （清）柳正芳修，李应绶等纂：康熙《澄江府志》，清康熙五十八年刻本。

6. （清）魏荩臣修，阚祯兆纂：康熙《通海县志》，梁耀武主编：《玉溪地区旧志丛刊》，云南人民出版社1993年版。

7. （清）鄂尔泰等修，靖道谟等纂：雍正《云南通志》，国家清史编纂委员会编：《文津阁四库全书清史资料汇刊》，商务印书馆2006年版。

8. （清）方桂：雍正《东川府志》，梁晓强校注，云南人民出版社2006年版。

9. （清）张无咎修，夏冕纂：雍正《临安府志》，清雍正九年刻本。

10. （清）周埰纂修：《广西府志》，乾隆四年刊本。

11. （清）单光国纂修：乾隆《广南府志略》，云南省图书馆藏抄本。

12. （清）李焜：乾隆《蒙自县志》，中国方志丛书第40号，台北成文出版社1967年版。

13. （清）管学宣纂修：乾隆《石屏州志》，乾隆二十四年刊本，中国方志丛书第142号，台北成文出版社1969年版。

14. （清）董枢修，罗云禧等纂：《续修河西县志》，乾隆五十三年刊本。

15. （清）管学宣修，万咸燕纂：乾隆《丽江府志略》，乾隆八年刻本。

16. （清）查枢等纂修：嘉庆《永善县志略》。

17. （清）江濬源修纂：嘉庆《临安府志》清光绪八年补残刻本。

18. （清）阮元、伊里布等修，王崧、李诚等纂：道光《云南通志稿》，道光十五年刻本。

19. （清）王崧：《道光云南志钞》，刘景毛点校，云南省社会科学院文献研究室 1995 年版。

20. （清）孙世榕纂修：道光《寻甸州志》，传抄清道光八年刻本。

21. （清）梁星源：道光《普洱府志》，云南省图书馆藏清咸丰元年刻本。

22. （清）王文韶等修，唐炯、汤寿铭、陈灿等纂：《续云南通志稿》，光绪二十七年四川岳池县刻本。

23. （清）朱占科修、周宗洛纂：光绪《顺宁府志》，光绪三十年刊本。

24. （清）任中宜纂辑：《平彝县志》，《中国方志丛书》华南地方第251 号，成文出版社有限公司 1974 年版。

25. （清）李熙龄：《广南府志》，杨磊等点校，兰州大学出版社 2004年版。

26. （清）王民皡纂修，顾琳续修：《阿迷州志》，《中国方志丛书》第258 号，成文出版社印行 1967 年版。

27. （清）屠述濂：《云南腾越州志》，文明元、马勇点校，云南美术出版社 2006 年版。

28. （清）汤大宾、周炳纂：《开化府志》，娄自昌、李君明点注，兰州大学出版社 2004 年版。

29. 《新纂云南通志》第 7 册，牛鸿斌等点校，云南人民出版社 2007 年版。

30. 甘汝棠修纂：《富州县志》，《中国方志丛书·华南地方》第 272号，成文出版社有限公司 1974 年版。

31. 柯树勋：《普思沿边志略》，民国五年铅印本。

32. 张培爵修，周宗麟纂：《大理县志稿》，民国五年铅字重印本，中国方志丛书·华南地方·第 255 号，成文出版社有限公司 1974 年版。

33. 张鉴安修，寸晓亭等纂：《龙陵县志》，民国六年刊本。

34. 侯应中纂：《景东县志稿》，民国十二年石印本。

35. 段绥滋等修：《中甸县志稿》，1939 年稿本。

36. 陆崇仁修，汤祚等纂：《巧家县志稿》，1942 年铅印本。

37. 纳汝珍修，蒋世芳纂：民国《镇康县志初稿》，1963 年传抄本。

38. 佚名：《广南县志》，《中国地方志集成》本，凤凰出版社、上海书店、巴蜀书社出版 2009 年版。

39. 杨成彪主编：《楚雄彝族自治州旧方志全书》，云南人民出版社 2005 年版。

40. 《昭通旧志汇编》编辑委员会编：《昭通旧志汇编》（全 6 册），云南人民出版社 2006 年版。

三　现当代学者著述

1. 方国瑜主编、林超民编写：《云南郡县两千年》，云南广播电视大学 1984 年版。

2. 方国瑜：《云南史料目录概说》，中华书局 1984 年版。

3. 方国瑜：《中国西南历史地理考释》，中华书局 1987 年版。

4. 方国瑜著，林超民编：《方国瑜文集》（第 1 辑），云南教育出版社 2001 年版。

5. 尤中：《云南地方沿革史》，云南人民出版社 1990 年版。

6. 尤中：《中国西南边疆变迁史》，云南教育出版社 1990 年版。

7. 尤中：《云南民族史》，《尤中文集》第 1 卷，云南大学出版社 2009 年版。

8. 牛平汉主编：《清代政区沿革综表》，中国地图出版社 1990 年版。

9. 王毓铨：《莱芜集》，中华书局 1983 年版。

10. 王钟翰：《清史新考》，辽宁大学出版社 1990 年版。

11. 成臻铭：《清代土司研究——一种政治文化的历史人类学考察》，中国社会科学出版社 2008 年版。

12. 佘贻泽：《中国土司制度》，上海中正书局 1944 年版。

13. 李世愉：《清代土司制度论考》，中国社会科学出版社 1998 年版。

14. 吴永章：《中国土司制度渊源与发展史》，四川民族出版社 1988 年版。

15. ［美］何炳棣：《明初以降人口及其相关问题：1368—1953》，葛剑雄译，生活·读书·新知三联书店 2000 年版。

16. 何耀华总主编，何耀华、夏光辅主编：《云南通史》第 4 卷，中国社会科学出版社 2011 年版。

17. 陆韧：《变迁与交融——明代云南汉族移民研究》，云南教育出版社 2001 年版。

18. 陆韧：《云南对外交通史》，云南人民出版社 2011 年版。

19. 陆韧主编：《现代西方学术视野中的中国西南边疆史》，云南大学出版社 2007 年版。

20. 陆韧、凌永忠：《元明清西南边疆特殊政区研究》，人民出版社 2013 年版。

21. 周振鹤：《中国行政区划通史·总论》，复旦大学出版社 2009 年版。

22. 周振鹤主编，郭红、靳润成著：《中国行政区划通史·明代卷》，复旦大学出版社 2007 年版。

23. 周琼：《清代云南瘴气与生态变迁研究》，中国社会科学出版社 2007 年版。

24. 赵泉澄：《清代地理沿革表》，中华书局 1955 年版。

25. 凌永忠：《民国时期云南边疆地区特殊过渡型行政区划研究》，中国社会科学出版社 2015 年版。

26. 龚荫：《中国土司制度》，云南民族出版社 1992 年版。

四 现当代学者论文

1. 方国瑜、缪鸾和：《清代云南各族劳动人民对山区的开发》，《思想战线》1976 年第 1 期。

2. 尤中：《清朝对西南民族地区的设治与经营》，《云南社会科学》1993 年第 3 期。

3. 木芹：《十八世纪云南经济述评》，《思想战线》1989 年西南民族研究专辑。

4. 王文成：《近代云南边疆民族地区改土归流述论》，《思想战线》1992 年第 6 期。

5. 王缨：《鄂尔泰与西南地区的改土归流》，《清史研究》1995 年第 2 期。

6. 付春：《清初吴三桂西南改土归流原因新探》，《思想战线》2008 年第 4 期。

7. 伍莉：《清代丽江府和平改土归流原因新议》，《思想战线》2012 年第 2 期。

8. 刘本军：《震动与回响：鄂尔泰在云南》，博士学位论文，云南大学，1999 年。

9. 刘本军：《鄂尔泰改土归流的善后措施》，《云南社会科学》1999 年第 6 期。

10. 李世愉：《试论清雍正朝改土归流的原因和目的》，《北京大学学报》1984 年第 3 期。

11. 李巨澜：《清代卫所职能略论》，《淮阴师范学院学报》2001 年第 6 期。

12. 李巨澜：《清代卫所制度述略》，《史学月刊》2002 年第 3 期。

13. 吴伯娅：《王继文与云南的开发》，《云南社会科学》1992 年第 2 期。

14. 吴丽华、魏薇：《雍正"改土归流"辩》，《云南师范大学学报》2011 年第 1 期。

15. 杨永福、黄梅：《试论蔡毓荣的治滇思想及其实践——以〈筹滇十议疏〉为中心》，《文山学院学报》2010 年第 1 期。

16. 邹建达：《清初治滇述论》，《云南民族大学学报》2006 年第 4 期。

17. 邹建达：《清前期云南的督抚、道制与边疆治理研究》，博士学位论文，云南大学，2011 年。

18. 陆韧：《明代云南汉族移民定居区的分布与拓展》，《中国历史地理论丛》2006 年第 3 辑。

19. 陆韧：《清代直隶厅解构》，《中国历史地理论丛》2010 年第 3 辑。

20. 陈曦：《清朝对明代云南卫所屯田的处置》，《云南民族大学学报》2006 年第 4 期。

21. 陈曦：《论清代云南屯田》，《学术探索》2006 年第 5 期。

22. 陈怡：《评雍正时期西南地区"改土归流"的历史作用》，《黑龙江农垦师专学报》2001 年第 2 期。

23. 张捷夫：《关于雍正西南改土归流的几个问题》，中国社会科学院历史语言研究所清史研究室编：《清史论丛》第 5 辑，中华书局 1984 年版。

24. 张轲风：《"瘴气"表述的起源、形成与空间表达》，《思想战线》

2009 年第 3 期。

25. 张轲风：《从"障"到"瘴"："瘴气"说生成的地理空间基础》，《中国历史地理论丛》2009 年第 2 辑。

26. 林涓：《清代行政区划变迁研究》，博士学位论文，复旦大学中国历史地理研究中心，2004 年。

27. 周琼：《从土官到缙绅：高其倬在云南的和平改土归流》，《中国边疆史地研究》2004 年第 3 期。

28. 段红云、闵红云：《清代丽江木氏改土归流及行政管理变革》，《思想战线》2005 年第 2 期。

29. 秦晖：《后期大西军营庄制度初探》，《中国农民战争史论丛》第 5 辑，中国社会科学出版社 1987 年版。

30. 秦树才：《蔡毓荣与清初云南治乱》，《云南教育学院学报》1999 年第 1 期。

31. 秦树才、田志勇：《绿营兵与清代云南移民研究》，《清史研究》2004 年第 3 期。

32. 顾诚：《明前期耕地数新探》，《中国社会科学》1986 年第 4 期。

33. 顾诚：《卫所制度在清代的变革》，《北京师范大学学报》1988 年第 2 期。

34. 顾诚：《明帝国的疆土管理体制》，《历史研究》1989 年第 3 期。

35. 郭松义：《论"摊丁入地"》，《清史论丛》第 3 辑，中华书局 1982 年版。

36. 郭松义：《清初人口统计中的一些问题》，《清史研究集》第 2 辑，中国人民大学出版社 1982 年版。

37. 郭松义：《清朝政府对明军屯田的处置和屯地的民地化》，《社会科学辑刊》1986 年第 4 期。

38. 曹相：《清朝雍正年间滇西南地区的改土归流》，《云南师范大学学报》1997 年第 1 期。

39. 蒋德学：《试论清代人口编审的几个问题》，《贵州社会科学》1984 年第 4 期。

40. 潘喆、陈桦：《论清代的人丁》，《中国经济史研究》1987 年第 1 期。

后 记

本书是在我的博士论文基础上修改而成的。清代云南治理是大课题，涉及面很广，本书仅选择清王朝对云南土地人口直接管理的一个侧面，紧扣行政区划"掌土治民"核心内涵，以时间推进为经，以废除勋庄、撤卫并县、改土归流为纬，从中考知清代云南行政区划及行政管理体制演进的趋势和成效。这是我对清代云南政区地理和行政管理体制的初步研究，倘能有一孔之见贡献于学界，当是莫大的荣幸。

2013 年我从云南大学历史地理学专业毕业，那时还是未经世事的青年，对生活充满希望，对社会一无所知。转瞬三年过去，我对社会还是一无所知，对生活已有了许多领悟。我所追求的生活很简单，除了诗和远方，只是读书，思考，然后做点学术研究。然而当我面对旧作，心中不免充满愧疚——马齿徒增，学问无成，这固然为天资所限，自己的怠惰却是毋庸置疑的。不过我依旧对这本小书充满"宠爱"，尽管它不是相当成熟和完善的著作，却是我学术道路上的"原始积累"，是一段青春岁月的"非典型"印记。

我庆幸能够在云南大学历史系度过十年的求学时光，从本科到博士，我在这里挥洒青春，汲取成长的养分。云大历史系以深厚的学术积淀，及众多优秀的学者、老师，为我指引前路，帮助我在学术探索的路上勇敢前行。

在此，衷心感谢我的导师陆韧教授。陆师是我学术生涯的引路人，对我传道、授业、解惑，如春风化雨，令我体会到学术研究的幸福和快乐。陆师对于我的学业，一直以独立思考、自由探索、大胆创新相期许，我也努力向着这个目标前进。可惜学生不敏，学而不思则罔，又常常为一些钉饾琐事羁绊，最终务广而荒，学位论文草率成篇，辜负了恩师厚望。现在将博士学位论文修订出版，既作为以往学习研究的总结，也是下一阶段研究征程的肇始，而追本溯源，这一切都凝结着恩师的心血，所以尽管心中常怀惴惴，也应当将本书献给陆师，作为不肖学生一份微薄的谢礼。

我的成长得到多位老师的关怀与帮助。我的硕士导师韩杰教授和师母王芳女士多年以来给予我无微不至的关心和照顾，在我最沉沦的时候，是他们开导我走出黑暗，令我感到温暖；我最迷惘的时候，是他们鼓励我重拾信心，继续勇敢前行。韩师博识、睿智、宽容，王师诚恳、认真、坚毅，和他们在一起，常使我如沐春风。

陈庆江师在中国古代史及历史地理学领域造诣深厚，一言一动无不透射出智慧的光芒。从陈师问学，往往能获得独特而新颖的意见，令我茅塞顿开。尤其他那博闻洽记的大家风范，与超然豁达的名士风度，令我无限钦佩，心向往之。

罗群教授、郑志惠教授常常对我的学业表示关心；辛亦武、沙文涛、娄贵品等与我宜兼师友，在学习和生活中都给我极大的鼓励；还有许多师友给我提供了帮助，无法一一列举其名，在此一并致以深深的感谢。

此外，云南大学林超民教授、韩杰教授、陈庆江教授、罗群教授、云南师范大学朱端强教授、云南民族大学马勇教授在我博士论文预答辩及答辩会上提出切实的指导意见，令我获益良多。本书的修改完善离不开诸位先生的帮助与鼓励，感激之情，铭刻在心。

云大历史地理学专业是一个温暖的集体，我有幸成为其中的一份子，沐浴师长的春风雨露，与师兄弟们切磋砥砺，共同成长。感谢师兄弟们的帮助与支持。张轲风师兄学殖深厚，不仅在历史地理学领域卓有建树，而且读书遍涉四部，覃思研精，确实达到该通博极的境界。我们时常交流，张师兄都能给我很好的启发，虽然近来因为工作的关系，见面的机会少了，但深情厚谊与论学的快乐时常萦绕心间。马琦师兄思维敏捷，对历史地理学有特殊的理解，既掌握前沿的理论与技术，更掌握大量第一手资料，其惟精惟一的治学态度，是我素所崇敬的。凌永忠师兄治学稳健踏实，我们围绕历史时期云南的特殊政区讨论甚多，往往我都为他立论之坚实、辨析之严谨所折服。凌师兄为人温文敦厚，对我如兄弟般照顾；在我写作本书期间，凌师兄已经到贵阳工作，仍然在繁忙的工作之余，牺牲休息时间为我提供大量材料及绘制全部地图；甚至在我写作的后期，他通宵达旦地为我准备资料及地图，于今思之，感激莫名。同时感谢钱秉毅师姐及杨海挺君，他们学习上给我启发，生活上给我照顾，深情厚谊，都是美好记忆，未曾一刻忘怀。

我的父母、兄长都是淳朴的农民，自上幼儿班起，二十年来我为家里增添了沉重的生活负担，他们未必理解我追求学术研究的意义，仍默默支持我的学业，无怨无悔。特别要感谢我的妻子，正是由于她的敦促，本书才得以修订完成；就在本书刚进入出版程序时，我们的女儿知微宝宝来到人间，小天使为我的家庭增添了无上的甜蜜与欢乐！对于家人，任何感恩的言辞都是苍白无力的，惟有在今后的生活中以实际的爱与温暖努力回报，愿我的家人幸福安康！

最后，本书受到云南省哲学社会科学学术著作出版专项经费资助，谨致谢忱！

彭洪俊

2016 年 12 月于云南民族大学雨花校区